Instructor's Manual

to accompany

Lire avec plaisir

STRATEGIES DE LECTURE

Second Edition

MARVA A. BARNETT

UNIVERSITY OF VIRGINIA

HH Heinle & Heinle Publishers, A Division of Wadsworth, Inc.
Boston, Massachusetts 02116 U.S.A.

Contents

Manufactured in the United States of America.

ISBN 0-8384-38881

10 9 8 7 6 5 4 3 2 1

Teaching Reading Strategies with *Lire avec plaisir*

Written for a standard college-level intermediate four-skills course (third and fourth semesters) and classroom tested, *Lire avec plaisir* offers readings chosen on the basis of student interest, length, and difficulty of vocabulary and syntax. The wide assortment of both literary and cultural readings was intentional, recognizing that not everyone will find an advertisement to join a record club, a tale of the tragic, ironic results of an anonymous note, and an analysis of current French philosophical trends equally interesting. Choose readings to engage yourself and your students. Accompanying each reading is an explanation of a strategy or skill that will help students understand that particular text. If you teach a reading skills course, you should find the readings diverse enough to satisfy your needs.

For *Lire avec plaisir* to be effective, both students and instructor must become involved with the interactive exercises accompanying each reading. Research on the reading process indicates that the most efficient readers are most aware of their thought processes while reading. Explaining to your students how using reading strategies and skills will help them read more productively will encourage them to participate actively with each reading text. Also, alert them that the readings may look longer than they actually are because of the marginal exercises.

In testing *Lire avec plaisir* in the classroom, we found that some students understood the concept of reading strategies better than others, but most found the variety and format of exercises different from readers they had used before. Because *Lire* requires thinking while reading, it may necessitate more study time than traditional exercises. Here's how to help your students get the most from this textbook:

- Skim through each chapter and read the accompanying *Instructor's Manual* (IM) information before choosing your approach. The chapter-by-chapter suggestions, written with both beginning and experienced teachers in mind, will save you time and energy. Because most instructors read these suggestions for only the chapters taught, information is repeated where necessary.

- Remind students often at first that it is *not* necessary to know all the words in a text to get the general meaning and to answer the questions. Text difficulty depends to a certain extent on how much a reader wants to understand from a text. Some readings and activities (for example, *"La Grande Lessive des intellectuels"* in *Chapitre 11*) show students that they can get information from a text without understanding everything.

- Remind students that drawing *logical* inferences is always good, whether the inference is right or wrong. Their ability to infer correctly will improve with practice. To make a logical inference, the reader must always put the guessed meaning back into context to be sure that it makes sense. False cognates are often the culprits here; for example: *"Pascale est toujours en train de tomber amoureuse de quelqu'un, elle a un cœur trop sensible."* The obvious choice of the English cognate *sensible* is bad because that meaning doesn't make sense in the rest of the sentence. Give students similar examples, emphasize those in the readings, and work with *Interlude 1*.

- Show less able students how context can help them understand. If you discuss possible word meanings in class, students learn from each other, as some student can nearly always infer the meaning of a word in a clear context. To practice contextual guessing in English, use passages from *A Clockwork Orange*. For specific ideas about presenting different types of context, see the article by Hosenfeld et al. listed in the bibliography.

- Ask students to write out at least the early exercises, and collect their work. Unfortunately, traditional approaches to reading seem to have conditioned some students not to take reading assignments seriously. Students answering questionnaires during and after classroom testing of *Lire avec plaisir* stated that their reading had improved because they had worked through exercises. They also stated that they had spent more time reading than in previous courses. Therefore, although the *En lisant* marginal exercises take more time than chronological detail questions, they are worth doing. Let students know that the exercises will become easier with practice—as will reading in French. To correct written work simply but effectively, use checks, pluses, and minuses to give appropriate credit to students who completed exercises thoughtfully and thoroughly and less credit to those who clearly did them too quickly or partially. With this procedure, you can look through many papers rapidly. Giving credit for work without strictly grading it should increase students' intrinsic motivation.

- Depending on your students' French-speaking ability, during discussion you may allow them sometimes to respond in English to French questions, as we did. Both common sense and research results show that language learners usually gain proficiency more quickly in reading than in speaking; we must let students express what they understand from a text as best they can.

- Finally, read the following explanations about the various *Lire avec plaisir* chapter sections, exercise types, glossing system, and appendixes.

Using *Lire avec plaisir* Effectively

Interludes

As noted in "To the Student," the *Interludes* help readers use reading skills and strategies effectively to understand French texts. Because intermediate-level students have rarely mastered the skills explained in the *Interludes*, explanations appear in English and *Interludes* are separate from chapters. Because students' ability to read in their first language varies, English practice is included to clarify and reassure. The strategies introduced in each *Interlude* match the *Stratégies à développer* in the succeeding chapter. *Interlude* strategies useful for only one chapter are noted in the *Interlude*, but most *Interlude* strategies are helpful for most types of reading.

You may prefer to have your students work independently with the *Interludes*, checking their own work with the key (pp. IM-43–IM-46), saving class time for direct work with texts and avoiding classroom use of English. Yet because students' skills differ, discussing some *Interlude* activities allows weaker students to learn from their more sophisticated or more practiced peers; moreover, open-ended exercises and those with multiple interpretations lend themselves well to small-group work. You will see how students approach and process text and may be surprised, as we were, to find that some generally poor language students show a surprising aptitude for reading strategy use. Class discussions show students that several answers are often logical and acceptable. You can also help them distinguish good inferences and wrong answers from bad inferences and right answers. (For a discussion of these distinctions, see Hosenfeld et al. and Phillips, listed in the bibliography.) In either case, asking students to write their answers to *Interlude* exercises ensures their preparation and helps them learn whether they are comfortable with particular strategies.

Introductions to the Text

The French text introductions generally note the source (e.g., *Le Monde, L'Express*) and present the subject matter and author to build reader interest and provide necessary information. Introductions were intentionally kept short to keep the focus on the texts; often students get additional necessary background information on their own in the *Avant de lire* sections.

Stratégie à développer

Strategies were chosen for each reading on the basis of their usefulness in understanding that text. For instance, Cesbron's ironic *"Miss Edith mourra le 20 mai"* (*Chapitre 8*) is recounted through a series of flashbacks; *Interlude 8* reminds students about flashbacks and explains irony as a literary device. For each text, the *Stratégie à développer* section summarizes an appropriate strategy in French; most strategies help readers understand any text. *Avant de lire, En lisant*, and *Après avoir lu* exercises offer specific strategy practice.

Avant de lire

Research has shown that readers understand best when they know something about the topic and when they consider the text in light of their knowledge. To help students read better, then, we need to elicit or provide necessary background information. *Avant de lire* suggests possible presentations and activities to involve students with each text before they read it on their own.

At first, do the *Avant de lire* exercises in class (as a whole or in small groups) to make certain that students are on the right track and to save them from misreading a text from the very beginning. Moreover, students working together learn from one another, both specific information and approaches to reading. Once your students have the knack of thinking about a text *before* they read it, have them do *Avant de lire* outside of class.

It is also a good idea to begin many readings in class to clarify the direction of the text, tone, point of view, or other areas of potential confusion. Such in-class reading should be done silently so that students can concentrate on meaning. We now know that readers (especially foreign-language readers) miss meaning when they read aloud because they are most concerned with pronouncing correctly. To have students finish a section together, read it aloud; most will follow along with you. Alternatively, allow them to read silently and individually, having them raise their hands when finished. Certainly, reading aloud, especially a poem or a dialogue, can be an effective comprehension measure *after* students have studied a text.

Expressions utiles

Most *Expressions utiles*, common idiomatic expressions difficult to guess in context, are presented before readings in which they appear. Within readings, each such expression is marked with a dagger (†). To practice these before reading, try the oral exercises in the chapter-by-chapter suggestions, designed to give students some meaningful control over these useful expressions. These exercises are ordered according to the type of oral activity they require: first the most mechanical, then those involving more meaning, and finally those most communicative or open-ended.

En lisant

The innovative *En lisant* section requires some explanation and practice before students feel comfortable with it. Students who consider a reading assignment completed when they have "looked over" the text often do not think very much while reading and do not interact with texts. The *En lisant* workbook format requires students to write what they think about while reading, and the marginal exercises help keep them from drifting off into a vague never-never land of unfamiliar words and uncertain interpretations. Naturally, individual students' intelligence, skill in guessing, willingness to take a chance,

English and French vocabulary, and general reading skill will affect their use of these marginal exercises. In our experience, most students benefit from them, if you take the right approach.

■ Note the directions on using the marginal *En lisant* exercises (*Interlude 2*) and "Working with *Lire avec plaisir*" (page xv). You may vary the way in which you assign *En lisant* according to your students' abilities. We have found it most effective to assign *En lisant* in writing along with *Avant de lire* (if not done as prereading in class) and *Après avoir lu*. Students who showed good reading comprehension and good word inference skill in assignments and discussions then did only the marginal exercises they needed. Most students, however, described *En lisant* as helpful. A key to the marginal exercise abbreviations appears in *Interlude 2* and on the inside back cover of the book.

■ For the first readings, discuss a few marginal exercises in class before assigning the rest as homework. Students need to see how the exercises work and why they exist. During discussion, students realize that individual questions are more or less easy for them; encourage them to discover what is individually most difficult and to work on those points. Also show how they can learn from mistakes and how they should continue to make logical inferences. We find it most efficient to conduct these "word guessing" discussions mostly in English.

Après avoir lu

Après avoir lu helps you and your students discover whether they have understood the reading in general. Various exercise types (e.g., maps, lists, charts, open-ended questions, multiple-choice questions), each appropriate for the accompanying text, encourage students to look at texts in new ways. *Après avoir lu* emphasizes the main thrust of each text and focuses on overall comprehension rather than on the detailed facts elicited by traditional who, what, when, and where questions.

As a general rule, ask students to answer *Après avoir lu* in writing. Most *A discuter* questions depend on their short answers; in our classrooms, students who answered *Après avoir lu* in writing were more confident in discussions because they were certain that they had some understanding.

A discuter

A discuter exists to stimulate discussion and thus is not meant to be written out. Students who have answered *Après avoir lu* successfully should have something to contribute to class or group discussion. Ask students to consider the discussion questions after they have completed the reading text and other exercises. You may, of course, find *A discuter* a productive way to have students practice writing skills.

A créer

A créer helps students integrate what they have learned from a reading into the productive skill areas of speaking and writing. Most readings are accompanied by a choice of role-play and/or composition topics, with an occasional secondary reading included. Naturally, you will never have the time or inclination to work with all these possibilities; the choice is there for you and your students. Both the role-play and composition topics help students exploit the grammar, vocabulary, and text structure of the reading they will have just studied in some depth. We were surprised and pleased to see what sophisticated and amusing compositions intermediate-level students could write when they followed the style of Goscinny or Cesbron, for example. Depending on the complexity of role-playing situations, students may be able to prepare them in five minutes of class time or may need to work on them more extensively outside class.

Glossaries

The words glossed in footnotes are those probably not known by most intermediate-level students, those necessary to understand the text, and those not clear from context or word formation. The end glossary contains words less necessary to text understanding, those probably known by a number of intermediate-level students, and those boldfaced in the texts and accompanied by marginal exercises, if not close cognates. It is probably best not to announce this, as it would most likely encourage students to look up words in the glossary rather than infer meaning from context.

Appendixes

1. The *Glossaire de termes littéraires* contains French definitions of literary and rhetorical terms used in *Lire avec plaisir* (marked with an asterisk when they appear in the text).
2. *Expressions utiles* presents an alphabetical list of the *Expressions utiles* and the chapter in which each is presented.
3. *Le passé simple: usage et formation* provides verb charts and a brief explanation of the use of the *passé simple*. The *passé simple* first appears in *Chapitre 3*, in Michaux's ''*Plume à Casablanca*,'' and it is assumed that students understand the *passé simple* and can recognize its verb forms. Some earlier short texts have been edited to replace the *passé simple* verbs with the *passé composé*.
4. *Cartes* presents four maps: *Le monde francophone, La France, Paris,* and *L'Afrique francophone*. Whenever appropriate, textual notes refer students to those maps, both to aid their comprehension and to expand their cultural awareness. Transparencies of these or similar maps can be useful during prereading.

Chapitre 1: L'Actualité

Le Monde

We begin with *Le Monde* because newspaper commonalities give students a comfortable base of useful background knowledge and because students see texts that fulfill a variety of functions, progressing from simple categorizing by newspaper section to finding basic facts. Thus students work on basic fact finding before moving on to interpretation. You may choose to work with any or all texts, in class or at home.

• Avant de lire

If you desire more intensive vocabulary practice, bring in sections of a local or franco-phone newspaper for students to identify. To involve students with this chapter topic, begin a discussion or have them talk with a partner. Possible questions include these:

> En général, lisez-vous souvent le journal? Que pensez-vous du journal *Daily Progress*? du *New York Times*? Quelles rubriques préférez-vous? Pourquoi? Lorsque vous ouvrez le journal le matin, quelle rubrique cherchez-vous d'abord? Pourquoi? Est-ce qu'on devrait lire un journal? Pourquoi?

In addition, you may use the short titles and articles in the first section for additional work on reading or on French culture. For example:

« Les gènes guérisseurs »: Cognate practice (*gènes, greffer, exploit*, etc.).
« Le marché interbancaire des devises »: Can students recognize the types of money and name the countries in which that money is used? How does one read a figure like *7,9345* in French?
« Théâtre »: Scanning exercises: Combien de spectacles ont été sélectionnés par le club du « Monde des spectacles »? Si on voulait manger et boire en regardant un spectacle, où pourrait-on aller? Si on préfère écouter de la musique, où doit-on aller? Quelles sortes de musique pourrait-on entendre? A quelles heures commencent les pièces en général? Pour avoir des renseignements plus précis, que pourrait-on faire? (NOTE: Similar exercises appear in *Chapitre 2* for a French film listing.)
« Appartements, achats »: Discuss the abbreviations to make sure that students understand them. Students then role-play telephone conversations inquiring about an interesting apartment. (NOTE: Similar work deciphering abbreviations in a familiar context appears in *Chapitre 4, ''La vie en rose.''*)
« Météorologie »: To practice getting the gist: Quelle carte présente le temps actuel? Fait-il plutôt beau ou mauvais? Fait-il plutôt chaud ou froid? Pourquoi donne-t-on deux températures pour chaque ville? Donne-t-on des renseignements seulement au sujet de la France?

• A discuter

Many of these discussion questions are designed to raise issues of cultural understanding versus stereotyping and misrepresentation.

• A créer

Given our newspaper orientation, most of the creative activities involve writing a short article or advertisement following the style or format of texts studied. Before assigning one of these, spend some class time in a prewriting discussion of essential points of form or style.

« Dan Rather au petit déjeuner »

This text is best done—or at least begun—in class where questions can be asked quickly; otherwise, they seem to be plodding. Moreover, students who are less likely to think before reading can learn from classmates.

« Belgique: La recrudescence des attentats . . . »

The entire original article has been reproduced on page 18, but the first three paragraphs are repeated in a more readable format on page 19. Words not necessary to basic facts are not glossed. Insist on the idea that good readers do not have to understand every word to get what they *need* from a text.

● Avant de lire

Students brainstorming this activity will see how quickly they can predict text content.

● Après avoir lu

After completing this chart on their own, students answer questions from you or from classmates about what happened, thus summing up the facts. The first discussion question continues this summation and encourages students to think about what they have read.

● A créer

As prewriting, students list facts about a current event and may write an introductory sentence or paragraph together or in groups.

Club Dial

● Avant de lire

If, as we hoped, most students have had some experience with similar American record clubs, this section will be relatively easy, even though it contains unfamiliar expressions. Working together in class, students share experiences and knowledge.

● En lisant

Do item 2 in class, asking students to raise their hands when they have written an answer to each question. When about half are ready, ask for answers. Slower students get time, and weaker students a chance, to see how to infer word meanings; all students gain confidence in understanding an important part of this ad.

● A discuter

Students can work in pairs or small groups to compare their answers to *Après avoir lu* item 1 and draw conclusions about similarities and differences. Different groups can present their conclusions.

● A créer

Although the role-playing situation sounds like a high-level speaking activity, it is really an intermediate-level conversation if the student "persuades" by listing or describing the advantages of Club Dial.

Chapitre 2: Les Distractions _____

Les films

● Avant de lire

To understand movie listings, readers must know basic facts about the Paris *arrondissement* system. If possible, present this information and do a few scanning exercises in class to make certain that students understand. Then have students prepare this exercise at home; in class, ask why they chose the page they did. Students who found the exercise difficult will learn from others.

● En lisant

For bright students, do some of these exercises competitively in class, asking students to scan for facts as quickly as possible. If you have them simply raise their hands when they have an answer, you can control who responds and when. Follow-up options:

- Let students together or in pairs discuss their film preferences.
- Distribute other francophone film guides for study or discussion.
- Set up a role play, using this film guide or another, in which two students try to convince each other to see a certain film or one student calls the box office to reserve tickets (with or without such a complication as a sold-out night). Assign a different role to each student in a pair, unknown to the partner. In this way, the situation approximates reality in which one never knows exactly what the other person will say.

Le théâtre

● Stratégie

With these theater announcements, students have a reading purpose beyond completing the assignment. The reality of this purpose depends on your and your students' getting involved with *Avant de lire*.

Jean Tardieu: « Mauvais public »

● Stratégie

Here for the first time the strategy section asks students to discover underlying text structure. To challenge stronger students, ask them to decide on the structure. To help weaker students, emphasize *Interlude 2*, "Analyze Text Structure: Chronological," and

Exercise N, which relates to the *En lisant* and *Après avoir lu* questions. If students need more work on adverbs of time, distribute these examples from the text:

D'abord, il est arrivé au théâtre.	*first*
Il avait *déjà* acheté son billet.	*already*
Ensuite il a trouvé sa place.	*next, then*
Puis il s'est assis.	*then*
Le premier acte était amusant. *Avant*, il avait été fatigué, mais	*before*
après il était plein d'enthousiasme.	*after*
Il a ri *longtemps*.	*for a long time*
Il aime *toujours* les comédies.	*always, still*
Après la pièce, il est allé au café, et *enfin* il est rentré chez lui.	*at last, finally*
plus tard	*later*

● Avant de lire

To introduce some text content without giving away Tardieu's situation or humor, use this advance organizer as a classroom listening comprehension component of a discussion about theatergoing or moviegoing. Point out the importance of reading the title in order to have an idea about what will happen in a text.

● En lisant

Marginal *En lisant* exercises appear here for the first time. If you have not done so, present the *Interlude* "Working with the *En lisant* Exercises" and begin "*Mauvais public*" in class to make sure that students understand how these exercises work.

Encourage your students to follow *En lisant* advice: skim the first time to discover underlying structure; then read more closely for details and evidence of that structure. In this way, students have a reason to read this short text more than once and purposefully.

● Après avoir lu

Questions 2 and 3 are meant to help students begin to discuss the story in class. Students who come to class prepared with basic facts are usually willing to begin with them and then enter into a higher-level discussion, such as that provoked by *A discuter*.

● A créer

Our students had great success with item 2 in that they could parallel Tardieu's clear structure while adding their own imaginative and personal details.

Chapitre 3: Les Vacances et les voyages _____

Quelques textes publicitaires

● Avant de lire

Suggestion: Assign this section and the explanation of the *Stratégie à développer* as homework, leaving class time the next day to discuss answers and to begin *En lisant*.

● En lisant

Have students do one reading and its exercises in class, not trying to understand everything but raising hands when they can answer the questions. When students answer, they also explain why they chose their answer. Depending on students' speaking ability, this activity may be best done in English or in a mixture of English and French.

« Biarritz: Surfing Super Star »

● Avant de lire

Because this style is indeed informal, begin the reading in class after eliciting the prereading information. Point out some of the stylistic devices of this "live conversation" effect and ask simply for the gist.

Expressions utiles

A. *Où?* Using a transparency or a picture labeled with your students' (or imaginary people's) names, ask:

MODELE: Où est Philippe?
       Le voilà près du magasin.

B. *En français!* Traduisez ces phrases en français, et faites attention: faut-il ajouter *le*?

MODELE: She's happy, but he isn't.
       Elle est contente, mais il ne l'est pas.

1. My cousin was at the beach, but I didn't know.
2. Either you're a tourist or you're not.
3. His friend isn't a surfer, but he wants to be one.
4. Was he late? No, he wasn't.
5. This beach is pretty, and the hotel is, too.

● En lisant / Après avoir lu

To keep students from bogging down in occasional long sentences and complicated syntax, suggest reading the article first only carefully enough to answer *Après avoir lu* item 2, outlining the events of the day. During succeeding readings, students complete the marginal *En lisant* and find the specific stylistic devices noted in *Après avoir lu* item 1.

● A discuter

Clearly, the discussion suggested in item 2 could be expanded to include other sorts of stereotypes and cultural issues: for example, tourists as a stereotyped image, other tourist spots, native responses to tourist invasions.

Henri Michaux: « Plume à Casablanca »

The *passé simple* appears here for the first time; for its formation and usage, refer to *Appendice 3.*

● **Avant de lire**

La structure

Be sure students know the adverbs and conjunctions listed. If there is enough time, have them create French sentences using these function words.

La situation

Because of the absurdity of Plume's life, it is helpful to give students a reality from which they can put story events into perspective. A class discussion of a normal traveler's activities and a mention of the fact that Plume's life is abnormal gives students the confidence and certainty they need. Begin the text in class, making sure that students understand the use of the past participles *arrivé* and *terminé* by having them render these sentences into acceptable English.

Expressions utiles

A. *Lorsqu'on est paresseux.* Ces personnes ne veulent pas faire le travail mentionné. Alors, ils *font faire* le travail à quelqu'un d'autre. (NOTE: To simplify, put sentences in the present tense.)

MODELE: Monique n'a pas lavé sa voiture.
        Elle *a fait laver* sa voiture.
        Elle l'*a fait laver*.

1. Alain ne fait pas la vaisselle.
2. Mme Latour ne veut pas faire le ménage.
3. Mon frère ne réparera pas sa bicyclette.
4. Ces élèves n'aiment pas faire leurs devoirs.
5. Christophe déteste laver son chien.
6. Danielle n'aime pas couper les cheveux de sa fille.
7. M. Rouquet n'a pas fait le jardinage ce week-end.
8. Les Turin ne savent pas réparer leur téléviseur.

B. *Un peu d'aide.* Ces personnes ne peuvent pas faire tous seuls les activités mentionnées. Par conséquent, quelqu'un d'autre les fait.

MODELE: M. Dupuy ne se conduit pas.
        Il *se fait conduire*.

1. Il ne se coupe pas les cheveux.
2. Ces enfants ne se lèvent pas.
3. Ma jeune nièce ne s'habille pas.
4. Cette actrice ne se maquille pas.
5. Nous ne nous conduisons pas en ville.
6. Quoi? Tu ne te rases pas?

Variation: Imaginez que vous êtes roi ou reine. Que faites-vous faire?

C. *Où se rend-on?*

MODELE: Où se rend-on pour acheter des médicaments?
        On *se rend* à la pharmacie.

1. Où se rend-on pour prendre une bière?
2. . . . pour faire de la natation?
3. . . . pour acheter de la nourriture?
4. . . . pour jouer au basket?
5. . . . pour danser?
6. . . . pour étudier?
7. . . . pour écouter un concert?
8. . . . pour voir un film?

Variation: Ask where students or their friends go for different activities.

D. *De quoi vous êtes-vous rendu(e) compte. . . ?*

MODELE: De quoi *vous êtes-vous rendu(e) compte* quand vous êtes venu(e) à l'université?
Je me suis rendu(e) compte que l'université était très grande.
OU: *Je me suis rendu(e) compte* de la grandeur de l'université.

1. De quoi vous êtes-vous rendu(e) compte quand vous avez acheté votre première voiture?
2. . . . commencé un nouveau job?
3. . . . fait votre premier voyage?
4. . . . fini vos études au lycée?
5. . . . fait la connaissance de votre camarade de chambre?

● A discuter

Students in small groups may discuss item 1, Plume's activities, and can compare their answers to *Après avoir lu*. If you delve into the philosophical aspects of fate or chance with item 2, students will probably have more profound thoughts than they can explain in French. Students usually appreciate reading more when allowed to express their ideas, even when they need to do so in English.

● A créer

Michaux's stories seem to lend themselves especially well to pastiche (item 1). A simpler composition exercise (item 2) focuses on chapter context and vocabulary.

Chapter 4: L'Amour

« La Vie en rose »

● Stratégie

The *Interlude* exercise practicing rapid, accurate word recognition may seem elementary but is helpful to the many students who do not recognize words adeptly when reading a foreign language. When practicing recognition of abbreviations, reinforce the concept that a person reading this type of text in real life is often likely not to understand every abbreviation but can still get the gist. Abbreviation-filled texts matching other vocabulary and contexts include apartment ads and film and television listings (see *Chapitre 1*).

● Avant de lire

If you do these exercises during whole class or small group brainstorming sessions, students can share ideas and you can direct them, if necessary.

● En lisant

1. If there is enough time, do in class and give students a few seconds to answer each question. Overly careful readers need enforced scanning practice to break word-by-

word reading habits. To keep the class working together, read each question aloud, announce the number of seconds students have to find and write answers, time them, and stop them when time is up. *Let several students explain how they found their answers*. Again, students teach each other.

2. Answers:

a = ans	dés. = désire
av. = avec	m. = même
b. = bon(ne), beau/belle	max. = maximum
ch. = cherche	min. = minimum
cult. = culture, cultivé(e)	renc. = rencontre(r)

3. If students have difficulty, let them write one ad together before they do the rest as homework.

4. After completing this exercise, students compare answers in small groups and present a consensus to classmates. The focus is on meaning and on communication of information generated by students.

● A discuter

For essay-writing practice, students answer one question in writing. Alternatively, discuss the questions with the entire class or distribute them to small groups whom you ask to reach a consensus, if possible. If either case, the questions should lead to conversation rather than to discrete answers.

● A créer

Questions 1 and 2 are directed composition exercises that allow students to use the *annonces* format, vocabulary, and information. For the role play in item 3, you might provide pairs of students with the (perhaps amusing) ad that brought them together.

« Le Courrier de Valérie »

To help less skilled students and to give quick students a chance to shine, do the title-subject brainstorming and title-letter matching exercises in class. Effective strategies will be passed from student to student, and you may get a glimpse into how some less effective strategy users think. *En lisant* works well with partners or small groups, followed by class sharing. Clearly, the focus is on overall comprehension. The *Après avoir lu* question about *tu* versus *vous* usage does not, of course, have a clear-cut answer but should provoke discussion and increase students' awareness of this French cultural factor.

● En lisant

Stress that students first match letters and titles. This activity requires attentive but not detailed reading. The second *En lisant* encourages students to reread.

● Après avoir lu

These two sections move from personal response to analysis of textual organization. If you assign these as homework and do *A discuter* in class, you will see how well students understood the readings.

• A créer

Here are two other letters with responses, if students wish to compare their ideas with Valérie's:

Différence d'âge

J'aime une femme de cinquante-huit ans. J'en ai quarante-deux. Cela me fait un peu peur. Pensez-vous que ce soit un obstacle pour plus tard?   Marcel

Je me garderai bien d'adopter une position définitive sur la différence d'âge dans un couple. Mais, si vous posez la question, c'est que vous craignez l'avenir. Dans ce cas, un seul conseil, Marcel: écoutez ce que vous dit votre instinct profond. Et ne vous préoccupez surtout pas de ce que peuvent penser les autres!

En plein désarroi

Il y a deux ans, j'ai connu un jeune homme de mon âge (vingt ans). Le coup de foudre réciproque, mais aussi une série de ruptures et de retrouvailles. Il a constamment besoin de retourner chez ses parents, qui le tiennent par l'argent. Chaque fois qu'il me quitte, il reçoit un cadeau, par exemple une voiture. Lorsque notre fils est né, il a repris la vie commune en cachette de ses parents, qui ont fini par le savoir. Il est alors reparti définitivement. J'essaie d'être forte pour notre bébé de cinq mois, mais je suis en plein désarroi. Venant de l'assistance publique, je n'ai aucune famille. J'habite un hameau où chacun vit pour soi. Je vous en supplie, aidez-moi!   Prisca

Tu es courageuse, Prisca. Toute ta lettre en témoigne. Je crois que tu dois regarder les choses en face: tu ne pourras pas lutter contre une famille aussi dévorante, tu risques d'y laisser tes nerfs. Il faut maintenant consacrer toute ton énergie à l'éducation de ton fils, comme tu essaies déjà de le faire. Si les relations peuvent s'arranger avec ton ex-ami, il serait bon qu'il ne laisse pas tomber complètement l'enfant. Toi, tu as assez souffert. Tu as un énorme besoin de tendresse, tu dois donc retrouver un compagnon. Il n'y a personne, dans ton village? As-tu bien regardé autour de toi? Sinon, pourquoi ne pas envisager une annonce gratuite « en vue mariage » dans un journal? C'est parfois la clef du bonheur, ce que je te souhaite réellement de tout cœur.

L'amour en lettres

The two exercises should help the students understand the contest rules before beginning to write their love letters, so go over answers with them. Then brainstorm appropriate vocabulary and even possible tones: amusing, passionate, tongue-in-cheek, terribly serious, and so on.

Deux poèmes

These two love poems, dating from different periods with different sentiments and tones, are relatively approachable for intermediate students.

• Stratégie

While discussing the love poetry genre, consider the various levels of analysis necessary to understand poetry well. Depending on your and your students' interests and inclinations, you may examine these poems at various levels.

• Avant de lire

The general introduction to love poetry can be done as a preview to either "*Qu'en avez-vous fait?*" or "*Le jardin.*" No work on French syllabication has been included in order to keep this section simple; of course, if your students know poetics or want to examine poetry in more depth, you may choose to present French versification.

● En lisant

You might do all six questions in class to be sure that all students clearly understand the tone and direction of the poem before analyzing it in more depth on their own. Of course, students should hear an adept reading aloud of the poems.

● Après avoir lu

For *"Qu'en avez-vous fait?,"* item 1 obviously helps students follow the narrative and get the basic facts in order. Question 2 should help them see that the poet is speaking to her ex-lover and that many of the stanzas are linked together. For *"Le jardin,"* the focus is on how Prévert creates atmosphere.

Chapitre 5: Les Sports et la santé

Le Mundial vu par Soulas

Assuming that most intermediate French students know that *le football* is soccer, we offer no *Avant de lire*; you may want to give details about the World Cup.

● En lisant

If you have the time and facilities, present this cartoon on a transparency. Show each box as you read the goalkeeper's thoughts aloud with appropriate emotion; then ask students to write their inferences about word meanings. They will probably still need encouragement to guess and will need to know that it is better to guess wrong than not to guess at all. Let students explain their inferences (in French, if possible).

● A discuter

If you work with the cartoon in class, bring copies or transparencies of comparable American cartoons to provoke answers.

« Athlètes de l'est: l'appel américain »

● Stratégie

At this point, students should be able to awaken expectations without direction. To introduce the text, however, make a transition from some discussion of sports.

Expressions utiles

Of course, the passive voice is neither an "expression" nor an idiom, but it occurs so frequently in this text that you may want to review it.

● En lisant

For the first time, we ask students to summarize or find main points. Remind them that because they read differently, some of them will prefer to concentrate first on getting the gist and then on details. Others will become lost if they don't do the marginal *En lisant* when they first read.

● Après avoir lu

This section asks students to take the next step in summarizing; comparing results is enlightening.

● A discuter

Given the serious nature of these questions, you may choose to have students jot down their ideas ahead of time. This *A discuter* does not follow directly from *Après avoir lu*, but students' lists can double as the prewriting activity for *A créer*.

« Inventez votre méthode de relaxation »

If necessary, reassure students about the length of this reading by noting its logical structure, easy-to-follow section headings, and practical, familiar content.

● Stratégie

To give students extra help during prereading, have them summarize main topics by following the headings (see *Avant de lire* on structure). The summarizing *En lisant* questions also help students recapitulate.

● Avant de lire

To encourage students to think about the reading topic and to present or review appropriate vocabulary, do the first section in class where students share ideas and practice speaking. Then read the first paragraph together, helping students summarize and showing that this paragraph is introductory.

Expressions utiles

Practice should grow from conversation about stress and exercise. Possible questions include these:

Vous trouvez-vous plutôt détendu(e) ou stressé(e)? Et vos amis? Vos parents?
Quel moyen préférez-vous pour vous détendre?
Où pouvez-vous vous détendre le mieux?
Comment pouvez-vous vous détendre le mieux?
Pour vous, qu'est-ce qui est détendant? Le lait? Le thé? La musique?
Comment vous comportez-vous quand vous êtes stressé(e)?

Assign the written exercise as follow-up homework.
Variation: Organize a scavenger hunt in which students ask each other questions to find who fits each description. Students ask only two questions of each individual; thus they move around the classroom and talk with a number of people. Give them a handout like this:

COMMENT SE DETENDRE?

Posez des questions à vos camarades de classe, mais posez seulement deux questions à chaque personne avant de passer à quelqu'un d'autre. Mettez les noms des personnes qui répondent oui dans les blancs.

MODELE: Il/Elle trouve le thé détendant. _____
          Vous: Marc, trouves-tu le thé détendant?
          Marc: Oui, assez détendant. _Marc_

Vous écrivez le nom de Marc dans l'espace.

Il/Elle se détend en regardant la télévision. _____

Il/Elle aime s'étendre en écoutant de la musique. _____

Il/Elle trouve le lait détendant. _____

Il/Elle ne peut pas se détendre en conduisant. _____

Il/Elle se comporte toujours bien. _____

Il/Elle n'a pas assez de détente pendant le week-end. _____

Il/Elle se sent presque toujours stressé(e). _____

● Après avoir lu

This section moves students from general understanding to more detailed comprehension. Although the situations in item 3 are realistic and related to sample situations in the text, there are no direct parallels and several possible answers. Follow-up discussion might focus on the feasibility of students' suggestions and students' reasons for choices. Students can also show comprehension by doing some of the relaxation exercises or by doing some for the class to identify.

● A discuter

For variety, students could interview each other in the guise of celebrities fighting stress: Gorbachev, Madonna, Jane Fonda, le Président, la femme du Président, Baryshnikov, and others.

● A créer

Of course, item 1 can equally well be assigned in writing, as a dialogue, or as a letter. Review ways to give advice: imperative, conditional, *je voudrais que tu . . . ,* and so on.

Chapitre 6: L'Enfance _____

Gérard Lenorman: « La Clairière de l'enfance »

● Avant de lire

First model the questions with one student; then allow time for pair work. Follow up by having students recount partners' memories, or summarize by finding out how many students chose happy, exciting, or painful memories. NOTE: *A créer* depends on students' having done this activity.

Expressions utiles

Although not idioms, *on* and the reversed sentence structure appear frequently in "*La Clairière de l'enfance,*" as they do in French generally. A simple practice activity for *on* asks students what they and their friends do for fun. The following prereading activity practices *que*:

La première fois. Choisissez un mot de chaque liste et employez le pronom relatif *que* pour en faire une phrase logique tout en insistant sur l'importance des noms.

MODELE: C'est la première musique qu'on a jouée.

la musique	faire
le livre	appeler
le rendez-vous	boire
la bière	jouer
le vélo	écouter
l'amour	imaginer
le souvenir	lire
le disque	acheter

● A discuter

Students' answers to *Après avoir lu* provide the meat for this discussion. You may also want to compare students' *En lisant* decisions about punctuation to check on details of comprehension.

Sempé et Goscinny: « C'est Papa qui décide »

You can work with this relatively long text in two parts:

1. Introduce and practice vocabulary, preview with *Avant de lire*, and assign text and *En lisant* for lines 1–102. During the next class, after answering questions and checking overall comprehension, discuss possible story endings. Encourage logical guesses based on personalities and events, but be careful that students who completed the story do not reveal the ending.
2. Assign the rest of the story and follow-up exercises for the next class.

● Stratégie / Avant de lire

NOTE: The prereading activity with text illustrations repeats the work done in *Interlude 5*; it appears here in case you skipped these activities. Spend enough time reading silently together in class to get the students beyond the introduction and into Nicolas's narrative (line 18), helping students recognize the style and voice change.

Expressions utiles

A. *Des réussites.* Expliquez que le petit Bruno réussit toujours. Ensuite, décrivez son attitude. Faites attention aux temps des verbes!

MODELE: Bruno s'est perdu à la campagne.
        Il *avait l'air* mécontent / triste / de se féliciter.

1. Ses amis n'ont pas joué avec lui hier.
2. Il n'aime pas jouer du piano.
3. Il avait mal à la gorge la semaine dernière.
4. S'il avait un accident de vélo, . . .

5. Quand il cassera une fenêtre, . . .
6. Lorsque ses parents se fâchent contre lui, . . .

B. *Logique.* Dans chaque situation, qu'est-ce qu'on *se met à* faire?

MODELE: Tu as un examen demain.
　　　　Alors, je *me mets à* étudier.

1. Nous avons faim.
2. J'ai trois textes à lire cette semaine.
3. La famille a fini de déjeuner.
4. Vous avez beaucoup de travail à faire.
5. Ta mère va te rendre visite et ton appartement n'est pas en ordre.
6. Le prof d'anglais voudrait recevoir une composition demain.

• Après avoir lu

Students summarize main points in item 1. Item 2 asks for more interpretation and a certain amount of inference, leading directly to *A discuter.* If you collect answers to *Après avoir lu*, you will have more time for discussion and *A créer* prewriting activities.

• A créer

Intermediate students can quite successfully re-create Nicolas's voice if they note significant aspects of Goscinny's style before writing. If you prefer to have students write standard French, assign item 3 or 4.

Chapitre 7: La Tradition orale ─────────────────

Ulysse Pierre-Louis: « Partage de morts entre le Bon Dieu et Lucifer »

Despite the cultural distance between Haiti and the United States, students generally understand and enjoy this tale. Since the accompanying text, *"Au commencement était la parole . . . ,"* discusses oral literature in Africa, you may want to point out aspects of Pierre-Louis's story that show it to have been originally an oral anecdote.

• Avant de lire

Depending on the cultural emphasis in your course, you may spend more or less time with this section presenting Haiti. *La source* works well as homework. The information about Haiti appears *after* the exercise so that students can see how much they know already.

Expressions utiles

Assign the exercise as homework. Additional trees include *l'amandier, le dattier, le pistachier, le prunier.* Two tree names whose formation does not quite fit the rule are *le pêcher* and *l'oranger.*

• En lisant

The oral, storytelling style necessitates numerous marginal exercises since context is generally clear and useful but many words are relatively uncommon. Work through the first three paragraphs with students and recommend the marginal exercises when comprehension falters.

● Après avoir lu

Our students answered items 1 and 2 easily; hence you may be able to spend most time with *A discuter*. For *Après avoir lu* item 3, however, you may need to clarify that *l'histoire* means "story," not "history."

● A créer

As with previous compositions, item 2 asks students to rewrite the text from a different point of view. Such activities prove effective early on because they free writers from many worries about vocabulary and structure, allowing concentration on style and tone. The much more open-ended item 3 should appeal to more imaginative students. Prewriting could include further brainstorming about potentially comical situations and discussion of possible tone and point of view; the reading strategy for the next text emphasizes analyzing the nonfiction point of view.

Jacques Chevrier: « Au commencement était la parole . . . »

Although this *Jeune Afrique* article treats oral literature in francophone Africa, Chevrier's description is equally valid for Pierre-Louis's story. The fictional text appears first because it is easier, has proven appeal, and provides a context in which the Chevrier article takes on direct meaning.

● Stratégie

Discovering point of view is a crucial skill most students have practiced in English courses but often ignore when reading a foreign language. Elicit students' previous knowledge about it if you have time.

● Avant de lire

Preview this in class; the topic and format may be unfamiliar to many students. Some students see the biblical allusion immediately and can alert the others to it; you can emphasize the role of following point of view in understanding this article.

Expressions utiles

Connaissez-vous . . . ? Identifiez ces endroits ou ces personnes, si possible.

MODELE: Connaissez-vous Haïti et la Côte d'Ivoire?
        Oui, *celle-ci* est un pays africain et *celui-là* est une île.
    OU: Je ne connais pas *celle-ci,* mais *celui-là* est une île qui se trouve près de Cuba.

1. Connaissez-vous le Sénégal et l'Afrique?
2. . . . Madagascar et les Seychelles?
3. . . . Dakar et Alger?
4. . . . l'Algérie et le Zaïre?
5. . . . Port-au-Prince et la République Dominicaine?
6. . . . Ulysse Pierre-Louis et Birago Diop?
7. . . . Christophe Colomb et Jean-Claude Duvalier?

● **A créer**

These composition topics are relatively demanding and open-ended. To have students follow a model closely, discuss the pattern of Chevrier's critique, for item 2, or the style of a fable, for item 1 (which works well with the fairy tales of *Chapitre 10*).

Chapitre 8: Les Illusions

Gilbert Cesbron: « Miss Edith mourra le 20 mai »

''Miss Edith mourra le 20 mai'' has proved particularly successful: it is suspenseful; its sections are easily read, but the flashbacks are challenging; it contains inferences that some students discern but others overlook; and readers like or dislike it rather vehemently, leading to intense conversations.

● **Stratégie**

Note the *En lisant* directions to circle all indications of time during the second reading; you may want to check responses.

Expressions utiles

A. *On n'en pouvait plus!* Décrivez les réactions de ces personnes dans ces situations. [NOTE: All responses require the *imparfait* in order to focus on meaning rather than on structure.]

MODELE: Hier, j'ai eu trois examens et j'en ai raté le troisième. Je . . .
 Je n'en pouvais plus.

1. Après avoir reçu trois lettres anonymes, elle . . .
2. Les policiers avaient cherché l'assassin partout, mais ils . . .
3. Il a essayé de vivre avec sa femme, mais il l'a quittée parce qu'il . . .
4. Nous voulions être calmes, mais hier nous . . .
5. Lorsqu'il racontait ses histoires drôles, nous . . .

B. *Par rapport.* C'est aujourd'hui jeudi, le 10 octobre.

MODELE: Hier, c'était . . .
 mercredi, le 9 octobre

1. Avant-hier, c'était . . .
2. Il y a trois jours, c'était . . .
3. Il y a une semaine, c'était . . .

Lundi, le 6 octobre, nous sommes revenus de Paris.

4. La veille, nous avions été à Paris. Quelle était la date?
5. L'avant-veille, nous étions allés à l'opéra. Quelle était la date?
6. Trois jours avant, nous avions déjeuné chez Maxim. Quelle était la date?

Variation: Students tell what they did on several days, using one as a reference point; others give appropriate dates.

● En lisant

As you see, Cesbron uses space to indicate time shifts. The marginal *"Pourquoi cet espace?"* should help students recognize shifts. Because we could not always place questions directly opposite the spaces to which they refer, tell students to follow the envelope-shaped symbols to the appropriate spaces in the text.

● Après avoir lu

Flashbacks, irony, and subtleties requiring inference make this story complex; thus these exercises help show how well students understand, and you may find it valuable to run through answers to items 1 and 2 in class. *A discuter* reexamines items 3, 4, and 5.

● A créer

Perhaps because *"Miss Edith . . ."* captures students' imaginations, many write especially polished and imaginative compositions. Alternatively, either question can be treated as a role-play situation.

La Rochefoucauld: « Maximes choisies »

These short readings can be exploited in many ways, as indicated in follow-up activities. Several maxims relate closely to themes in *"Miss Edith . . . ,"* and the two texts work well together. Students can also memorize several maxims, exercising their long-term memories, improving their command of French syntax, and learning a small piece of French literature by heart.

● Après avoir lu

Questions 1 and 2 involve students personally with the maxims; 3 and 4 focus on La Rochefoucauld's irony. The maxims I relate to themes in *"Miss Edith mourra le 20 mai"* (item 4) are as follows:

n° 83 On pourrait dire que le cercle d'amis n'existe que par un intérêt dans les mystères et un goût pour les jeux.

n° 84 Edith ne voulait pas se douter de ses amis; elle a choisi en effet la mort.

n° 87 Edith semble accepter cette maxime en se doutant de temps en temps de tout le monde.

n° 102 Voilà pourquoi Miss Edith ne garde pas la lettre et ne parle pas de ses ennuis à ses amis.

n° 119 Voilà en effet la cause de la mort de Miss Edith.

To simplify this exercise, give students these or other ideas from *"Miss Edith"* and ask them to match with appropriate maxims.

● A discuter

In item 1, students may share preferences in small groups or as a whole, but model possible *modi operandi* first. For example, cite a maxim with which you agree and ask who else approves of it; then students who disagree with La Rochefoucauld can state their opinions. Before asking students for their reasoning, tell which maxim(s) you disagree with and why.

• **A créer**

Students may exchange and comment on their maxims in small groups for item 1, or you may lead a discussion of individual maxims.

Chapitre 9: La Belle Epoque

« Monsieur « LU », le génie de la pub »

The topics of *Chapitre 9* may well accompany a unit emphasizing the history, art, or literature of turn-of-the-century France.

• **Stratégie**

''Monsieur 'LU',''' as a newspaper article, is a good place to practice looking for facts. Students should read this short article at least twice before completing *Après avoir lu* item 2 from memory. Better than consulting the text closely to answer by scanning, this activity simulates the response to a friend's request for an article summary.

Expressions utiles

This exercise expands on superlative constructions.

Votre opinion? Réagissez à ces noms en indiquant votre opinion de la personne ou de la chose mentionnée.

MODELE: Meryl Streep
       Il n'y a personne de plus douée qu'elle.
  OU: Il n'y a personne de moins intelligente qu'elle.

      La Tour Eiffel
      Il n'y a rien de plus magnifique que la Tour Eiffel!

1. Sacré-Cœur
2. Montmartre
3. Notre-Dame de Paris
4. Le Centre Pompidou
5. Simone de Beauvoir
6. Gérard Depardieu
7. Henri de Toulouse-Lautrec
8. François Mitterand

• **Après avoir lu**

As noted earlier, encourage students not to complete item 2 by looking back through the article, since that will not tell them what they have understood. To follow up, students compare summaries in groups of two to four.

• **A créer**

For a more challenging and complex writing assignment, assign *A discuter* item 3 as a composition. A different topic paralleling the style and format of *''Monsieur 'LU' ''* would ask students to write an article describing a real or imagined exhibition coming to their city.

Alphonse Allais: « Un Moyen comme un autre »

● Stratégie / Avant de lire

In-class preview is essential for this text, as the dialogue structure can otherwise be quite confusing. *Avant de lire* provides a structure for your presentation, but make sure that your students know French dialogue punctuation. With a little help, they quickly and imaginatively figure out characters and tone; let them contribute as much as possible to the discussion.

During this introduction, some students may be certain that the two characters speaking are a man and a boy (or even an uncle and his nephew). After many rereadings, I still find no internal evidence that this is the only hypothesis. You might explore the question of a story within a story or conventional assumptions about narrators and stories.

Expressions utiles

A. *Sauvé au dernier moment!*

MODELE: Nicolas ne sait pas monter à bicyclette.
Il *a failli* tomber.

1. Marianne n'est pas forte en chimie.
2. Mon grand-père a été malade l'été passé.
3. J'étais très fatigué ce matin; je ne voulais pas venir au bureau.
4. Mon amie a quitté son appartement assez tard ce matin.
5. Ces étudiants se sont dépêchés pour arriver en classe.
6. Christophe ne savait pas où l'on passait l'examen.
7. Ma petite sœur a essayé son nouveau vélo hier.
8. Tu avais très sommeil au cinéma, n'est-ce pas?

B. *Résultats.* Faites des phrases logiques en employant *rendre* + une expression de chaque liste. Attention à l'accord des adjectifs! [NOTE: Show the students a transparency list or give them a handout.]

MODELE: Les bonnes notes *rendent* mon amie contente.

1. Les bonnes notes	les professeurs	fâché
2. Aller à la plage	les enfants	triste
3. Les professeurs	vous	content
4. Mon/ma meilleur(e) ami(e)	vos parents	nerveux
5. Passer un examen	vos copains	calme
6. Ecrire des lettres	votre mère	fatigué

● En lisant

Present the model for the *En lisant* story structure exercise, which can help students follow the direction of the text. As you see when you read "*Un Moyen comme un autre,*" the child speaker typically interrupts the narrator to ask about interesting details. The narrator's answers lead the child off track for a line or two (the *nouveau sujet*); for example, the mention of *gros oncles* makes the child think of Oncle Henri, and the narrator is misdirected for a few moments to talk of Oncle Henri and artists. Once students realize (in class, before reading the rest of the story) that the dialogue may sometimes drift off in different directions, they have no problem following Allais's narrator.

● Après avoir lu

Question 1 provokes analytic thought and discussion; our students found several plausible interpretations of the title. Question 3 simply confirms which students understood the basic story structure and provides a clear basis for *A discuter* items 2 and 3, which concern the narrative and story within a story.

● A créer

If you assign item 1 or 2, help students analyze Allais's style. As in *A créer* following ''*C'est Papa qui décide*,'' these topics can lead to some imaginative and amusing creations.

Chapitre 10: La Magie et le surnaturel

Although the two tales in this chapter come from different periods and cultures, they are eminently comparable as fairy tales. To ease the difficulty of cross-cultural understanding, it is valuable to study the French-African text, which presents the familiar Cinderella story. Students can then more easily put into context such elements as talking trees. The same procedure works well for seventeenth-century French literature, too, because the famous Puss-in-Boots story gives cognizant readers a meaningful outline for period allusions. Thus it is best to begin this chapter with the *Avant de lire* on the fairy tale genre whether you do one story or both.

Both ''*Le Pagne noir*'' and ''*Le Maître chat ou le Chat botté*'' contain numerous *passé simple* forms; you may remind students of *Appendice 3*.

Bernard Dadié: « Le Pagne noir »

● Stratégie

Whether you have students review what they know about fairy tales (*Avant de lire*) at home or in class, go over their answers with them so that they know they are thinking along the right lines and expect to find magical elements. Note that *Après avoir lu* item 1 is the same for both ''*Le Pagne noir*'' and ''*Le Maître chat ou le Chat botté*,'' asking students how story structure parallels that of a typical fairy tale. Encourage review of the genre elements listed in that exercise before reading.

Expressions utiles

A. *A peine . . .* Employez l'expression *à peine* pour dire la même chose.

MODELE: Elle venait de partir quand son ami est arrivé.
         Elle était *à peine* partie que son ami est arrivé.
     OU: *A peine* était-elle partie que son ami est arrivé.

1. Il est presque deux heures.
2. Tu ne parlais pas beaucoup.
3. Elle n'est guère aimable.

4. J'ai seulement deux dollars.

5. Il venait de se coucher quand il s'est endormi.

6. Il ne s'était guère endormi quand le téléphone a sonné.

[This fairly mechanical exercise shows different uses of *à peine* and helps students become more comfortable with it.]

B. *Le savez-vous?* Répondez logiquement en utilisant *entendre* + un infinitif.

MODELE: Parle-t-il bien russe?
          Oui, je l'*ai entendu parler* russe.

1. Chante-t-elle bien?	4. Parlent-ils fort?
2. Est-ce un bon acteur?	5. Est-ce un poète intéressant?
3. Parle-t-elle arabe?	6. Est-il parti?

Meaningful expansion: Cue students to choose to answer in the affirmative as in the model or in the negative, *"Je ne sais pas. Je ne l'ai pas entendu parler russe."*

C. *Précisions.* Répondez logiquement en employant le verbe *voir, regarder, entendre, écouter,* ou *laisser* + un infinitif.

MODELE: Le prof, est-il entré?
          Oui, je l'*ai vu entrer.*

1. Votre ami, est-il arrivé?

2. Est-ce que le téléphone a sonné?

3. Votre sœur chante-t-elle maintenant?

4. Pouviez-vous sortir souvent quand vous aviez 15 ans? (Mes parents . . .)

5. Est-ce que votre camarade a conduit sa voiture hier?

6. Vos amis, déjeunent-ils souvent à ce restaurant?

D. *C'est vite fait?* En général, combien de temps mettez-vous à faire ces activités?

MODELE: préparer le dîner
          En général, je *mets une heure à* préparer le dîner.
      OU: Le plus souvent, je ne prépare pas le dîner; mais je *mets une demi-heure à* manger une pizza.

1. finir vos devoirs de français	5. prendre le petit déjeuner
2. parler à vos parents au téléphone	6. faire la vaisselle
3. rendre visite à votre meilleur(e) ami(e)	7. venir en classe
4. travailler chaque semaine	8. écrire des lettres

E. *Avec quel résultat?* Terminez chaque phrase logiquement en complétant l'expression *plus . . . plus.*

MODELE: Plus il travaille . . .
          Plus il travaille, *plus* il gagne le respect de son patron.

1. Plus il mange . . .	4. Plus nous buvons de la bière . . .
2. Plus il danse . . .	5. Plus j'écoute ma mère . . .
3. Plus elle va à ce cours ennuyeux . . .	6. Plus j'étudie . . .

● **Après avoir lu / A discuter**

The fairy tale elements in *Après avoir lu* item 1 should be primarily those listed during *Avant de lire.* Students' answers should help them compare *"Le Pagne noir"* to familiar fairy tales in answer to *A discuter* item 1. If there is enough time, have small groups of students compare answers to *Après avoir lu* item 2; then use their summaries as a springboard for *A discuter* item 2.

● A créer

Any question may be treated orally or in writing.

Charles Perrault: « Le Maître chat ou le Chat botté »

● Stratégie / Avant de lire

Students vary widely in their familiarity with Puss-in-Boots. With luck, some will know enough to summarize for their classmates during the prereading phase. If not, and if your students have read little pre-twentieth-century French, you might give them a skeletal outline of the story to which they can attach details (see next paragraph). Otherwise, the seventeenth-century allusions are difficult to follow (alert your students to the *Notes sur le texte*). "Résumé" questions in *En lisant* note major events and the relationship between the text and the accurate Doré illustrations. We believe that the experience of reading a classical (and amusing) French tale like this one merits a bit of extra work.

L'histoire

LES EVENEMENTS DU « MAITRE CHAT OU LE CHAT BOTTE »

Le père d'un jeune homme meurt et lui laisse seulement son chat.
Mais c'est un chat intelligent et rusé qui sait parler.
Le chat attrape facilement le gibier (les lapins et les perdrix) qu'il donne au roi au nom
    du jeune homme qu'il appelle Monsieur le Marquis de Carabas.
Le chat présente son maître au roi et crée l'impression que son maître est riche.
Enfin, le roi décide que le maître épousera sa fille, « la plus belle princesse du monde ».
Le chat devient grand seigneur.

Expressions utiles

NOTE: *Faire* + infinitive has been included here as well as in *Chapitre 3* because it is common but difficult and thus requires review. It occurs frequently in *"Le Maître chat."* See *Expressions utiles* for *"Plume à Casablanca"* in *Chapitre 3*.

C'est facile! Proposez des méthodes pour arriver aux résultats désirés.

MODELE: Pour réussir en classe . . .
            Pour réussir en classe, vous *n'avez qu'à* faire attention.
        OU: Pour réussir en classe, on *n'a qu'à* bien travailler.

1. Pour gagner le match . . .

2. Pour trouver un job intéressant . . .

3. Pour recevoir de bonnes notes . . .

4. Pour acheter des vêtements à la mode . . .

5. Pour trouver un bel appartement . . .

6. Pour vous amuser cet été . . .

7. Pour arriver à l'heure . . .

8. Pour avoir beaucoup d'amis . . .

● Après avoir lu

As explained earlier, item 1 asks students to analyze *"Le Maître chat"* as a fairy tale using the list given earlier in the chapter. Perrault's and Dadié's tales do not lend themselves particularly well to direct comparison, but students might compare Perrault's tale to others that they know.

Because of the rather complicated style and vocabulary of "*Le Maître chat,*" the other *Après avoir lu* questions ask for some story details. To save time, collect answers and spend class time in discussion. Because item 4 has no clear-cut correct answers, you may find it effective for discussion.

● A discuter

Clearly, item 1 is meant to provoke a realization of the relative intelligence and power of the cat and his master. Discussing first in small groups, each student will have more opportunity to speak.

● A créer

To help students use the structure of Perrault's fairy tale to create original work, emphasize the importance (especially at the intermediate level) of using and learning appropriate structures and vocabulary from the model. Current research indicates that active and varied reading has a strong impact on the quality of writing in a first or second language.

Chapitre 11: L'Esprit philosophique

Voltaire: «Histoire d'un bon bramin»

● Stratégie

Although Voltaire uses two different text structures, his logic and clarity should enable most students to follow. The comparison and contrast between the Brahmin and the old Indian woman is elicited in *Après avoir lu* item 2; the argumentative nature of the conclusion appears in *Après avoir lu* item 6. Therefore, if you or your students feel that they will have trouble discovering the text structures, suggest completing the rest of *Après avoir lu* before answering item 1.

● Avant de lire

Voltaire is well known; many students are quite conversant with his work, willing to share what they know, and interested in learning more. Yet we were frankly surprised that so many students seemed ignorant of the basic tenets of Hinduism. Be sure that your students realize the Brahmin's standing in society so that they can recognize the irony of his situation; also confirm the Indian setting so that they will not fear that they have misread those references.

Expressions utiles

A. *Que de problèmes!* Décrivez logiquement les personnes qui se trouvent dans ces situations. Employez *accablé de* + nom ou *sensible.*

MODELE: Le mari de Mme Guérnon est mort hier.
Elle est *accablée de* tristesse.

1. La petite Nicole a cassé le beau vase de sa mère.
2. Après avoir perdu son chat, Camille pleure toujours.
3. Mon jeune frère se fait mal facilement.
4. Je dois beaucoup d'argent et je n'en ai pas assez pour payer mes dettes.
5. Martine écoute les problèmes de sa camarade avec beaucoup de sympathie.
6. M. Thierry n'est sûr de rien; il questionne tout.

B. *Et vous?* Réagissez en disant si vous voudriez un *tel* bonheur ou un *tel* malheur.

MODELE: Votre cousin se marie ce week-end.
Moi, je voudrais me trouver dans une *telle* situation.
OU: Moi, je ne voudrais pas de *tel* bonheur.

1. Votre meilleur ami déménage au Mexique.
2. Votre oncle vient de recevoir un gros héritage.
3. Vos parents voyagent aux Bahamas.
4. Un ami a eu un accident de voiture.
5. Le professeur a trouvé un excellent poste.
6. Votre cousin a hérité d'une belle maison à la campagne.
7. Votre tante a perdu sa nouvelle montre.
8. Vos amis ont gagné un prix à la loterie.

● En lisant

As noted, some students find that *Après avoir lu* helps them discover the text structure. You might suggest beginning with it instead of *En lisant*, where item 2 encourages a second reading to recognize the comparison-and-contrast structure underlying most of this parable.

● Après avoir lu

These very precise questions are occasioned by the complexity of Voltaire's thought; by answering them, students clarify their understanding of his philosophical point. Because *A discuter* item 1 grows directly from *Après avoir lu* items 5 and 6, students who discuss item 5 answers in groups and present their summaries to the class will discuss Voltaire's logical progression of thought. Question 6 allows students to hold a profound philosophical debate in French.

● A discuter

Personal questions 2 and 3 provoked a large and interested response from the several classes in which we have taught ''*Histoire d'un bon bramin.*'' Students might write answers to item 4, a consideration of Wolinski's contemporary cartoon.

● A créer

Writing a parody or rewriting from a different perspective has proved to be an effective way to learn and remember native turns of phrase. You may want to indicate how much may be copied from Voltaire's tale and how much should be original. Topics offering a model (like item 1) worked well for us; item 2 obviously allows much more freedom. Point out the relative difficulty of these two subjects.

«La Grande Lessive des intellectuels»

● Stratégie

Students need to realize that just as in real-world reading about unfamiliar topics, they will probably not understand many allusions and some vocabulary in this text. Suggest they read *Après avoir lu* first to see how little comprehension is required. Such texts and exercises are especially beneficial for readers bound and determined to understand every word.

● Avant de lire

To reassure your students, note the logical organization of these philosophers' comments by working through the introduction, helping them with this dense philosophical style. As usual, have students write their answers to questions before going over them in class. Weaker students may find it helpful to read the multiple-choice summaries in *Après avoir lu* item 1 before reading each paragraph.

● Après avoir lu

Here are the expected answers to item 1: Boudon, b; Genette, c; Todorov, b; Morin, a. Possible follow-up questions include these:

1. Quel philosophe vous semble le plus optimiste? Pourquoi?
2. Sur Genette: Etes-vous d'accord? Peut-on avoir des changements fondamentaux dans la philosophie après seulement dix ans?
3. Sur Todorov: Qui sont ou étaient les maîtres à penser? Sont-ils importants aujourd'hui?
4. Sur Morin: Que pensez-vous: est-il meilleur d'avoir «une pluralité d'écoles et de théories» ou d'être plutôt d'accord?

● A discuter

This section poses a contrast between the French and American view of philosophy. You may prefer to open this question during prereading in order to give students a better frame of reference in which to read these philosophers' thoughts. A natural transition follows from Voltaire's story.

Chapitre 12: Du Suspens et des mystères _____

Guy de Maupassant: «La Main»

● Stratégie

Readers who actively predict automatically give themselves a meaningful framework for what they read. Yet reader expertise with prediction varies widely among individuals. Encourage students who find predicting difficult or uninteresting to pay special attention to the *"Imaginez"* questions in the marginal *En lisant*. Problems predicting may come from a lack of imagination or curiosity about the text or from confusion about what has already been read. If you suspect that many students find it hard to predict, assign only the first half of the story (lines 1–150, perhaps) before discussing the marginal *"Imaginez"* questions. Recommend that students having difficulty try to discover why. To involve all students with predicting from the beginning, work on the *Avant de lire* title activities in class. Practice with prediction also appears in *Interlude 1*.

● Avant de lire

Although, *"La Main"* has proved to be relatively simple despite its length, it does require some preview. After doing *Avant de lire*, begin the story with your students. Make sure they understand that the introductory scene takes place in a drawing room, after dinner or at a party, and not in a courtroom, as some of our students assumed. By the end of the first paragraph, your students can decide what sort of story they will be reading.

Expressions utiles

A. *Conversations typiques*. Quelles sortes de conversations entend-on là?

MODELE: au stade
    Au stade, on *entend parler* des matchs de football américain ou des équipes.

1. à la piscine   5. à l'arrêt d'autobus

2. au cinéma   6. au théâtre

3. à l'hôpital   7. à l'aéroport

4. au garage   8. à la maison

B. *Quelle est votre opinion?* Employez l'expression *aller à* pour commenter ces images. [Show the students pictures of noticeable clothes or occupations.]

MODELE: Que pensez-vous de son chapeau?
    Il *lui va* mal.

    Doit-il être mécanicien?
    Non, ce métier ne *va* pas *à* Kevin Costner.

C. *Très occupé?* Dites ce que vous *avez à faire* ce week-end.

MODELE: Moi, j'*ai* un examen *à* corriger.

Variation: To control the exercise, list possibilities and have students interview a partner or do a scavenger hunt (see the example in *Chapitre 5*, pp. IM-16–IM-17).

● Après avoir lu

In item 2, ask students to compare and contrast the personalities and attitudes of M. Bermutier and the women listening to him. Students may summarize the story using items 3 and 4.

● A créer

These role-play and composition topics are more demanding than those in earlier chapters and lend themselves to deeper literary analysis, if you so desire: character study, stereotyping by sex, the mystery and suspense genre. For a different kind of writing, offer students *A discuter* item 3.

Jean Giraudoux: «D'un cheveu»

● Stratégie

As a piece of literature, *"D'un cheveu"* targets the literary point of view as the strategy but also raises the questions of the unreliable narrator and irony. Remember that although your students may be intellectually able to consider this story as literature, they may not yet have the vocabulary or structural control to talk about it in French. For basic work on point of view, see *En lisant*.

● Avant de lire

Individual students can successfully complete this section outside of class. Yet if they do not understand the essential fact that the narrator has just left the arms of his lover, the irony and humor are lost. Have students read lines 1–15 and write a résumé (in French or in English, as you prefer). Go over the facts before assigning the rest of the story. You may also find it valuable to review certain nineteenth-century aspects such as buttonhooks, hairpins, and snipe. During our classroom testing of this reading, students who did not know such items were somewhat confused by Holmes's clues.

Expressions utiles

A. *Vos réactions?*

MODELE: Votre petite sœur a cassé votre vélo.
　　　　Je *lui en veux.*

　　　　Vos meilleurs amis empruntent votre voiture.
　　　　Je ne *leur en veux* pas.
　　OU: Je n'*en veux* pas *à* eux.

1. Vos parents vous défendent de sortir ce week-end.
2. Votre professeur d'anglais vous a donné une mauvaise note.
3. Votre meilleur ami est sorti avec votre petite amie.
4. Votre petit ami ne veut pas vous accompagner au cinéma.
5. Votre meilleure amie vous téléphone quand vous étudiez.
6. Vos parents ne vous laissaient pas sortir tard quand vous étiez jeune.
7. Ce professeur ne vous rend pas vos devoirs.

B. *Faisons des comparaisons!*

MODELE: la richesse / le bonheur
　　　　La richesse *vaut mieux que* le bonheur.
　　OU: Le bonheur *vaut mieux que* la richesse.

1. la conversation / la musique　　4. la tristesse / la mort
2. la liberté / l'amour　　　　　　5. la solitude / une foule
3. l'humour / l'intelligence　　　　6. des mystères / la vérité

Variation: Students work in pairs and compare answers.
Follow-up: Use students' answers as a springboard for conversation.

C. *Dans ce cas . . .* Dites ce qu'il *vaut mieux* faire dans ces situations.

MODELE: Vous êtes très malade.
　　　　Il *vaut mieux* rester à la maison.

1. Votre travail vous ennuie.
2. Votre petit ami est malade.
3. Vous avez deux examens demain, mais il y a une grande boum ce soir.
4. Votre amie vous invite au cinéma, mais vous détestez le film qui joue.
5. Vous trouvez 500 dollars sur le trottoir.
6. Vous détestez votre cours de chimie.
7. Vous n'aimez pas votre camarade de chambre.
8. Vous tombez amoureux(-euse) d'un de vos professeurs.

• Après avoir lu / A discuter

Both sections focus on point of view, and *A discuter* expands on the comprehension activities. Depending on time, you may focus on one of several possible topics: the narrative itself, point of view, irony, characterization, or parody.

• A créer

If you have chosen to emphasize point of view, note item 2. Students doing item 3 follow Giraudoux's style and tone. To do the role play in item 1, students may well need to practice outside of class.

Test Ideas and Samples

Some users of the first edition of *Lire avec plaisir* liked the way their students developed foreign-language reading skills but were not sure how to evaluate their development objectively. Because *Lire avec plaisir* promotes reading skill and strategy use, our tests must allow students to show what they have mastered and how well they comprehend when reading. Traditional reading tests examine what has been read and studied rather than how students' skills are developing. Asking students about texts discussed in class sometimes tests their comprehension of discussions and memory more than their reading skills. This test idea section contains sample ways to test students' acquisition of specific skills and reading comprehension together with suggestions about how to incorporate this type of testing into a four-skills course.

A test of strategy use and reading skill will not ask primarily about readings done as classwork, where individual comprehension has been altered by discussion, but will provide a new short reading accompanied by strategy exercises and comprehension questions similar to those in the textbook. This sort of testing is, moreover, part of the learning process since it not only reinforces but also extends what has been taught. When possible, choose readings related by topic or structure to those just studied: for example, another newspaper article (*Chapitre 1*), a television schedule (*Chapitre 2*), other advertisements (*Chapitre 3*), a short love poem (*Chapitre 4*), an article about soccer (*Chapitre 5*), a different excerpt from a Petit Nicolas story (*Chapitre 6*), information about the oral tradition (*Chapitre 7*), dialogue (*Chapitre 9*), a fairy tale (*Chapitre 10*), a Maupassant story or excerpt (*Chapitre 12*). Students then will have the appropriate and necessary background knowledge to tackle the new reading and show what they have learned about how to do so. Test tasks should reflect as closely as possible real-world reactions to reading that particular text, just as *Après avoir lu* activities do. Thus students see the immediate importance of new reading strategies, and they soon learn that they will be asked to comprehend written text independently rather than reiterate what has been said about a text in class. Essential cultural information taught with practice texts can realistically be tested here, too, as students relate the new text to the one studied, comparing or contrasting viewpoints, summarizing arguments, or listing new information. Eliciting information from practice texts may serve simultaneously as a test of student assimilation of cultural facts and as a prereading activity for the new text.

Clearly, this type of reading comprehension exercise will take more time to complete than would a few questions about what has been studied. It is valuable, however, in demonstrating for you and your students how well they read. To manage the time factor in a four-skills course, we have found three options that work well in different ways. First, it is possible to include on a quiz or an hour-long test a short two- or three-paragraph reading accompanied by three or four questions. Such a reading can be done in five or ten minutes, leaving at least half the test time for vocabulary, grammar, or listening comprehension. Second, it is effective to designate one quiz per semester a reading quiz, giving students the entire test time (usually 20 to 30 minutes) to read a new text and complete both strategy and comprehension questions. Finally, we have also productively given take-home reading tests, where parameters about dictionary use (which we allow), help from friends (which we don't), and timing (usually no more than one hour) are clearly indicated in writing on the test itself. With a take-home quiz, students are reading in a natural setting, wherever they normally read, and they have the time they would normally take to understand.

Vary question format to match the type of information or the sort of language processing you want. To ask students for basic facts, give them a chart or list to complete. To make sure that they can follow reference words, ask them to link pronouns to antecedents with arrows. To check on their reasoning as they infer word meanings from context, ask them for the clues they used, not just for what they think a word means—and grade the logic of their inferences. To have students establish a chronology, ask them to number a list of text events in the order in which they happened. To examine students' skill at scanning, have them underline the main words. Examples of formats appear later in this discussion; for a wider range of possibilities, see the Grellet work listed in the bibliography.

Questions may be in French or English, but English answers usually demonstrate reader comprehension of the text better. As you know, many language learners can correctly answer some French comprehension questions without entirely understanding the tested material. Moreover, having students answer most questions in English focuses on only the reading skill because the productive (and normally weaker) writing skill cannot impede students. Students also tend to write longer, more complete answers. In addition, you will not face the quandary of grading an answer that is correct with respect to content but full of grammatical errors. Foreign-language questions are frequently useful but should not come directly from the text or point to the correct answer. Finally, research shows that asking readers to quote segments from a text encourages more superficial reading than does answering in their first language.

Samples

The first sample, in English, shows how various question types can be used to test a variety of strategies. The French samples parallel *Lire avec plaisir* chapters; they may be used as parts of your actual quizzes or exams but are meant primarily as examples of test item types.

● Principles of Testing

To demonstrate principles and sample items, we use two English texts, shown somewhat shorter than they would normally be. The first is a practice text like the *Lire avec plaisir* readings, giving information about Gothic cathedrals and Notre-Dame de Paris; the second would appear on a test, accompanied by sample items used to test students' learning and their reading comprehension. Of course, not all these exercises would appear on one test; they demonstrate possible options. In addition, the level of questions actually used depends on students' proficiency.

Beginning of the Practice Text

Only slightly later than the Cathedral of Laon, Notre-Dame de Paris occupies a pivotal point in the history of Gothic architecture. One of the first cathedrals of truly colossal scale—the vaults of the nave have leapt from a height in the 70s to nearly 100 feet in one bound—it is also not only the last and greatest of the line of cathedrals with tribune galleries, but the probable birthplace of the true flying buttress, introduced over the nave aisles in about 1180.

W. Swaan, *The Gothic Cathedral*
(New York: Park Lane, 1981), p. 110

Prereading, Cultural Information Questions

1. From what period of architecture does Notre-Dame de Paris date?
2. Give two reasons why Notre-Dame de Paris is important to the history of architecture.

Excerpt of Test Text

[Shown with a photo of the southern rose window; the vocabulary item *rose window* should already have been taught in class practice.] Underlined words are the subject of a comprehension question.

The new transeptal fronts of Notre-Dame are among the most splendid examples of the <u>*Style Rayonnant,*</u> so-called from the characteristic "radiating" tracery of the enormous roses and rosettes that are such favoured motifs (see photo).

It is only in the two great roses of the transepts and <u>that</u> of the west front that Notre-Dame has retained any of its original glass. <u>That</u> of the western and southern roses has been much restored, but the northern rose has come down to us virtually intact. The filigree delicacy of the tracery and the glorious color of the glass, predominantly blue and incorporating no less than eighty subjects from the Old Testament, are both outstanding; <u>their</u> combination is unique and overwhelming in <u>its</u> emotional impact.

W. Swaan, *The Gothic Cathedral*
(New York: Park Lane, 1981), p. 112

Sample Strategy Exercises

A. *Guessing word meanings (with clues).*

1. What part of the words *transeptal* and *transepts* partly explains their meaning? _____ To what do these words refer? _____

2. What other word in the text means the same as *rayonnant?* _____

3. What word does the photo explain? _____

4. What familiar word is contained in the word *tracery?* _____ To what does *tracery* refer? _____

B. *Guessing word meanings (without clues) and identifying grammatical category of words.*

Complete the chart to figure out the meanings of underlined words. The first word has been done as a model.

WORDS	PART OF SPEECH	CLUE(S)	MEANING
transepts	noun	trans = across, roses in the transepts	halls crossing the main hall
rayonnant	_____	_____	_____
tracery	_____	_____	_____

C. *Analyzing text cohesion.*

1. Where does original glass still remain? _____

2. What combination is "unique and overwhelming in its emotional impact"?

_____

3. To what do these words underlined in the text refer?

that _____

That _____

their _____

its _____

D. *Recognizing main ideas.*

The topic of the second paragraph is _____.

Variation: Multiple choice.

The topic of the second paragraph is _____.
(a) transepts   (b) windows   (c) the Bible   (d) tracery

E. *Recognizing text function.*

1. Give two words or phrases that provide an objective description of Notre-Dame:

   _____

2. Give two words or phrases that convey the author's feelings about Notre-Dame:

   _____

At a higher level:

Is the author more objective or emotional in his description of Notre-Dame? Give reasons for your choice.

Sample Comprehension Exercises (including inference and general understanding)

A. Cite three facts that this text tells you about Notre-Dame.
B. What is the author's tone? Give one example from the text to support your answer.
C. What does the author think of Notre-Dame de Paris? Give an example for this text and from the passage we read in class.
D. [Omit the textual reference to the plate.] To which paragraph does the photo relate? How do you know?
E. [For a more detailed understanding of the text, provide a simple floor plan of Notre-Dame from the book.] Label the floor plan with four of the areas discussed in the text.

French Samples to Parallel Texts in *Lire avec plaisir*

The texts proposed here might work for some of your exams, but they appear mainly as samples of ways to test strategy use and comprehension of new texts while integrating what students have learned in class. Given the restrictions of space in this Instructor's Manual, only references can be given to longer readings; shorter texts appear with exercises.

● Chapitres 1 et 2

You can easily test students' skimming and scanning by asking questions about a new, current newspaper article, advertisement, or film or TV listing. Students list cognates, infer word meanings from context, find facts and main points, or match texts with topics just as they do when working with readings in the text. Exercises in the book serve well as sample item types.

● **Chapitre 3 (Voyages et vacances)**

Texts (from *VSD [Vendredi, samedi, dimanche]*)

PLONGEE ET VISITE DANS LES CALANQUES

«Week-end plongée», proposé par l'hôtel Ibis Le Prado, à Marseille. Au forfait, verre de bienvenue et dîner à l'hôtel; plongée dans les calanques avec l'équipe du *Vieux Plongeur*; promenade en bateau, l'après-midi, dans les îles du Frioul et au château d'If (ou plongée en supplément); dîner sur le vieux port; visites le dimanche de l'aquarium, de Notre-Dame-de-la-Garde, etc. Par personne en chambre double, en pension complète, 925 F. NOTEZ: les plongées supplémentaires ne coûtent que 50 F ou 60 F avec le prêt de l'équipement.
Ibis Prado, 6, rue de Cassis, 75008 Paris — (1) 91.25.73.73.

Probable glosses: *au forfait, la plongée, la calanque.*

RAFTING, PRA-LOUP, JEUX D'EAUX

Deux options pour ce stage de rafting à Pra-Loup: intensif, à raison de six descentes de rivière (trois jours) en raft et hydroglisseur; ou intensif avec kayak, hydrospeed dans les rapides et rafting. Logement dans les appartements de la petite résidence Cristina et demi-pension dans un hôtel proche. Par personne à quatre, selon le stage, de 1 900 à 2 300 F; à deux, de 2 400 à 2 850 F. NOTEZ: location sans stage, à partir de 1 270 F pour 2 à 4 personnes.
Locatour: (1) 42.66.14.90.

Probable gloss: *stage.*

Sample Strategy Exercises

A. *Scanning.*

	«WEEK-END PLONGEE»	«RAFTING»
1. How much does this weekend cost, each, for two people?	_____	_____
each, for four people?	_____	_____
2. Where, exactly, do you go to do it?	_____	_____
3. How can you get more information about it?	_____	_____

B. *Drawing inferences.* Use information from the ads to answer these questions.

1. What might the *Vieux Plongeur* be?
2. How do you get to the Château d'If?
3. What kind of person would choose the rafting weekend?

Sample Comprehension Exercises

1. If you were going to Marseille, which four activities would you choose?
2. Why are there two different prices for additional diving?
3. What are the rafting weekend accommodations like?
4. What can you get for 1 270 francs?

● Chapitre 3 (Plume)

Several other Plume short stories (from the same source, *Un Certain Plume*) lend them-selves well to testing if your students have read *''Plume à Casablanca.''* In *''Plume avait mal au doigt,''* Plume finds himself incapable of stopping a doctor from amputating his index finger when it is simply a bit sore. In *''Un homme paisible,''* Plume tranquilly watches his wife and his house swept away by a train and himself sentenced to death. In *''Plume au restaurant,''* he is confronted by a waiter who accuses him of having a meal not on the menu. In each case, effective comprehension questions ask students to list or summarize ways in which Plume is at the mercy of fate or others' desires. A comparison question asks for an integration of Plume's problems in Casablanca with his dilemmas in the new text, leading students to draw a conclusion about the way Michaux presents the world. To test students' ability to read closely, ask them to list the exaggerations Michaux uses to make his point.

● Chapitre 4

Of course, other poems or letters require the same type of comprehension as the readings in this chapter. Depending on your emphasis in class, you may ask students to apply their knowledge of poetics or imagery to a new poem or to compare the theme of a new poem with that of authors already studied. If you can get authentic lovelorn letters—or can write your own—you can have students do a matching exercise similar to that in the textbook.

● Chapitre 5

Here are two short texts with exercises that worked with our students. Try them or use them as models. [NOTE: In the first activity, the questions appear first to orient students to the topic.]

A. This short paragraph appeared on a page of news items in *L'Equipe Magazine*. Read the questions; then read the text in order to answer them.

Sample Comprehension Exercises

1. Who is being quoted and what is his title?
2. Which sentence best summarizes the main point of the paragraph?
   a. Les matchs de football sont très importants aux Jeux olympiques.
   b. Le football est plus important que le mariage du prince Charles.
   c. Le football est un des sports les plus populaires au monde.
3. Complete this table of TV programs and viewers according to what you read.

EVENT	NUMBER OF VIEWERS
la finale de la Coupe du monde	_____
les premiers pas sur la lune	490 millions
le mariage du prince Charles et de Lady Diana	_____
la manifestation inaugurale des Jeux olympiques	_____

Sample Strategy Exercises

Figure out the meaning of these two phrases:
a. Who are *''nos amis d'outre-Atlantique''*? (line 2)
b. How would you say in English, *''un phénomène planétaire''*? (last line)

Text

Michel Cagnion, directeur général de la Fédération française de football: «L'hebdomadaire américain *Time*, dans un article consacré à ce que nos amis d'outre-Atlantique ont baptisé «soccer», a estimé l'audience télévisuelle d'une finale de la Coupe du monde à 480 millions d'habitants de la planète. Soit 10 millions de moins qu'à l'occasion des premiers pas d'un homme sur la lune. Mais 100 millions de plus que pour la cérémonie du mariage de Charles et de Lady Di. Et 200 millions de plus que pour une manifestation inaugurale des Jeux olympiques. Voilà qui prouve que le football est un phénomène planétaire».

France Football Officiel

B. This article is about the importance of diet to one's health.

Text

B2, LA VITAMINE DE L'EQUILIBRE

Dans quels aliments la trouve-t-on?

En mg pour 100 g:
Viandes: 0,20	Poissons: 0,30
Œuf: 0,28	Lait: 0,15
Fromages: 0,30 à 0,60	Champignons: 0,26

Céréales, fruits et légumes en sont moins riches: de 0,01 à 0,1 mg pour 100 g.

La vitamine B2 (la riboflavine) n'est pas rare, mais si l'alimentation n'est pas équilibrée, si, par exemple, on ne mange pas assez de viande ni de poisson qui en sont les plus riches, et si, par ailleurs, on fait l'impasse sur le lait et les fromages, on risque des mini-carences.

Quand en manque-t-on? La carence en vitamine B2 est souvent liée aux autres carences vitaminiques du groupe B. En particulier lors de l'alcoolisme, mais aussi au cours des maladies du comportement alimentaire (anorexie, boulimie . . .). Il existe également des anomalies héréditaires du métabolisme de la riboflavine, tout récemment découvertes.

Quelles sont les manifestations de la carence? Le déficit en vitamine B2 se manifeste sur la peau, la langue et les yeux. Ces derniers rougissent et larmoient. La peau des angles du nez, celle du menton devient grasse et irritée. Les lèvres se fragilisent, se craquellent, surtout aux commissures. Il peut provoquer une stomatite qui donne une langue très rouge.

Vital, mars 1989, p. 120

Sample Strategy Exercise

Check the context to find the meanings of these terms:
l'alimentation _____
une carence _____

Sample Comprehension Questions

1. What is the main point of the paragraph following the list?
2. What is the relationship between vitamin B2 and alcoholism and anorexia?

3. State two effects of a vitamin B2 deficit. *Or*: What happens to your eyes if you don't have enough B2? What about your mouth?

● Chapitre 6

Excerpts of many Petit Nicolas stories make good test readings. The ones that include Nicolas's friends frequently stress specific aspects of each child's personality: for example, Alceste is always eating. Students can show their ability to sort through characters by completing a chart identifying which boy has which qualities or does which activities. Because the boys usually provoke and frustrate adults, useful comprehension questions ask for a summary of the problems the boys cause. You can check on understanding and memory of *''C'est Papa qui décide''* by asking for a comparison of how Nicolas gets his way in the two stories or an analysis of how Goscinny says one thing while indicating another (e.g., the mother's victory through Nicolas). Strategy activities can include using illustrations to understand and to figure out word meanings.

● Chapitre 8

Certainly, other maxims from La Rochefoucauld are suitable test items, with accompanying activities similar to those that students have practiced. If you wish to test students' final understanding and assimilation of La Rochefoucauld's world view, ask them to summarize his presentation of love, friendship, deceit, and other concepts.

A useful story for checking on students' ability to follow a nonchronological narrative like that of *''Miss Edith mourra le 20 mai''* is Eugène Ionesco's, *''Premier Conte pour enfants de moins de trois ans,''* a children's book. Because of its length, this text would probably be most appropriate as a take-home quiz; it is good because it has generally simple vocabulary, a complex chronology, and a story within a story. Be sure to alert your students first to the absurdity of Ionesco's perspective.

Possible Comprehension and Strategy Exercise

Number each *''Premier Conte''* event in two ways: the order in which they appear in the story and the order in which they really happened.

IN STORY	IN REALITY	
_____	_____	Her father tells Josette a story.
_____	_____	Josette's parents go to the theater.
_____	_____	Josette's parents go to the puppet show.
_____	_____	Josette goes to the store.
_____	_____	The housekeeper brings Josette's parents breakfast.
_____	_____	Josette's parents eat a lot at the restaurant.
_____	_____	Josette tries to wake up her parents.
_____	_____	Josette eats much of her parents' breakfast.
_____	_____	The housekeeper eats much of the parents' breakfast.
_____	_____	The housekeeper wakes up the parents.
_____	_____	Josette goes to her parents' bedroom.
_____	_____	Josette tells a story.

• Chapitre 9

Being able to summarize a paragraph or an article is a vital skill. Almost any logically constructed authentic newspaper or magazine article will offer students an opportunity to demonstrate their abilities to do so. Depending on reading difficulty and on your students' strengths, you may ask them to choose the best of a list of summaries, write summaries in English, or write them in French.

• Chapitre 10

Several of Perrault's tales, including *"Cendrillon,"* are logical tests of students' understanding of the fairy tale genre or Dadié's *"Le Pagne noir."* The length of such readings dictates a take-home quiz, and comprehension exercises can easily follow the list of fairy tale elements presented in *Après avoir lu. "Cendrillon,"* which has a story line familiar to most Westerners, invites comparison to *"Le Pagne noir."*

• Chapitres 11 et 12

To test the rather sophisticated skills taught in these chapters or to offer students comparable philosophical or literary readings, you will probably have to give a take-home quiz. Of course, students can read the text outside class and take the quiz in class. If you choose this alternative, students must be allowed to consult the reading while answering questions.

At this level, at the end of the intermediate course, it is certainly valid to push students toward writing in French a coherent response to a text. If you do so, consider the benefits of continuing to test students' comprehension with simple lists, charts, or questions or with short answers in English. A frequently effective device for testing insights about story characters is that used with *"Miss Edith . . ."*: "Which character might have said or done this?"

Grading

Grading criteria can be difficult to define, especially with open-ended questions. Yet even though grading may pose problems in multisection courses, the motivational value of authentic reading tasks cannot be ignored in an effort to regiment grading practices. Combining objective, discrete-point items with more provocative, realistic questions balances the grading while maintaining student interest and test validity. Questions must ask for relevant information and will vary according to text type and purpose. For more about different types of reading assessment items, see the works listed in the bibliography by Greenewald (cloze), Bernhardt (recall protocols), Grellet and Phillips (question types), and Swaffar, Arens, and Byrnes (multiple options).

Answer Key for Interlude Exercises _____

You may photocopy all or parts of this key for your students so they can correct *Interlude* exercises themselves. When a range of answers is possible, the key offers sample answers.

● **Interlude 1**

A. Possible answers: 1. comic, set in nineteenth-century America, regional humor. 3. a newspaper or magazine article, a warning or persuasive tone, a clear authorial point of view against nuclear energy.

B. 1. FRAGILE! <u>DO NOT</u> TOUCH. NE PAS <u>TOUCHER</u>. 2. Preheat <u>oven</u> to 450°F. 3. When:/What day: When:/What time: Where: 4. NO <u>SMOKING</u>. DEFENSE DE <u>FUMER</u>. 5. Homme gentil et sympa <u>cherche</u> femme intelligente.

C. Any answer that incorporates the title topic is appropriate.

D. Possible answers: 1. cooking; recipes. 2. cartoon book; driving manual. 3. children's story. 4. detective story. 5. guide book; city map.

E. Any answer that follows logically from the text is appropriate.

F. 1. Toblerone Swiss chocolate. 2. when a baby bird bonds to its parents. 3. Arthur Ashe is teaching tennis in a Newark ghetto. 4. Montpellier is an old city that remains young at heart, perhaps because of its students or the sunshine. 5. Hôtel du Rhin, Hôtel Bristol, Hôtel Vendôme, Hôtel St. Christophe, Hôtel Terminus Gruber, Hôtel Vosges, Le Grand Hôtel.

G-1. 1. isle 2. hostel 3. feast, festival 4. pastry 5. taste 6. forest
G-2. 1. space 2. state 3. spice 4. strangle 5. slave 6. scarlet
G-3. 1. camel 2. castle 3. chant 4. chamber 5. canker 6. chapter
G-4. 1. embellish 2. enrich 3. enfeeble 4. round 5. establish 6. blanch
G-5. Possibilities:

	WITHOUT CONTEXT	WITH CONTEXT
terminus	terminus	bus stop (sentence 1)
littérature	literature	literature (2)
mythes	myths	myths (2)
légendes	legends	legends (2)
garder	guard	keep (3)
s'étend	extends	goes (4)
charbon	carbon	charcoal (5)
sensible	sensible	sensitive (6)
mât	mast	mast (7)
remarqué	remarked	noticed (8)

• Interlude 2

H. Possible answers: 1. to find out what's happening; to get an update on a story you already know about. 2. curiosity; to decide on the best product; to study advertising psychology. 3. pleasure; to study characterization; to see what a nineteenth-century French novel is like 4. to decide whether to see the film. 5. because you like his dancing; to find out more about the history of American dancing.

I.	PREFIX CIRCLED	MEANING OF ROOT	LITERAL MEANING OF WORD
1.	ad-	to join to	to appoint (someone), to add to
2.	dis-	separated from feeling	disagreement
3.	extra-	outside of territory	going beyond the territory
4.	para-	against the sun	parasol, umbrella
5.	post-	to date after	to postdate, to date later
6.	syn-	thesis together	synthesis, combining of information
7.	trans-	to pierce through	to run through, transfix, stab

J.	MEANING	PART OF SPEECH
1.	to bring or carry to	verb
2.	deportation; taking away	noun
3.	to export; to take out	verb
4.	important	adjective
5.	to bring or carry back	verb
6.	transported	adjective

K.	MEANING	PART OF SPEECH
1.	beauty	noun
2.	calmly	adverb
3.	company	noun
4.	elitism	noun
5.	elitist	adjective
6.	to turn yellow	verb
7.	lazy	adjective (can also function as a noun)
8.	greenish	adjective

L.

NOM	ADJECTIF	ADVERBE	VERBE
conquête	conquérant		conquérir
sens	sensé	sensiblement	sentir
méchanceté	méchante	méchamment	
mécanicienne	mécanique	mécaniquement	mécaniser
concours	concourant		concourir

M.	LITERAL MEANING	TRUE MEANING
1.	behind/thought	second thought
2.	well/to be	well-being
3.	well/came	welcome; person being welcomed
4.	against/to speak	to contradict
5.	badly understood	misunderstanding
6.	for/to drink	tip, gratuity
7.	safe/to guard	to safeguard
8.	under/terrain (ground)	underground
9.	station/service	service station
10.	over/imposed	superimposed

N.	TO BEGIN	TO CONTINUE	TO RELATE ACTIONS	TO END
	premièrement	toujours	plus tard	enfin
	d'abord	prochainement	avant	
		puis	après	
		ensuite	tout à l'heure	
		bientôt	déjà	
			précédemment	
			longtemps	

• Interlude 3

O. 1. No; fruits or vegetables, something a greengrocer sells. 2. No; evasive; difficult. 3. No; saying, repeating, asserting, declaring.

P. 1. b; Honda car for sale. 2. c; amusing circumstance when Republicans couldn't find furs after party. 3. d; Chenonceaux is a must-see château in the Loire valley. 4. a; how to serve the fillet. 5. e; Why was the teacher happy with Joachim?

Q. 1. a. 2. b. 3. a. 4. c.

R. REFERENCE WORD	REFERS TO	CE MOT	FAIT REFERENCE A
his	Marley's	qui	l'homme
it	register of burial	qu'	l'homme
he	Scrooge	qui	l'homme
his	Scrooge's		

CE MOT	FAIT REFERENCE A
La première chose	un des marins du *Pharaon*
qu'	la première chose
un	un marin du *Pharaon*
Cet homme	le marin que Dantès a vu
ses	de Dantès

CE MOT	FAIT REFERENCE A
qui	des changements
lui	Dantès
Il	Dantès
cet homme	le marin
lui	au marin
auxquelles	plusieurs questions
celui-ci	le marin

• Interlude 4

S. Self-correcting; speed and accuracy are what you're after.

T. 1. syn. 2. syn. 2. ant. 4. ant. 5. syn. 6. syn. 7. ant. 8. ant.

U. 1. *never*—always, frequently. 2. *meaningless*—meaningful. 3. *trouve*—cherche. 4. *quitter*—tenir, retenir, épouser. 5. *j'adore sa sœur*—je l'adore. 6. *rencontrer*—quitter.

• Interlude 5

V. 1. le football; *pense*. 2. le basket-ball; l'URSS; russe. 3. à la maison; C'est une famille; de la plage, des vacances, de l'été. 4. *galets* = stones; *sable* = sand; *ricocher* = to bounce or ricochet. 5. scuba diving; *la pêche sous-marine* = underwater fishing.

W. 1. verb; link up with. 2. adjective; relating to or suggesting the style of Leonardo da Vinci. 3. adjective; disgusting, awful, no good. 4. verb; reads. 5. noun; bed. 6. verb; leaves, goes away from.

X. Possible answers:

1. Since the discovery of penicillin in 1928 there has been more progress toward the prevention and treatment of infectious diseases than in all the rest of medical history combined. Smallpox has now been eradicated, typhoid fever has become a rarity, and pneumococcal pneumonia is both curable and, now, preventable. Yet no means has been found to date to eliminate or cure the common cold, which, it has been estimated, costs $5 billion each year in lost wages and medical expenses.

2. Des Russes immenses, athlétiques, surentraînés envahissent les Etats-Unis. L'invasion, heureusement, est pacifique. Elle se limite aux arènes sportives. Pour la première fois depuis les débuts du sport professionnel aux Etats-Unis, en effet, des athlètes venus de l'Europe de l'Est jouent cette saison sous des maillots aux couleurs capitalistes. Ces nouveaux arrivants ont été avidement recrutés par les équipes de hockey et par la NBA, la National Basketball Association.

• Interlude 6

Y. Accept all reasonable answers.

• Interlude 9

Z. 1. c. 2. d.

Bibliography of Current Practical Information on Foreign-Language Reading

Barnett, Marva A. 1989. *More than Meets the Eye: Foreign-Language Reading: Theory and Practice*. Englewood Cliffs, N.J.: Prentice Hall. Summary of research and methodologies; explains background of *Lire avec plaisir*.

Bernhardt, Elizabeth B. 1983. "Testing Foreign-Language Reading Comprehension: The Immediate Recall Protocol," *Die Unterrichtspraxis* 16: 27–33. Testing method designed to show how students process text and exactly what they understood.

Byrnes, Heidi, and Stefan Fink. 1985, April. "Read On: Developing Reading Strategies in German." Paper presented at the Northeast Conference, New York. Exercises to teach students to use previous knowledge to understand.

Capelle, Guy, and Françoise Grellet. 1979–1981. *Ecritures: Textes et documents; Exercices de compréhension et de production écrites*. 3 vols. Paris: Hachette. Not as dated as the publication date would indicate, these textbooks offer useful exercise types with mostly nonfiction French readings.

Carrell, Patricia L., Joanne Devine, and David E. Eskey. 1988. *Interactive Approaches to Second-Language Reading*. Cambridge: Cambridge University Press. Collection of theoretical and research-based articles about reading as an interactive process. For practical suggestions, see pp. 239–259.

Crow, John T. 1986. "Receptive Vocabulary Acquisition for Reading Comprehension," *Modern Language Journal* 70: 242–250. Suggested ways to teach passive vocabulary for second-language reading.

Devine, Joanne, Patricia L. Carrell, and David E. Eskey. 1987. *Research in Reading in English as a Second Language*. Washington: TESOL. For a summary of ways to activate background knowledge, see James, pp. 175–188.

Greenewald, M. Jane. 1979, March. "Teaching Basic Reading Comprehension Skills." Paper presented at the Central States Conference (ERIC Document Reproduction Service No. ED 184 362). Early, concise selection of useful activities.

Grellet, Françoise. 1981. *Developing Reading Skills: A Practical Guide to Reading Comprehension Exercises*. Cambridge: Cambridge University Press. Over 100 texts and exercises (in English) to teach skimming, scanning, recognizing main points, predicting, discriminating between facts and opinions, and so on. Still a milestone.

Hosenfeld, Carol, Vicki Arnold, Jeanne Kirchofer, Judith Laciura, and Lucia Wilson. 1981. "Second-Language Reading: A Curricular Sequence for Teaching Reading Strategies," *Foreign Language Annals* 14: 415–422. A most useful sequence of exercises to teach students to infer word meanings from context.

Kramsch, Claire. 1985. "Literary Texts in the Classroom: A Discourse," *Modern Language Journal* 69: 356–366. With Germans examples and some technical terms, Kramsch presents valuable activities for orienting readers to short narratives.

Langer, Judith A. 1981. "From Theory to Practice: A Pre-reading Plan," *Journal of Reading* 25: 152–158. PReP, a procedure useful before assigning a native-language reading.

Melendez, E. Jane, and Robert H. Pritchard. 1985. "Applying Schema Theory to Foreign-Language Reading," *Foreign Language Annals* 18: 399–403. Several types of activities performed before, during, and after reading to help students use their background knowledge.

Moirand, Sophie. 1979. *Situations d'écrit: Compréhension/production en français langue étrangère*. Paris: CLE International. Detailed examples of ways to teach various reading strategies.

Munby, John. 1979. "Teaching Intensive Reading Skills." In R. Mackay, B. Barkman, and R. R. Jordan, eds., *Reading in a Second Language*. Cambridge, Mass.: Newbury

House, pp. 142–158. Defining intensive reading as "a close examination of the text to get the full meaning," Munby outlines a method by which students analyze their comprehension of texts and seek both literal and implicit meanings.

Omaggio, Alice C. 1986. *Teaching Language in Context: Proficiency-oriented Instruction.* Boston: Heinle & Heinle. Chapter 3 discusses the importance of background knowledge and advance organizers; Chapter 4 provides numerous activities for different reading levels.

Phillips, June K. 1984. "Practical Implications of Recent Research in Reading," *Foreign Language Annals* 17: 285–296. Practical ways to teach reading strategies.

Sacco, Steven J. 1987. "Crap Detecting: An Approach to Developing Critical Reading and Thinking Skills in the Foreign-Language Curriculum," *Foreign Language Annals* 20: 57–66. Problem-solving approach encourages students to think more actively, objectively, and critically when reading.

Swaffar, Janet K., Katherine M. Arens, and Heidi Byrnes. 1991. *Reading for Meaning: An Integrated Approach to Language Learning.* Englewood Cliffs, N.J.: Prentice Hall. Practical section on testing reading, pp. 153–172.

Lire avec plaisir

Lire avec plaisir

STRATEGIES DE LECTURE

Deuxième édition

MARVA A. BARNETT

UNIVERSITY OF VIRGINIA

HH Heinle & Heinle Publishers, A Division of Wadsworth, Inc.
Boston, Massachusetts 02116 U.S.A.

Publisher: Stanley J. Galek
Editor: Petra Hansberger
Project Editors: Brigitte Pelner, Constance Devanthery Lewis
Design Supervisor: Heather A. Ziegler
Text Design: North 7 Atelier LTD.
Cover Design: Jean Hammond
Cover Illustration: Annie Gusman
Photo Researcher: Mira Schachne
Production Administrator: Beth Maglione

Lire avec plaisir: Stratégies de lecture, Deuxième édition

Manufactured in the United States of America.

ISBN 0-8384-3661-7

Library of Congress Cataloging-in-Publication Data

Barnett, Marva A.
    Lire avec plaisir : stratégies de lecture / Marva A. Barnett.—
  2. éd.
    p.   cm.
    Text in French; introd. and notes in English.
    ISBN 0-8384-3661-7
    1. French language—Textbooks for foreign speakers—English.
  2. French language—Readers.   I. Title.
PC2129.E5B35 1992b
448.6'421—dc20   91-42249
                                                          CIP

10 9 8 7 6 5 4 3 2 1

To Guill

Table des matières

TO THE INSTRUCTOR

Content and Goals

Created to train students to read French actively by drawing on numerous strategies, this second edition of *Lire avec plaisir: stratégies de lecture* may be used in any intermediate college or advanced high school French program. The readings vary broadly in both content and form; moreover, in response to recent research on the foreign language reading process, accompanying exercises have been designed to encourage strategy practice as well as to verify reading comprehension. Text topics include current events, entertainment, vacation and travel, friendship and love, sports, the oral tradition in francophone literature, the 1890s, the supernatural, and philosophical thought; texts are drawn from newspaper and magazine articles, advertisements, reviews, interviews, dialogues, poems, essays, cartoons, legends, humorous and serious short stories, and mysteries. These readings, written for native French speakers in France, Canada, Belgium, Haiti, Tahiti, and the Ivory Coast, are glossed but not simplified and only occasionally abridged. Grouped by topic, they progress from the simple to the more difficult both within each chapter and throughout the textbook. Since the focus is on strategy development, students are asked first to practice familiar, global strategies (for example, skimming and scanning) and local strategies emphasizing detail (for instance, recognizing cognates and reading for information); then they analyze text structure and literary devices and learn how to approach unfamiliar content.

Appropriate Course Levels

Traditionally, reading has been emphasized after students have been introduced to basic French grammar and vocabulary. At this intermediate level, students tackle longer readings filled with new vocabulary and, often, unfamiliar cultural references. These students must apply diverse strategies to read French efficiently on their own. *Lire avec plaisir* was written to serve these students and can be used in a variety of teaching situations. Because it has both cultural and literary readings of differing levels of difficulty, this textbook is appropriate to a reading course per se, where the primary focus is on developing reading skills. At the same time, because these reading topics can usually be coordinated with those in a grammar textbook, *Lire avec plaisir* can be used in a yearlong four-skills course. The chapters may be used in a different order, if desired; difficult words are glossed in all texts, and the *passé simple* is explained in Appendix 3. Students who have had a basic introduction to grammar should be able to grasp the readings without significant problems.

Reading Strategy Development

Efficient readers read actively, focusing on meaning rather than on individual words and phrases. In *Lire avec plaisir*, different texts help develop different active reading strategies: For instance, students will skim, scan, guess word meanings from context, use illustrations and general knowledge to understand, and predict text content and direction. Reviewing and practicing familiar reading skills, students will also read a variety of author styles, identify point of view, follow various text structures, find the main point, and summarize. Of course, individuals differ in their ability to read in English or in a foreign language; students already proficient with certain strategies will be able to use those to understand and to answer comprehension questions about what they read. Students who have never mastered certain strategies will find directions for these strategies and will be able to practice them.

The *Interludes*, written in English, introduce a variety of reading strategies and skills helpful in understanding the French readings in the succeeding chapter and offer both English and French examples. You may choose to have students practice these strategies first—in class or at home—or may begin immediately in French, including the short exercises where appropriate. *Interludes* present strategies just before the readings for which they are appropriate (for instance, "Identify changes in text direction by recognizing function words" appears before Chapter 3, where this strategy helps students read "Plume à Casablanca"). The short English explanations of strategies contain necessary French translations of specific terms (e.g., *parcourir* for *skim*) so that you may discuss strategies in French if you like. Many of the practice exercises are shorter than those in the first edition, and strategies that have proved not to need English practice have no exercises (e.g., "Read at different levels of meaning"). These brief English introductions and exercises make it possible for students to understand in French the individual *Stratégies à développer* and thus allow students to analyze and develop their foreign-language reading skills.

Exercises and Activities

To help students read in French, *Lire avec plaisir* also presents various exercises appropriate to the readings they accompany. First, a short paragraph introduces the author and/or source of each reading. Next is a clear explanation of the reading strategy or skill to be practiced *(Stratégie à développer)*, introduced in the preceding *Interlude*. Students develop strategies and understand, analyze, and form opinions about what they read by working through five exercise stages: *Avant de lire, En lisant, Après avoir lu, A discuter,* and *A créer.*

The *Avant de lire* sections orient readers as necessary, touching on author, style, cultural allusions, tone, and historical setting. Idiomatic expressions and useful vocabulary *(Expressions utiles)* are presented in context here and are indicated in the reading texts. These prereading activities often encourage students to imagine and predict what they might find as they read.

The active approach to reading continues in the *En lisant* exercises, which students complete as they read. These activities help students read quickly to get the gist (skim), look for specific information (scan), infer word meanings logically, and analyze text organization and structure. Working with these exercises, students interact with the text and read for meaning. The key to *En lisant* activity abbreviations can be detached from the back cover for easy reference.

The *Après avoir lu* sections check on students' global comprehension of central ideas or arguments, plot elements, character development, and text structure; details may be required to support those major points but are not the focus of the questions. Activities include charts, lists, diagrams, maps, cartoons, and summaries that students complete to demonstrate their understanding. Moreover, these exercises and those that precede them should help readers comprehend.

In the same way, the *A discuter* sections proceed directly from the comprehension questions; here students can show a deeper understanding and analysis of what they have read. These discussion questions lead to both cultural and literary analysis.

Finally, *A créer* takes the students beyond the text to role-play situations and composition topics as they integrate the reading skill with speaking, writing, and, sometimes, further reading.

Appendixes include (1) a glossary of the literary terms used in *Lire avec plaisir,* marked with an asterisk when they appear in the text; (2) an alphabetical list of the *Expressions utiles,* together with a reference to the chapter in which each appears; (3) the forms and usage of the literary past tense, the *passé simple;* and (4) four maps—the francophone world, France, Paris, and Africa. A French-English lexicon of reading strategy terms and the unfamiliar vocabulary not glossed in the reading texts follows the appendixes.

What's New in the Second Edition

Interludes. Reviewers find the second edition of *Lire avec plaisir* to have been vastly improved by distributing reading strategy explanations and exercises throughout the book in *Interludes* rather than gathering them in a *Chapitre préliminaire.* In this way, students may apply useful strategies to French texts without waiting, and they begin to read in French from day 1. Moreover, you can easily assign the *Interludes* as homework or skip them with students who can understand the French *Stratégie à développer* in the chapters. *Interludes* reading strategy notes are as brief as possible and assume that students know about these strategies, although individuals are more or less expert in applying them. Many practice exercises are shorter than those in the first edition, and those strategies that have proved not to need practice in English have no English exercises at all. Finally, except for occasional glosses, the body of each chapter is now in French.

Revisions in exercises. The number of *En lisant* marginal exercises has been reduced, especially those accompanying later texts, as students become more adept at using strategies without prompting. In addition, the *En lisant* exercises are now easier to use because the inside of the back cover of the book contains a key to the marginal exercise abbreviations.

Also included are more analytical and, when appropriate, literary *A discuter* and *A créer* questions. Reading strategies explained in the *Interludes* have been expanded to include such analytical skills as finding the main point *(Interlude 5)* and interpreting irony and paradox *(Interludes 8* and *11).* Instructors who want to emphasize literary analysis will also find additional definitions of literary terms and genres in Appendix 1.

Instructor's Manual. Now the *Instructor's Manual,* conveniently bound into the Instructor's Edition, expands the flexibility of *Lire avec plaisir* by recommending new ways to teach individual readings, to treat texts of different lengths, and to test reading strategy development and reading comprehension. It still offers in-class *Expressions utiles* activities and ideas for small-group work. Moreover, the interested instructor will find detailed information about the foreign language reading process, together with an updated bibliography of practical and theoretical articles. The *Instructor's Manual* has proved useful for relatively inexperienced teaching assistants teaching individual sections within large-enrollment courses.

Workbook Format

Active reading means that readers think about a text both before and while they read it as well as after they have finished it. The workbook format of *Lire avec plaisir* allows students to interact with what they read. Previewing and predicting exercises requiring a short written response *before* students begin reading engage their attention in the right direction at the right time. Vocabulary inferencing and word family exercises in the margin ask readers to consider context as they read. Directions and questions help readers analyze text structure and predict the direction of what they are reading. Students who have put in the effort required by *Lire avec plaisir* have found that they can soon read more quickly, with greater understanding yet spending less time with a dictionary. Reading French is a pleasure!

Acknowledgments

Lire avec plaisir could never have been written without the encouragement, suggestions, and generous help of a number of people. I would like, especially to thank these people:

My students, who have so often shown me that reading French is not as easy as one might think

Jon, my husband, for his unfailing encouragement and intelligent suggestions

Françoise Grellet, for her inspiration and her unique book on methodology

Roy Leake, for his early understanding and interest

The teaching assistants and their students at the University of Virginia who classroom-tested early and first-edition versions of the text and gave much thoughtful feedback

I would also like to thank the following reviewers, who questioned and suggested where necessary: Robert M. Terry, University of Richmond; James R. Hightower, Jr., Ball State University; Clara Krug, Georgia Southern University; Susan L. Dorff, Boston University; Elizabeth M. Guthrie, University of California at Irvine; Jeffrey T. Chamberlain, George Mason University; Benné Willerman, University of Texas at Austin; Nancy E. Foss, Concordia College in Moorhead, Minnesota; Leslee Poulton, University of Wisconsin at La Crosse; Vincent L. Remillard, St. Francis College of Pennsylvania; David Wills, Louisiana State University; Marie Ascarza-Wegimont, Old Dominion University; Brigitte Delzell, Louisiana State University; Andrée Grandjean-Lévy, Cornell University; Cathy R. Pons, Indiana University; Mary R. Rogers, Witchita State University; Barbara Giangiulio, Southern Methodist University; Josy McGinn, Syracuse University; Jeanette Ludwig, State University of New York at Buffalo; D. Hampton Morris, Auburn University; Jo Ann M. Recker, Xavier University; Edwina Spodark, Hollins College; Audrey Tarchine, University of Vermont; Signe Denbow, Western Michigan University; Susanna S. Bellocq, Ohio Wesleyan University; Audrey Gaquin, United States Naval Academy; Joanna Alexander-Sullivan, Austin Community College; Mary Ellen McGoey, Northeastern Illinois University.

And of course I would like to thank the instructors who selected the first edition of *Lire avec plaisir* for classroom use. The many comments they shared with me have been extremely helpful in preparing this revision.

Marva A. Barnett

TO THE STUDENT

Lire avec plaisir is probably different from any reader you might have used in the past. Before, you have most likely seen a reading passage followed by questions asking for many details. Because these questions usually follow the order of the passage, you do not always need to understand the reading to answer them; it is sometimes enough to find the sentences containing the answers.

Lire avec plaisir contains three different types of exercises: (1) some that ask you to think about a text *before you begin to read it,* (2) some that ask you to consider details *while you are reading* in order to understand more efficiently, and (3) some that ask for a general understanding of what you have read *after you have read it.* These exercises may well take more time than you are used to spending on reading French—but they will help you understand what you read much better. Soon you will find yourself needing a dictionary less; you will learn to make logical inferences and to trust your intuition in a way that will make reading French much easier and more interesting. This introductory section explains three things:

1. How reading strategies work in native- and foreign-language reading
2. How the *Interlude* sections introduce useful strategies
3. How to approach the French readings in *Lire avec plaisir,* by using the sections called *Stratégie à développer, Avant de lire, En lisant, Après avoir lu, A discuter,* and *A créer.*

To understand how this textbook works and to learn to read more successfully in French, study this introduction carefully, and throughout the course work conscientiously to develop the strategies explained here and in the *Interludes.*

Reading Strategies

When you learned to read in English, you developed reading strategies that you now use naturally. But most beginning language learners do not automatically transfer these strategies to reading in a foreign language. Thus you may need to think about some strategies and analyze others so that you can apply them more effectively while reading French.

Reading strategies work because reading is a problem-solving activity at several levels. What is the author's purpose or point of view in writing? Are you reading fact, fiction, or opinion? How is an individual word used? For example, is a particular occurrence of *water* a noun (in "a glass of water"), an adjective ("water meter"), or a verb ("water the lawn")? When you see the sentence "We read the book," how do you know whether the action is in the present or in the past?

To understand at all these levels, you must get actively involved and focus on meaning. How a word like *water* or *read* functions in a sentence depends on what it means in the sentence and on what the sentence means in the rest of the passage. When practicing the strategies presented in *Lire avec plaisir,* **think** about what you are doing, bring your **general knowledge** to bear on the text, **read for meaning, focus** on defining word meanings and uses, and **take chances** to infer word meanings and predict what the author will say next.

Practicing Reading Strategies in the Interludes

Because you know how to read in English, practicing familiar reading strategies in English can help you *transfer* them to reading in French. The *Interlude* section that appears before each chapter in *Lire avec plaisir* contains English explanations of reading strategies that will help you understand the French texts. In addition, many of the exercises accompanying the French readings are similar to those in the *Interludes*.

Let's examine briefly the types of strategies reviewed and practiced in *Lire avec plaisir*.

Word Level. Readers use *word-level strategies* to decide what words mean: They consider whether a French word that looks like an English cognate actually means the same thing; they analyze an unfamiliar word in terms of its formation; they infer word meanings from context; and they analyze the grammatical functions of words.

Sentence Level. *Sentence-level strategies* help readers analyze how sentences relate to each other by following function words, such as reference words (e.g., *which, that, who*) and conjunctions, and by finding main words.

Text Level. Using *text-level strategies,* readers consider the text as a whole: They scan for specific information, skim for the gist, discover and analyze text structure, identify changes in text direction, read at different levels (e.g., symbols, atmosphere, rhythm), analyze an author's ideas or point of view, predict text direction, and find main facts and summarize.

Experiential. Finally, proficient readers use *experience-based strategies* to relate a text to what they already know about the world in general: They categorize texts by type, read with a purpose, consider the import of titles and illustrations, recognize story setting, and predict text structure and content according to text genre.

Interlude sections explain each of these strategies in detail and provide helpful exercises and reading strategy terms in both English and French; terms are also defined in the *Lexique*. The specific *Stratégies à développer* that accompany chapter readings generally refer to strategies explained in detail in the preceding *Interlude*. Few *Interlude* exercises have "right" or "wrong" answers; use your imagination and know why you answered as you did.

Working with *Lire avec plaisir*

All readings are actual French texts, mostly from the twentieth century, which have not been simplified, though some have been shortened, as indicated by points of ellipsis (. . .). You will see a number of words you do not know; don't expect to understand every word. To read these texts *efficiently,* follow these steps:

1. Work through the exercises in order.
2. Read the short introduction about the author or source of the reading. It gives useful background information.
3. Study the explanation of reading strategy *(Stratégie à développer)*. Each reading will provide practice in that strategy.
4. Work through the *Avant de lire* exercises *before* reading each selection. They should help you understand the reading.
5. Learn the *expressions utiles*. They are important not only in understanding the reading but also in enriching your vocabulary. In the reading selection they are marked with a dagger (†).

Certain words and expressions you need to understand the reading passage are indicated in the text by a raised circle(°) and defined at the bottom of the page. Most of these definitions are in French to permit you to maintain your train of thought in French.

Words defined in the *Glossaire de termes littéraires* are marked in the textbook with an asterisk(*).

6. It is very important to *read each text at least twice*. Beginning in Chapter 2, most reading selections are accompanied by marginal *En lisant* exercises; how you use these depends on how well you already use reading strategies, how well you read French, and how your teacher assigns a reading. Try both of these techniques to see which is the more effective for you:

   a. Read all of a short text (or parts of a longer text) relatively quickly; check word meanings only when you are truly confused; read to get a very general idea of what is going on. After each quick reading, go back and read more carefully, writing out the marginal exercises. These exercises will save you time otherwise spent with a dictionary and will help you develop your own strategies for figuring out what new words mean. They also simplify complex structures and help you focus on meaning. Finally, reread the text; you should find that your level of comprehension has improved. Note any passages that you still find confusing and ask about them.

   b. Read the selection carefully the first time, writing out the marginal exercises. The second time read more quickly and concentrate on the central structure or major points of the text. Finally, read the entire text one more time, thoughtfully and reflectively. Always note any passages that still confuse you.

      NOTE: Abbreviations introduce common *En lisant* exercise types. Study the table of frequently used abbreviations in *Interlude 2;* refer to it often and the abbreviations will soon become familiar. For quick reference, use the key to the abbreviations reproduced on the inside of the back cover.

7. Write the answers to the *Après avoir lu* exercises. It's best to read the selection one more time. This time, you should understand most of it—and enjoy it!

8. Consider thoughtfully the *A discuter* questions. They usually relate directly to the *Après avoir lu* exercises. You haven't completed a reading until you have formed a personal opinion about it or had a reaction to it. Your teacher may ask you to write out your answers.

9. Your teacher may assign *A créer* exercises. These are usually role-playing situations or composition topics that allow you to use the situations or information in the reading in different and imaginative ways. The more you can incorporate the structure and vocabulary of the reading, the more successful you will probably be.

Marva A. Barnett

Interlude

1

STRATEGIES   Use your general knowledge.
Predict while you read.
Scan for specific information.
Infer word meanings by using cognates.

USE YOUR GENERAL KNOWLEDGE

You bring to any reading selection an accumulation of knowledge and experience (*l'ensemble de vos connaissances*). To approach any reading most efficiently, take a few minutes to consider what you already know about the following aspects:

The general topic
The text genre (poetry, narrative, fable, fairy tale, news article, comic strip, biography, etc.)
The author
The setting

When you think about your present knowledge, you will find that you have expectations (*des attentes, des expectatives*) about the reading. Then, as you read, you can gauge how much you understand by how well what you see fits into what you know. You can also compare your opinions with the author's and add new facts and ideas to those you already have.

Exercise A   How much do you already know? What points or arguments might be contained in each of the following selections? List as many as you can. Remember to consider titles, authors, and topics.

1. *Pudd'nhead Wilson,* by Mark Twain

2. *Micromégas,* par Voltaire

3. « Les Dangers des centrales nucléaires »

4. « Le « New Look » de Concorde est lancé »

Exercise B   The settings and contexts in which you read often help you understand without seeing every word. Suppose that you cannot see each of the following texts clearly. Use your knowledge of the setting to complete them.

MODEL

SETTING: on a highway: YOU ADD:

```
┌──────────────┐        ┌──────────────┐
│              │        │  ___SPEED___ │
│              │        │  ___LIMIT___ │
│      55      │        │      55      │
│              │        │              │
└──────────────┘        └──────────────┘
```

1. on a chair seat in a museum: FRAGILE! _____ TOUCH
   Même situation, en français: PRIERE DE _____
2. in a recipe: Preheat _____ to 450°F.
3. on an invitation:

```
┌─────────────────────────────────────┐
│              Party!                  │
│  _____:-Friday Feb. 7       │
│  _____: 8:30 on             │
│  _____: 1590 Lombard Ave.   │
│       R.S.V.P.  923-5642             │
└─────────────────────────────────────┘
```

4. in one section of a restaurant: NO _____
   Même situation, en français: DEFENSE DE _____
5. in a personal ad: Homme gentil et sympa _____
                                       femme intelligente.

PREDICT WHILE YOU READ

To read well and easily, you must read with a purpose: In the most general sense, you read to find out what the author has to say. Predicting (*prédire*) before and during your reading increases your sense of purpose and provides a framework for the meaning of what you read. How much and how well you can predict depends on the breadth of your general knowledge, your imagination, and your willingness to take chances. You can predict content and text direction from titles, from illustrations, from what you already know about the topic, the author, and the source of the text, and from the parts of the text you have already read and understood. Of course, the correctness of your predictions depends not only on your skill but also on the predictability of the text.

Exercise C   For each title, name two topics or themes that the text might well contain. Numerous answers are possible; can you justify your choices?

1. « Je vends les robes du bonheur »   _____

   _____

2. « Renault accélère encore »   _____

   _____

3. *La revue des revues parisiennes*   _____

   _____

4. « Conte des enfants poétiques »   _____

   _____

Exercise D   Choose an appropriate topic or source for each illustration; then explain and compare your choices.

1. _____

The New Safety Street for Learners

2. _____

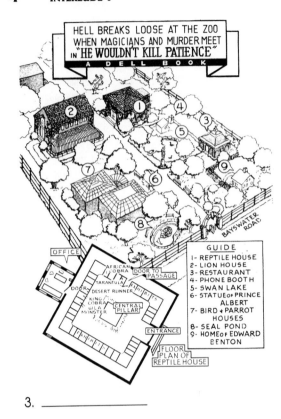

4. _____

3. _____

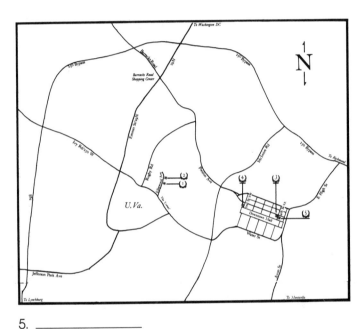

5. _____

Exercise E   Read each excerpt. Predict two different directions each might take.

1. It was the morning of the day on which I was slated to pop down to my Aunt Agatha's place at Woollam Chersey in the county of Herts for a visit of three solid weeks; and as I seated myself at the breakfast table, I don't mind confessing that the heart was singularly heavy. We Woosters are men of iron, but beneath my intrepid exterior at that moment there lurked a nameless dread.

     a. _____

     b. _____

2. "And now, Dr. Pender, what are you going to tell us?"

     The old clergyman smiled gently.

     "My life has been passed in quiet places," he said. "Very few eventful happenings have come my way. Yet once, when I was a young man, I had one very strange and tragic experience."

     "Ah!" said Joyce Lemprière encouragingly.

     "I have never forgotten it," continued the clergyman. "It made a profound impression on me at the time, and to this day by a slight effort of memory I can feel again the awe and horror of that terrible moment when I saw a man stricken to death by apparently no mortal agency."

a. _____

b. _____

3. Il s'appelait Scalzo. C'était un Italien, musicien et jardinier comme il se devait alors dans son pays. Il jouait de l'accordéon et entretenait des fleurs sur son toit. Petit homme au teint rouge, cheveux gris très épais, voix chaude et *r* sonore, beaucoup de gestes et grand sourire: c'était lui.

a. _____

b. _____

SCAN FOR SPECIFIC INFORMATION

You scan (*chercher un renseignement*) to find a certain piece of information. Scanning is most useful when you are reading with a particular purpose in mind. For example, suppose you need to know what time the next bus for New Orleans leaves or when Louis XIII died. To scan efficiently, decide what the information you need will look like (a date, a place, an explanation); then look at each group of words only long enough to check it against your mental image of what you're looking for. When you find something that seems to match, read that sentence and the sentences before and after it carefully. If these answer your questions, you can ignore the rest of the passage. Scanning comes naturally to most people in their native language; it sometimes seems more difficult in a foreign language.

Exercise F Scan each selection as quickly as possible to get the required information. Remember to decide first how this information will look.

1. What is being advertised? _____

   Break a European tradition. The Swiss have a name for outstanding richness, texture, and flavor in chocolate. Toblerone. Experience it now in America.

2. What is imprinting? _____

   One of the strongest learning experiences is imprinting, when a baby bird attaches itself to what it perceives to be its parents. The hatchling usually forms this bond of identity during its first day. The baby follows the parent figure without question and depends on it totally for protection and care, whether it is actually its mother or somebody—even something—else.

3. Que dit-on d'Arthur Ashe? _____

   Seul joueur de couleur à avoir remporté trois grandes finales, le champion américain Arthur Ashe se consacre désormais à l'enseignement du tennis. C'est à Newark, dans le ghetto noir, qu'il a trouvé ses meilleurs espoirs. Plus que n'importe où, ces gosses sont des gagneurs.

4. Que dit-on du caractère général de Montpellier? _____

   _____

   Première agglomération importante sur la route des vins du Languedoc, Montpellier est une vieille ville, chargée de souvenirs, qui est quand même restée étonnamment jeune. C'est sans doute à cause des étudiants de la cité, parce que son université, déjà assez célèbre au XVIe siècle pour que le grand auteur Rabelais soit venu y terminer ses études médicales, est toujours prospère. Mais il y a aussi peut-être le soleil qui empêche la pierre de vieillir.

6   INTERLUDE 1

5. Vous arrivez à Strasbourg par le train. Trouvez six hotels dans les environs.

_____

_____

INFER WORD MEANINGS BY USING COGNATES

When you read in your native language, you probably do not always check the meaning of unfamiliar words in a dictionary but instead figure out (*deviner*) what they mean from the context. If your inference makes sense or if the word seems relatively unimportant, you go on with your reading. You have also learned to accept approximate meanings of some words in order to read efficiently. Inferring word meanings when reading French will save you a great deal of time and will also help increase the number of words you can recognize.

To use this strategy, read an entire paragraph and figure out meanings of unknown words before resorting to the glossary or to a dictionary. To infer word meanings efficiently, use a combination of these techniques:

1. Examine the form of the word:
   a. Is it a cognate—or a false cognate? (see below)
   b. Do you see a root word or know a related word? (*Interlude 2*)
2. Consider the context in which the word appears. (*Interlude 3*)
3. Identify the grammatical function of the word. (*Interlude 5*)

REMEMBER: Although an inference can be based on logical reasoning and still be incorrect, it's better to guess as often as possible without worrying about being wrong. Always check your inferences by putting them back into context to see if they make sense.

Because much English vocabulary is *cognate* with French, an unfamiliar French word may closely resemble an English word. Cognates (*mots apparentés*) come in several forms, for instance:

1. The spellings and meanings are similar, but the pronunciation is usually different: *nation, double, exclusion, format, hamburger, prudent, nuance.*
2. The spellings vary slightly, but the meanings are similar:

   intellectualism/*intellectualisme*
   mysterious/*mystérieux*
   diamond/*diamant*

3. The spellings are the same, but each word has several meanings. Depending on the context, the word may be a true or a false cognate:

   (true) J'aime beaucoup ce tableau parce que les *figures* y sont réalistes.
   (true) Napoléon était une des grandes *figures* de l'histoire.
   (false) Le bébé ayant fini de manger, sa mère lui a lavé la *figure.*

4. The spellings are similar, but the usual meanings are different (*false cognates*).

FRENCH	ENGLISH
avertissement	warning
annonce	advertisement, announcement
lecture	reading
conférence	lecture
habits	clothes

False cognates (*faux amis*) will often be pointed out to you in this book. It's a good idea to make a list of them for future reference.

Remember that the meanings of the French and English cognates, though similar, often vary slightly. You need to choose an English meaning that makes sense, not necessarily the word that looks most like the French word. For example, *s'immobiliser* can mean "to immobilize oneself," but it more often means "to stop" or "to stand still"; *enfant* can mean "infant," but it usually means "child." Also remember that any new word that seems to be a cognate may be a false cognate; check your inference by considering the context.

Knowing some rules about French spelling will help you find cognates:

1. A circumflex (*circonflexe:* ê) often indicates that a similar English word will have an *s* after the vowel. For example: *île*/isle, *pâte*/paste.

Exercise G1   Give the English words cognate with these French words.

1. îlot _____   4. pâtisserie _____

2. hôtel _____   5. hâte _____

3. fête _____   6. forêt _____

2. The letters *ét, éc, es,* or *esc* at the beginning of a French word sometimes correspond to *es, ex, as, st,* or *s* in English. For example: *estampe*/stamp, *Espagne*/Spain, *étonner*/astonish, *étable*/stable.

Exercise G2   What are the parallel English forms?

1. espace _____   4. étrangler _____

2. état _____   5. esclave _____

3. épice _____   6. écarlate _____

3. French *ch* sometimes corresponds to the English word beginning *c* or *ch.* For example: *chat*/cat, *chantre*/cantor.

Exercise G3   What English words relate to these French words?

1. chameau _____   4. chambre _____

2. château _____   5. chancre _____

3. chant _____   6. chapitre _____

4. Many French verbs ending in *-ir* are formed from adjectives and have the meaning "to make more + *adjective,*" "to become + *adjective,*" or "to cause to become + *adjective.*" For example: *agrandir*/to enlarge, *refroidir*/to become cold, to chill. Frequently, a related English word is spelled with *-ish: appauvrir*/to impoverish.

Exercise G4   Give English meanings or comparable English forms for these verbs.

1. embellir _____   4. arrondir _____

2. enrichir _____   5. établir _____

3. affaiblir _____   6. blanchir _____

Exercise G5   First use the rules just given and your knowledge of English to infer the meanings of the words listed here.

terminus _____   littérature _____

mythes _____   légendes _____

garder _____   s'étendre _____

charbon _____   sensible _____

mât _____   remarquer _____

Give the meanings of the same words used in the contexts that follow. How does context clarify meaning? (Watch out for false cognates!)

1. Pour aller à Versailles, allez jusqu'au *terminus* et attendez. Un autobus viendra cinq minutes après. _____

2. Marc n'aimait pas son cours de *littérature* parce qu'il ne comprenait ni les *mythes* ni les *légendes*. _____ _____ _____

3. Chantal adore parler au sujet de ses amies; elle ne peut pas *garder* un secret. _____

4. Le jardin de cette maison *s'étend* jusqu'au canal. _____

5. Pour ne pas être vu, le voleur s'est noirci le visage avec du *charbon*. _____

6. Il ne faut pas insulter ta petite sœur. Elle pleure facilement parce qu'elle est très *sensible*. _____

7. Le *mât* central de votre bateau est très haut. _____

8. Je n'ai rien dit, mais j'ai *remarqué* que mon cousin était absent. _____

Chapitre 1

L'ACTUALITE

Le Monde

Connaissez-vous les journaux de la France? Il y a beaucoup de journaux quotidiens, c'est-à-dire des journaux qui paraissent chaque jour. Ils représentent des opinions diverses, dont le conservatisme, le socialisme, le communisme et le catholicisme. Ce chapitre vous présente le journal quotidien de Paris peut-être le plus connu, *Le Monde,* qui a la réputation d'être juste et responsable.

AVANT DE LIRE

RITA :
Washington décide

Un choix important pour le système militaire français de communication : le réseau intégré de transmissions automatiques.

PAGE 36

Violences en Belgique

Les attentats et actes de banditisme se multiplient.

PAGE 4

Cumul des mandats

Pas plus de deux fonctions électives.

PAGE 7

Le Monde

MÉDECINE

– Les gènes guérisseurs
– Cancers en recette

(Pages 11 et 12)

Débats : tiers-mondisme (2) ● Etranger (3 à 6) ● Politique (7 à 9) ● Société (10) ● Culture (14) ● Communication (31) ● Economie (32 à 35)

Programmes des spectacles (15-16) ● Radio-télévision (31) ● Informations services : Journal officiel; Météorologie; Mots croisés (30) ● Loto sportif (30) ● Carnet (30-31) ● Annonces classées (22 à 29)

● **Expressions utiles**

Les **rubriques** (*f. pl.*) des journaux français sont semblables aux rubriques des journaux américains. Voici quelques rubriques typiques:

Carnet (*m.*) (announcements of births, deaths, marriages, etc.)
Culture (*f.*)
Economie (*f.*)
Etranger (*m.*) (foreign affairs)
Médecine (*f.*)
Météo(rologie) (*f.*)
Mots (*m. pl.*) **croisés** (crossword puzzle)
Petites annonces (*f. pl.*) ou **annonces** (*f. pl.*) **classées**
Politique (*f.*)
Programme (*m.*) **des spectacles** (*m. pl.*)
Radio-télévision (*f.*)
Sports (*m. pl.*)

On trouve aussi, dans un journal, de la **publicité** (*f.*). Les **articles** (*m. pl.*) ont des **titres** (*m. pl.*).

Exercice

Identifiez ces mots comme désignant des rubriques (R) ou des titres (T).

MODELE: __T__

> **M. MARCHAIS ACCUSE**
> **M. JUQUIN DE MENSONGE**

____ **AMÉRIQUES**

____ *LE CARNET DU Monde*

____ **société**

____ *MARCHÉS FINANCIERS*

____ *Les « escort girls » en chômage technique*

STRATEGIE A DEVELOPPER

Prédire selon le genre du texte Quand on sait le genre d'un texte, on en comprend le contenu plus facilement que quand on l'ignore. C'est qu'on lit de façon différente des textes différents—par exemple, un article au sujet d'une révolution en Afrique ou une publicité pour un shampooing qu'on a déjà essayé. Pensez donc au genre du texte avant de commencer à le lire.

Exercice

Voici des extraits d'un journal français. Pour chacun, indiquez la rubrique sous laquelle il a probablement paru.

MODELE:

M. MARCHAIS ACCUSE
M. JUQUIN DE MENSONGE

Rubrique: _____Politique_____

LE MARCHÉ INTERBANCAIRE DES DEVISES

	COURS DU JOUR		UN MOIS			DEUX MOIS			SIX MOIS		
	+ bas	+ haut	Rep.	+ ou dép. –		Rep.	+ ou dép. –		Rep.	+ ou dép. –	
$ E.-U.	7,9345	7,9365	+ 70	+ 85		+ 135	+ 165		+ 400	+ 500	
$ can.	5,7630	5,7665	+ 22	+ 41		+ 39	+ 74		+ 102	+ 195	
Yen (100) ...	3,8220	3,8248	+ 54	+ 71		+ 93	+ 116		+ 349	+ 409	
DM	3,0465	3,0484	+ 120	+ 130		+ 218	+ 236		+ 648	+ 700	
Florin	2,7010	2,7016	+ 70	+ 79		+ 134	+ 149		+ 399	+ 443	
F.B. (100) ..	15,0503	15,0583	+ 33	+ 104		+ 70	+ 199		+ 216	+ 547	
F.S.	3,7060	3,7086	+ 174	+ 190		+ 300	+ 324		+ 865	+ 932	
L (1 000) ...	4,5144	4,5168	– 178	– 144		– 344	– 289		– 936	– 844	
£	11,4043	11,4151	– 249	– 211		– 458	– 399		– 1235	– 1054	

Rubrique: _____

LE SOLDAT SOVIÉTIQUE
A QUITTÉ
L'AMBASSADE AMÉRICAINE
A KABOUL

Rubrique: _____

Les gènes guérisseurs

*Pour la première fois, on va greffer
sur des malades des gènes obtenus
par génie génétique. Un exploit technologique
qui pose de redoutables problèmes éthiques.*

Rubrique: _____

théâtre

LE MONDE Informations Spectacles
42-81-26-20
Pour tous renseignements concernant
l'ensemble des programmes ou des salles
(de 11 h à 21 h sauf dimanches et jours fériés)
Réservation et prix préférentiels avec la Carte Club

Mardi 5 novembre

LES SPECTACLES NOUVEAUX

VOISIN, VOISINE : Palais Royal (42-97-59-81), 20 h 45.
LE PASTAGA DES LOUFS : A. Dejazet (48-87-97-34), 20 h 30.
TRIPLE MIXTE : théâtre Fontaine (48-74-30-68), 21 h.
LA GOUTTE : Petit Montparnasse (43-22-77-74), 21 h.

☛ Spectacles sélectionnés par le club du « Monde des spectacles »

Les salles subventionnées

☛ ODÉON (43-25-70-32). Théâtre de l'Europe, à 20 h 30 : L'Illusion, de Corneille.
PETIT-ODÉON (43-25-70-32), à 18 h 30 : Entretien de M. Descartes avec M. Pascal Le Jeune, de J.-C. Brisville.
☛ TEP (43-64-80-80), à 20 h 30 : George Dandin.
THÉÂTRE DE LA VILLE (42-74-22-77), à 20 h 45 : Une station-service ; *Le Théâtre de la Ville au Th. de l'Escalier d'or* : à 18 h : Le Saperleau.
☛ CARRÉ SILVIA MONFORT (45-31-28-34), à 20 h 30 : Bajazet.

☛ BOUFFES PARISIENS (42-96-60-24), 21 h : Tailleur pour dames.
☛ LA BRUYÈRE (48-74-76-99), 21 h : l'Indien sous Babylone.
☛ LIERRE-THÉÂTRE (45-86-55-83), 20 h 30 : le Vieil Homme et la Mer.
☛ LUCERNAIRE (45-44-57-34) L 18 h : Simone Weil 1909-1943 ; 21 h 45 : Diabolo's 1929-1939 ; II. 18 h : Pardon M'sieur Prévert ; 20 h : la Fête noire ; 22 h 15 : Dodo-Ji.
☛ LYS-MONTPARNASSE (43-27-88-61), 19 h : Amour paternel ; 21 h : Dieu aboie-t-il ?.
MADELEINE (42-65-07-09), 21 h : Comme de mal entendu.
☛ MARAIS (42-78-03-53), 20 h 30 : l'Eternel Mari.
☛ MARIE STUART (45-08-17-80), 20 h 15 : Savage Love.
MARIGNY (42-56-04-41), 20 h 30 : Napoléon. – **Petite salle** (42-25-20-74), 21 h : Lorna et Ted.
☛ MATHURINS (42-65-90-00), **Grande Salle** 20 h 45 : le Baiser de la veuve ; **Petite Salle** 20 h 30 : On ne sait comment.
MICHODIÈRE (47-42-95-22), 20 h 30 : le Bluffeur.
☛ MOGADOR (42-85-45-30), 20 h 30 : la Femme du boulanger.
☛ MONTPARNASSE (43-20-89-90), **Grande Salle** 20 h 45 : les Gens d'en face ; **Petite Salle**, 21 h : la Goutte.

Les cafés-théâtres

AU BEC FIN (42-96-29-35), 21 h 45 : Chant d'elles ; 23 h : Au suivant.
BLANCS-MANTEAUX (48-87-15-84) , I. 20 h 15 : Areuh = MC2 ; 21 h 30 : les Démones Loulou ; 22 h 30 : l'Etoffe des blaireaux. – II. 20 h 15 : les Sacrés Monstres ; 21 h 30 : Sauvez les bébés femmes ; 22 h 30 : Deux pour le prix d'un.
CAFÉ D'EDGAR (43-20-85-11) I. 20 h 15 : Tiens voilà deux boudins ; 21 h 30 : Mangeuses d'hommes ; 22 h 30 : Orties de secours. II. 20 h 15 : Ça balance pas mal ; 21 h 30 : le Chromosome chatouilleux ; 22 h 30 : Elles nous veulent toutes.
CAFÉ DE LA GARE (45-49-27-78), 20 h 15 : les Méthodes de Camille Bourreau.
L'ÉCUME (45-42-71-16), 20 h 30 : Morte saison.

Jazz, pop, rock, folk

BAISER SALE (42-33-37-71), 23 h : M. Maria.
CAVEAU DE LA HUCHETTE (43-26-65-05), 21 h 30 : M. Saury.
ELDORADO (42-08-23-50), 20 h : Blancmange.
FORUM (42-03-11-11), 21 h : Fal Frett.
GIBUS (47-00-78-88), 22 h : Doctor and the Medics.
MEMPHIS MELODY (43-29-60-73), 22 h : Jeremy. 0 h 30 : J. Bonnard.
MÉRIDIEN (47-58-12-30), 22 h : Wild Bill Davis.
MONTANA (45-48-93-08), 22 h : R. Urtreger, R. Galleazzi.
MONTGOLFIER (45-54-95-00), 22 h : G. Badini.
NEW MORNING (45-23-51-41), 21 h 30 : Cl. Alvarez-Peyrere Quintet.

Rubrique: _____

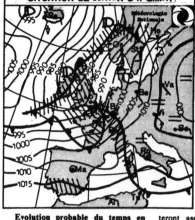
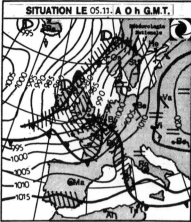

SITUATION LE 05.11. A 0 h G.M.T.

PRÉVISIONS POUR LE 6-11 DÉBUT DE MATINÉE

A ▦ Brouillard ∼ Verglas dans la région

Evolution probable du temps en France entre le mardi 5 novembre à 0 heure et le mercredi 6 novembre à 24 heures.

Situation générale

Persistance du courant perturbé océa- nique faisant défiler les perturbations sur la France.

Mercredi, dans la matinée, au sud d'une ligne Bordeaux-Nancy, temps couvert et pluies assez abondantes près du relief. Seule la côte méditerranéenne sera épargnée temporairement par la pluie, mais le ciel sera très nuageux.

Sur les régions au nord-ouest de Bordeaux-Nancy, ciel variable avec des nuages assez abondants, quelques éclair- cies et des averses assez fréquentes et parfois fortes.

En cours de journée, les nuages vont s'évacuer vers l'est, stagnant des Vosges au Jura et aux Alpes. Les Pyrénées res-

teront assez couvertes. Ailleurs, ciel incertain, nuages et éclaircies alterne- ront. Des éclaircies plus belles se déve- lopperont sur l'Ouest, les averses se localiseront surtout à l'est de la Seine.

Les températures de 8 à 10 degrés sur la moitié nord le matin et 12 à 15 degrés sur la moitié sud.

Dans l'après-midi, 10 à 18 degrés du Nord au Sud. Le vent de nord-ouest soufflera encore assez fort en toutes régions.

Températures (le premier chiffre indique le maximum enregistré dans la journée du 3 novembre, le second, le minimum de la nuit du 3 novembre au 4 novembre) : Ajaccio, 20 et 13 degrés ; Biarritz, 20 et 17 ; Bordeaux, 18 et 16 ; Bréhat, 13 et 13 ; Brest, 15 et 14 ; Cannes, 18 et 13 ; Cherbourg, 9 et 9 ; Clermont-Ferrand, 17 et 13 ; Dijon, 14

et 11 ; Dinard, 12 et 12 ; Embrun, 8 et 5 ; Grenoble-St-M.-H., 18 et 11 ; Grenoble-St-Geoirs, 18 et 10 ; La Rochelle, 15 et 15 ; Lille, 10 et 7 ; Limoges, 12 et 11 ; Lorient, 15 et 14 ; Lyon, 14 et 11 ; Marseille-Marignane, 19 et 15 ; Menton, 18 et 13 ; Nancy, 15 et 7 ; Nantes, 15 et 15 ; Nice, 18 et 12 ; Paris-Montsouris, 15 et 8 ; Paris-Orly, 9 et 9 ; Pau, 22 et 12 ; Perpignan, 20 et 10 ; Rennes, 12 et 12 ; Rouen, 8 et 8 ; Saint-Etienne, 16 et 12 ; Strasbourg, 9 et 3 ; Toulouse, 17 et 11 ; Tours, 11 et 11.

Températures relevées à l'étranger : Alger, 23 et 16 degrés ; Genève, 11 et 7 ; Lisbonne, 20 et 18 ; Londres, n.c. et 9 ; Madrid, 13 et 13 ; Rome, 19 et 10 ; Stockholm, 5 et 3.

(Document établi avec le support technique spécial de la Météorologie nationale.)

Rubrique: _____

Rubrique: _____

Chercher des renseignements Quand on cherche des renseignements particu- liers ou la réponse à des questions spécifiques, il n'est pas nécessaire de comprendre tous les mots du texte. Les quelques suggestions qui suivent vous aideront à trouver rapidement ce que vous cherchez. Commencez par déterminer la forme sous laquelle les renseignements cherchés se présentent ordinairement (chiffres, date, nom de personne, endroit, etc.). Décidez ensuite où se trouvent généralement ces renseigne- ments (dans l'introduction, sur une liste, sur un tableau, etc.). Concentrez-vous enfin sur la recherche des renseignements voulus, sans vous arrêter sur ce dont vous n'avez pas besoin.

EN LISANT

Cherchez les réponses aux questions suivantes dans l'annonce « Townsend Thoresen ». Si vous le voulez, regardez la carte de la France présentée dans l'Appendice 4.

1. Sous quelle rubrique cette annonce a-t-elle probablement paru?

_____

POUR DE LONGS WEEK-ENDS, PARTEZ A BORD DE L'ANGLETERRE.

50 % de réduction pour profiter d'un week-end très britannique (moins de 60 heures). Townsend Thoresen vous propose jusqu'à 78 traversées par **50%** jour sur 6 routes différentes dont la plus rapide entre Calais et Douvres en 75 mn, une nouvelle ligne Boulogne/ Douvres et des départs plus nombreux depuis Le Havre ou Cherbourg vers Portsmouth. Partez à bord de Ferry le Magnifique, et déjà vous êtes en Angleterre.

Pour tout savoir sur les tarifs "minitours" et nos horaires de traversées, consultez votre agent de voyages ou écrivez à Townsend Thoresen, 41 boulevard des Capucines - 75002 PARIS. Tél. (1) 42.61.51.75

Nom _____
Adresse _____
Ville _____

TOWNSEND THORESEN 🆃🆃
FERRY LE MAGNIFIQUE, LE FERRY A L'ANGLAISE.

2. C'est de la publicité pour des voyages entre _____ et _____ par _____.

3. On vous offre une réduction de _____ pour cent.

4. Si vous êtes en France, vous pouvez partir de _____, de _____, de _____ ou de _____.

5. Pour aller de Calais à Douvres, il faut _____ minutes.

6. Pendant combien de temps pouvez-vous y rester? _____

7. Si cette offre vous intéresse, comment pouvez-vous obtenir les détails? _____
_____

A DISCUTER

1. Que pensez-vous de la présentation de l'Angleterre dans cette annonce? Y trouvez-vous des stéréotypes? Si c'était une annonce pour les Etats-Unis, que trouveriez-vous?

2. Qu'est-ce qu'on a fait dans cette annonce pour attirer le lecteur? A-t-on réussi? Est-ce que cette publicité vous intéresse? Pourquoi? Pourquoi pas?

A CREER   En suivant le modèle de Townsend Thoresen, rédigez une annonce de voyage. Quelques questions à considérer: Où irait-on? Comment? Quels seraient les avantages? Y aurait-il des réductions de prix?

STRATEGIE A DEVELOPPER   **Utiliser ses connaissances générales**   Lorsqu'on sait quelque chose au sujet d'un texte, on a moins besoin de lire tous les mots que lorsqu'on n'en sait rien ou que l'on ne fait pas appel à ses connaissances générales. Pour lire de façon efficace, recourez à vos connaissances générales. Avant de lire, pensez au sujet du texte, au style de l'auteur ou à la source du texte; en lisant, comparez ce que vous savez déjà avec ce que vous trouvez dans le texte. Les exercices *Avant de lire* y aideront.

AVANT DE LIRE   ● **Le sujet**

Vous connaissez probablement le sujet de l'article « Dan Rather au petit déjeuner? ». Avant de lire l'article, répondez à ces questions:

Qui est Dan Rather? _____

A quelle heure peut-on regarder son émission? _____

De quelle rubrique est tiré cet article? _____

Imaginez: De quoi peut-il s'agir dans l'article? Pourquoi parle-t-on du petit déjeuner?

_____

Dan Rather au petit déjeuner ?

Les téléspectateurs français pourront-ils voir tous les jours la plus célèbre émission d'information de la télévision américaine : le « CBS Evening News » animé par Dan Rather ? C'est ce que laissent espérer les responsables de la chaîne américaine en révélant que des négociations sont en cours depuis plusieurs semaines avec Canal Plus.

Le journal du soir de CBS serait transmis par satellite et diffusé en clair par la chaîne payante à 7 heures du matin, en anglais, sans doute sous-titré. L'opération serait financée par deux ou trois annonceurs américains. Les négociations entre Canal Plus et la chaîne américaine portent aussi sur des programmes de sports, des vidéo clips et des émissions pour enfants.

Dan Rather est le plus connu des journalistes de télévision américains. Il a su imposer un style fait de rigueur et d'indépendance d'esprit dans un pays où la généralisation de l'information-spectacle fait quelquefois ressembler les journaux télévisés à des shows de variétés. Depuis un an, Dan Rather est la cible privilégiée des groupes de pression ultra-conservateurs qui lui reprochent d'être systématiquement critique vis-à-vis de la politique de M. Reagan.

diffusé en clair: *broadcast unscrambled*
esprit: *mind*
la cible: *target*

Lisez les questions *Après avoir lu,* puis lisez l'article aussi vite que possible. Ne cherchez aucun mot dans le dictionnaire, mais essayez de comprendre le sens général de l'article. Ensuite, répondez aux questions *Après avoir lu* en anglais ou en français.

APRES AVOIR LU

1. Quel est le projet dont on parle? _____

2. Quelle sorte de chaîne de télévision est Canal Plus? _____

3. Comment va-t-on réaliser ce projet? _____

4. Selon cet article, en quoi Dan Rather est-il important? _____

5. Vous en savez probablement beaucoup au sujet de la télévision. En faisant appel à vos connaissances générales, à votre vocabulaire anglais et au contexte de l'article, donnez les significations (en français ou en anglais) des mots suivants:

   Paragraphe 1: téléspectateurs _____

   émission d'information _____

   animé _____

   chaîne _____

   Paragraphe 2: transmis _____

   chaîne payante _____

   sous-titré _____

   Paragraphe 3: information-spectacle _____

   groupes de pression ultra-conservateurs _____

   _____

A DISCUTER

1. Dans cet article, on compare les journaux télévisés américains aux spectacles de variétés. A votre avis, qu'est-ce qui justifie cette opinion?

2. Etes-vous d'accord avec l'article lorsqu'il dit que le « CBS Evening News » est « la plus célèbre émission d'information de la télévision américaine »?

3. Pour vous maintenir au courant de l'actualité, préférez-vous regarder le journal télévisé, lire le journal ou écouter la radio? Quel journal ou quelle émission? Pourquoi?

A CREER

Imaginez un événement qui intéresserait le public français (par exemple, l'arrivée d'un nouveau film américain qui critique la société française, un grand vol de 10 millions de francs en plein jour à Paris, l'annonce d'une exposition sur l'histoire de la voiture). Ecrivez vos nouvelles sous forme d'article de journal en répondant à ces questions: Qui? Quoi? Quand? Où? Comment? Pourquoi?

STRATEGIE A DEVELOPPER

Comment lire un article de journal Normalement, on lit un article de journal pour apprendre ce qui s'est passé — les faits. Comme vous le savez, on trouve typiquement les faits principaux au début de l'article, suivis des explications et des élaborations. En lisant le début de l'article « La recrudescence... », ne cherchez que les faits: qui, quoi, quand, où, comment, pourquoi.

AVANT DE LIRE

Voici un article tiré du *Monde*. Pour répondre aux questions, il n'est pas nécessaire de connaître tous les mots utilisés dans l'article.

Dans le contexte des années 80, quel autre terme pourrait remplacer le mot *banditisme*?

_____

Que savez-vous déjà au sujet du banditisme? Dressez une courte liste de sujets ou d'attitudes que vous pourriez trouver dans cet article.

_____

_____

_____

Belgique

La recrudescence des attentats et actes de banditisme traumatise la population

De notre correspondant

Bruxelles. — Un hold-up meurtrier et trois attentats terroristes en un seul jour ! La Belgique a connu, le lundi 4 novembre, un rare déferlement de violence.

A Bruxelles, un peu avant 3 heures du matin, une fourgonnette piégée explosait devant le siège de la banque Lambert. Si les terroristes avaient averti de leur action par un message pré-enregistré, ils n'ont pas hésité à faire feu sur une voiture de gardiennage, blessant légèrement son conducteur.

A 9 heures, un fourgon postal blindé était attaqué à Verviers, au plastic, par trois malfaiteurs. Deux policiers tués. Moins de trois heures plus tard, à Charleroi, le siège d'une autre banque, la Société générale de Belgique, était endommagé par l'explosion d'une bombe. Les terroristes, contrairement à ceux de Bruxelles, revendiquaient cet attentat au nom des Cellules communistes combattantes (CCC), qui signaient ainsi leur vingtième action en treize mois. Enfin, vers 23 heures, une bombe explosait à nouveau devant le siège d'une autre banque de Charleroi, la Hanover Bank, faisant encore une fois d'importants dégâts matériels.

Il faut manier les statistiques avec une extrême circonspection : Bruxelles n'est ni New-York ni même Paris. Mais la multiplication des actes de violence depuis quelques mois et leur caractère sanglant engendrent le sentiment que rien ni personne ne peut les endiguer. C'est un traumatisme pour une population accoutumée à vivre dans un pays qui était considéré comme une « _oasis sereine au milieu d'un monde troublé_ ».

Car tout est nouveau. Le banditisme d'abord. Qui sont ces « tueurs fous » qui ont commis vingt meurtres en trois ans ? Des truands « classiques » ? Sûrement pas. Dans le milieu, on ne tue pas pour quelques milliers de francs. Le vendredi 28 septembre, neuf personnes ont ainsi été massacrées devant deux supermarchés de la banlieue bruxelloise, pour emporter un butin de l'ordre de 40 000 FF. Gardiens de la paix, concierges, patrons de restaurants, passants, clients, femmes, enfants.. Pas de quartier.

Des fous, alors ? Sûrement. Mais des fous organisés, qui ont minutieusement orchestré leur carnage. Les enquêteurs ont été frappés par la précision des tirs. Pour le moment, toutes les enquêtes piétinent. Des suspects ont certes été appréhendés et relâchés par la suite.

Complot ?

D'où une hypothèse qui n'est encore étayée d'aucune preuve : ces tueurs fous seraient en fait les instruments téléguidés d'un complot — d'extrême gauche ou d'extrême droite — visant à déstabiliser le pays.

Un tiers des hold-up commis en Belgique (et la même proportion vaut pour la France, nous révélait un responsable de la brigade anti-terroriste) servirait à alimenter les caisses des terroristes de tout bord.

CCC, ce sigle est apparu pour la première fois il y a un peu plus d'un an. Le 2 octobre 1984, une explosion secouait le siège d'une société d'électronique associée à certains programmes militaires. Successivement furent ensuite visés trois firmes travaillant pour l'OTAN, deux partis politiques de droite, de nouveau des installations de l'organisation atlantique, puis les firmes AEG et Telefunken.

Le 1ᵉʳ mai, devant le siège du patronat belge, l'explosion tue deux pompiers qui n'avaient pas été avertis de la présence d'une camionnette piégée. Autres cibles : la gendarmerie, des sociétés métallurgiques, une compagnie de distribution de gaz. Lundi, enfin, les terroristes ont frappé les deux principales banques du pays.

Les CCC, qui ont des liens évidents avec les Français d'Action directe, agissent toujours selon le même scénario. Quelques minutes avant l'explosion, un message enregistré est diffusé par haut-parleur, de l'intérieur de la voiture piégée, avertissant de l'imminence de l'explosion. Signature : des tracts frappés d'une étoile rouge, le sigle CCC, et l'explication du pourquoi de l'attentat.

Ces « précautions » sont-elles encore de mise ? Lundi, pour la première fois, les terroristes ont ouvert le feu, et sans hésitation, sur la voiture de la compagnie de gardiennage de la banque Lambert. A Charleroi, au siège de la Société générale, ils ont agi avec une audace et un sang froid surprenants. En plein jour, ils sont allés déposer à l'intérieur de la banque une valise piégée et quelques tracts avertissant : « _L'explosion aura lieu dans trente minutes._ »

Pourquoi maintenant ? Plusieurs facteurs pouvaient laisser craindre que la Belgique ne devienne le champ clos du terrorisme européen : sa situation sur le continent, la perméabilité de ses frontières — où donc Maigret allait-il chercher ses bandits en cavale, sinon dans le Paris-Bruxelles ? — l'éclatement de son unité, mais aussi son caractère profondément démocratique.

Le drame du Heysel — 38 morts lors de la finale de la Coupe du monde de football — a montré le manque de coordination des différentes forces de maintien de l'ordre. Depuis, un effort a été accompli pour tenter de remédier à cette carence, et le gouvernement en formation s'engagera certainement à le poursuivre. En attendant, chacun se demande où et quand se produiront les prochains attentats.

JOSÉ-ALAIN FRALON.

Les trois premiers paragraphes de l'article sont repris ci-après avec un exercice créé pour vous aider à comprendre le texte. Lisez ces paragraphes en vous reportant à ces questions, puis relisez-les en cherchant les faits. Pour répondre aux questions _Après avoir lu,_ vous n'aurez besoin que des renseignements trouvés dans ces trois paragraphes.

Exercice

Répondez aux questions pour comprendre ces mots essentiels.

1. La **recrudescence** indique _____ plus ou _____ moins? (titre)

2. Quel est le rapport entre **piégée** et **explosait**? _____
   _____ (lignes 3 et 4)

3. Comment avaient-ils **averti** de leur action? _____
   _____ (ligne 5)

   Donc, que veut dire « **avertir** »? _____

4. Dans le contexte, que veut dire « **faire feu** »? _____
   _____ (lignes 5 et 6)

5. Un **fourgon** est la même chose qu'une _____.
   (ligne 7)

6. L'arme d'attaque était _____.
   (ligne 7)

7. Un **malfaiteur** est quelqu'un qui _____.
   (ligne 8)

8. « **Endommagé** » veut dire d__m__ged en anglais. (ligne 10)

9. Qui sont « **ceux** »? _____ (ligne 11)

10. « **Revendiquaient** » veut dire _____ attribuaient
    ou _____ vendaient? (ligne 11)

Belgique

La recrudescence des attentats et actes de banditisme traumatise la population

DE NOTRE CORRESPONDANT

Bruxelles. — Un hold-up meurtrier et trois attentats° terroristes en un seul jour! La Belgique a connu, le lundi 4 novembre, un rare déferlement° de violence.

A Bruxelles, un peu avant 3 heures du matin, une fourgonnette° **piégée explosait** devant le siège° de la banque Lambert. Si° les terroristes avaient **averti** de leur
5   action par un message pré-enregistré, ils n'ont pas hésité à **faire feu** sur une voiture de gardiennage,° blessant légèrement son conducteur.

A 9 heures, un **fourgon** postal blindé° était attaqué à Verviers, au **plastic,** par trois **malfaiteurs.** Deux policiers tués. Moins de trois heures plus tard, à Charleroi, le siège d'une autre banque, la Société générale de Belgique, était **endommagé**
10   par l'explosion d'une bombe. Les terroristes, contrairement à **ceux** de Bruxelles, **revendiquaient** cet attentat au nom des Cellules communistes combattantes (CCC), qui signaient ainsi leur vingtième action en treize mois. Enfin, vers 23 heures, une bombe explosait à nouveau devant le siège d'une autre banque de Charleroi, la Hanover Bank, faisant encore une fois d'importants dégâts° matériels.

° attentats: agressions, complots	° siège: centre administratif d'une société	° dégâts: dommages résultant d'une cause
° déferlement: *wave*	° si: *although*	violente
° fourgonnette: petite camionnette (véhi-	° gardiennage: surveillance	
cule couvert pour les transports)	° blindé: armé	

APRES AVOIR LU   1. Quels sont les faits? Complétez le tableau ci-dessous à l'aide des renseignements fournis dans les trois premiers paragraphes.

A QUELLE DATE?	A QUELLE HEURE?	OU?	QUELLE ACTION?	AVEC QUEL RESULTAT?
le 4 novembre		à Bruxelles		
			un fourgon postal attaqué	
				une banque endommagée
	23 h.			

2. Que veut dire le sigle « CCC »? Pourquoi est-ce important?

A DISCUTER   1. Qu'est-ce que les quatre attentats ont en commun? Comment sont-ils différents l'un de l'autre?
2. Quelle est la fonction du premier paragraphe?
3. Dans les articles, on trouve souvent autre chose que les faits. Que pensez-vous de l'introduction du sensationnel?

A CREER   Ecrivez un article de journal en relatant les faits d'un événement réel ou imaginaire. Comment allez-vous intéresser vos lecteurs?

Club Dial

En lisant un journal ou un magazine, on trouve toujours de la publicité. Voici une réclame pour un club de disques et de cassettes, le « Club Dial » de Wissous, une banlieue située au sud de Paris, près de l'aéroport d'Orly. Vous avez probablement lu la même sorte de publicité en anglais ou vous appartenez peut-être à un club de cette sorte. Pouvez-vous comprendre cette réclame?

STRATEGIE A DEVELOPPER   **Prédire selon le genre du texte**   Selon ses expériences et selon le texte, on peut prédire le contenu d'un texte avant de le lire. Ainsi, si vous connaissez les publicités des clubs de livres ou de disques, vous vous attendez à y trouver certains faits et certaines offres. Les exercices suivants vous aideront à comprendre la publicité du Club Dial en sachant tout simplement ce qu'on trouve normalement dans ce genre de publicité.

AVANT DE LIRE Que trouve-t-on, en général, dans la publicité des clubs de livres, de disques (ou de cassettes) et de périodiques? Voici quelques possibilités; pouvez-vous en trouver d'autres?

1. l'adresse de la compagnie
2. les règles d'adhésion au club
3. le prix
4. le choix de disques, de livres ou de périodiques
5. un moyen d'indiquer les objets que vous choisissez
6. une offre spéciale pour les nouveaux clients
7. des recommandations d'autres clients
8. des offres de cadeaux si vous faites quelque chose de spécial
9. comment passer commande en tant que membre du club
10. comment indiquer si vous préférez les disques ou les cassettes
11. un formulaire à remplir
12. la possibilité d'indiquer le genre de musique que vous préférez

EN LISANT

1. Recherchez dans la publicité du Club Dial les types de renseignements énumérés dans la section *Avant de lire*. Marquez-les du numéro qui les identifie sur cette liste de renseignements. A titre de modèle, nous avons déjà inscrit le numéro 1 dans le texte. ATTENTION! Il est possible que certains de ces renseignements ne se trouvent pas dans cette annonce.

2. Il est probable que vous ne connaissez pas l'expression « Bon d'Adhésion d'Essai » qui se trouve dans cette annonce. Mais vous pouvez la comprendre en répondant aux questions suivantes:

   Faut-il envoyer de l'argent? _____

   Que faut-il écrire sur ce formulaire? _____

   Le mot *essai* appartient à la même famille que _____.

   Alors, un « bon d'adhésion d'essai » c'est _____.

APRES AVOIR LU

1. Après avoir pris connaissance d'un texte, il est souvent nécessaire d'en dégager les détails importants. Utilisez les indications que vous avez déjà relevées en lisant pour répondre à ces questions plus détaillées.

   a. Quels sont les cadeaux qu'on peut recevoir? _____

   b. Que faut-il faire pour recevoir des cadeaux? _____

   c. Combien coûtent les cinq premiers disques ou cassettes? _____

   d. Comment sélectionner disques ou cassettes? _____

   e. Selon votre expérience et le contexte de la réclame, que veulent dire ces mots en anglais?

      coller _____

      un timbre _____

      un bon _____

      frais d'envoi _____

   f. Si vous adhérez à ce club, que devez-vous acheter? _____

      Quand? _____

2. Dans une annonce, on essaie (1) d'attirer l'attention du lecteur et (2) de persuader le lecteur d'acheter quelque chose. Dans cette annonce, trouvez deux exemples de chaque technique:

   a. Pour attirer l'attention:

   _____

   _____

   b. Pour persuader ou convaincre:

   _____

   _____

3. La répétition est une technique importante de la publicité. Identifiez deux exemples de répétition dans ce texte:

   _____

   _____

A DISCUTER

1. Cette sorte de publicité est-elle efficace? Qu'est-ce qui est attirant? Convaincant? Qu'est-ce que vous n'aimez pas? Renverriez-vous ce bon d'adhésion? Pourquoi ou pourquoi pas?
2. Que pensez-vous de ce genre de club? Adhérez-vous déjà à un club de disques? A un club de livres?

A CREER

1. Ecrivez une publicité pour un club ou pour un autre service. Comment allez-vous attirer le public? Comment allez-vous persuader le lecteur de la nécessité du produit que vous vendez?
2. Dans un dialogue, essayez de persuader un(e) camarade de classe d'adhérer au Club Dial. Quels en sont les avantages? Que peut-il (elle) recevoir?

Interlude

2

Read with a purpose.
Infer word meanings by using prefixes, suffixes, and word families.
Infer word meanings by analyzing compound words.
Analyze text structure: chronological.
Work with the *En lisant* exercises.

READ WITH A PURPOSE

Most of the time, people have a purpose in reading: What will the weather be like tomorrow? Who won the Yankees–Red Sox game? What is the outcome of the recent international summit? Why did the villain commit three bizarre murders? The reader's purpose (*le but du lecteur*) directs his or her reading to focus on only what is necessary for comprehension.

Purpose naturally directs real-life reading, but it's too often missing in classroom reading, where you can only rarely choose the texts you have to read. So how can you still get the most out of the reading you do for class? It's simple: Find a realistic reason to read every text, a reason beyond the assignment.

Exercise H   Decide on a realistic purpose for reading each of these types of texts and publications.

1. un article de journal: _____

2. de la publicité: _____

3. *Le Père Goriot,* par Balzac: _____

4. une critique de film: _____

5. l'autobiographie de Fred Astaire: _____

INFER WORD MEANINGS BY USING PREFIXES

Prefixes (*préfixes*) attached to root words work in French much as they do in English. Here is a list of common prefixes in French and English, together with their meanings and examples of their use; while reading, you can refer to it to check how prefix meanings might affect the root word. For example, *correspondant* consists of *cor- / respond / -ant:* one who responds (answers, talks, communicates) to or with someone else. Note that the spelling of a prefix sometimes depends on the letter that follows it.

25

PREFIX	MEANING	FRENCH	ENGLISH
a-, an-	not, without	anonyme	anonymous
ab-	away from	abduction	abduction
ad-, ap-, ac-	toward, to	adhérence	adherence
ana-	1. again	anabaptiste	Anabaptist
	2. back, backward	anachronisme	anachronism
cata-	down	catastrophe	catastrophe
circon-, circum-	around	circonflexe	circumflex
co-, col-, com-, con-, cor	with	collaborateur	collaborator
dé-	1. reduce	dévalué	devalued
	2. remove	décapiter	decapitate
dé-, dis-	separated from	débourser	disburse
di-	double	dissyllabe	disyllabic
di(a)-	1. separate, distinct	diacritique	diacritical
	2. through	diagonal	diagonal
ex-	1. out	exporter	export
	2. former	ex-mari	ex-husband
extra-	1. outside, beyond	extraordinaire	extraordinary
	2. extremely	extra-fin	extra-fine
il-, im-, in-, ir-	1. in	infiltrer	infiltrate
	2. deprived of	illettré	illiterate
méta-	1. later, in succession	métaphysique	metaphysical
	2. change, transformation	métabolisme	metabolism
ob-	inversely, in the way	objecter	object
par-, para-	1. against, faulty	paradoxe	paradox
	2. related, resembling	paraphrase	paraphrase
per-	through	perforer	perforate
post-	after	postnatal	postnatal
pré-	before, in advance, in front	préposition	preposition
pro-	1. forward	prolonger	prolong
	2. in favor of	procommuniste	procommunist
ré-, r-	1. again	réexaminer	reexamine
	2. back, backward	rappeler	recall
sub-; sup-	under	subordonné	subordinate
super-, supra-	over, above	superstructure	superstructure
sym-, syl-, syn-, sy-	with, together	symétrie	symmetry
trans-	1. beyond	transatlantique	transatlantic
	2. through	transparent	transparent

Exercise I Circle the prefixes in the words and complete the chart.

	MEANING OF ROOT	LITERAL MEANING OF WORD
MODEL: (circon)locution	phrase, speech	speaking around
1. adjoindre	_____	_____
2. dissentiment	_____	_____
3. extra-territorialité	_____	_____
4. parasol	_____	_____
5. postdater	_____	_____

6. synthèse   _____   _____

7. transpercer   _____   _____

Exercise J   Use the prefixes to give the literal meanings of these words, all of which have *porter* ("to carry") as their root. Note whether the words are nouns, verbs, or adjectives.

	MEANING	PART OF SPEECH
1. apporter	_____	_____
2. déportation	_____	_____
3. exporter	_____	_____
4. important	_____	_____
5. remporter	_____	_____
6. transporté	_____	_____

INFER WORD MEANINGS BY USING SUFFIXES

Like prefixes, many French and English suffixes (*suffixes*) are comparable. Here are a few examples:

-aire/-ary, -ar	*-ie*/-y	*-iste*/-ist	*-ois*/-ish, -ese
-ance/-ence	*-ien*/-ian	*-ment*/-ly, -ment	*-té*/-ty
-ant/-ing	*-ique*/-ic, -ical		*-tion*/-tion
-eux(se)/-ous	*-isme*/ism		

Usually, suffixes serve to indicate the grammatical categories of words: nouns (harmon*ie*, harmon*iste*), adjectives (harmon*ieux*, harmon*ique*), adverbs (harmon-ieuse*ment*), verbs (harmon*iser*). Some suffixes, however, like prefixes, convey meaning. Here are a few such suffixes with examples:

-aine	used with numbers: about	*une vingtaine, une trentaine, une centaine*
-âtre	used with colors: about, -ish	*rougeâtre, verdâtre, blanchâtre*
et, -ette	used with nouns: little	*une fillette, une miette, un pauvret*
-ir	used with adjectives: to make, become	*vieillir, jaunir, pâlir*

Exercise K   Circle the suffixes as you give the English meaning and indicate the grammatical function of each of these words.

	MEANING	NOUN	ADJECTIVE	ADVERB	VERB
MODEL: brunir	to make or turn brown	_____	_____	_____	×
1. beauté	_____	_____	_____	_____	_____
2. calmement	_____	_____	_____	_____	_____
3. compagnie	_____	_____	_____	_____	_____
4. élitisme	_____	_____	_____	_____	_____
5. élitiste	_____	_____	_____	_____	_____

6. jaunir   _____   _____   _____   _____   _____

7. paresseuse   _____   _____   _____   _____   _____

8. verdâtre   _____   _____   _____   _____   _____

INFER WORD MEANINGS BY USING WORD FAMILIES

Once you learn to see the root words and recognize related words (*familles de mots*), your vocabulary will expand remarkably quickly. As you saw in *Interlude 1,* recognizing cognates will help you. Look at these examples:

FRENCH			ENGLISH		
VERBE	NOM	ADJECTIF	VERB	NOUN	ADJECTIVE
décrire	description	descriptif	describe	description	descriptive
conduire	conducteur	conductible	conduct	conductor	conductible
rafraîchir	fraîcheur	frais	refresh	freshness	fresh

Exercise L Group these words into appropriate families and grammatical categories by filling in the chart as completely as possible. Check suffixes and word formation rules.

concourant	mécanicienne	mécanique
méchante	conquête	méchanceté
sentir	concours	concourir √
sens √	sensiblement	conquérir
mécaniquement	sensé	mécaniser
conquérant √	méchamment √	

NOM	ADJECTIF	ADVERBE	VERBE
	conquérant		
sens			
		méchamment	
			concourir

INFER WORD MEANINGS BY ANALYZING COMPOUND WORDS

Some apparently unfamiliar words prove to be compound words (*mots composés*), made up of two smaller words. Although the combination of root word meanings is often not exactly the standard meaning of a compound word, recognizing roots can frequently give you a good idea of the meaning of the word in context.

Exercise M First give the literal meaning of the parts of these compound words and then the true meaning. Check a dictionary for the usual meaning, if necessary. How do the two meanings relate to each other?

	LITERAL MEANING	TRUE MEANING
MODEL: le porte-monnaie	carry money	wallet
1. une arrière-pensée	_____	_____

2. le bien-être   _____   _____

3. le bienvenu   _____   _____

4. contredire   _____   _____

5. le malentendu   _____   _____

6. le pourboire   _____   _____

7. sauvegarder   _____   _____

8. souterrain   _____   _____

9. la station-service   _____   _____

10. surimposé   _____   _____

ANALYZE TEXT STRUCTURE: CHRONOLOGICAL

When you recognize in a reading one or more of the common patterns of logical organization, you can predict the direction of the text on the basis of these patterns:

sequence of events
descriptions
comparisons and/or contrasts
arguments and counterarguments

general statements supported by examples
main ideas and supporting details
cause-and-effect relationships

Many stories and tales are told chronologically, as events take place. Chronological organization (*l'organisation chronologique*) is often easy to follow, as it presents events in order and marks them with appropriate adverbs of time (see Exercise N for a list).

Exercise N   Sort the following adverbs of time according to the way they are used (check meanings in the *Lexique,* if necessary).

toujours √   prochainement   longtemps   d'abord   ensuite
enfin   avant   premièrement   bientôt   déjà
plus tard   après   puis   tout à l'heure   précédemment

TO BEGIN OR INTRODUCE	TO CONTINUE	TO RELATE ACTIONS	TO END
	toujours		

WORKING WITH THE *EN LISANT* EXERCISES

As was explained in your introduction (pp. xiv–xvi), many texts in *Lire avec plaisir* (beginning in Chapter 2) are accompanied by marginal *En lisant* exercises to help you understand as you read and to encourage efficient reading strategies such as inferring word meanings, following text structure, and predicting future text directions. The following explanations show how the *En lisant* marginal exercises work. NOTES: (1) The abbreviation list inside the back cover can be used as a quick reference as you read. (2) Each question or clue is numbered to match the appropriate word or phrase in the text.

En Lisant Abbreviations

= Equivalent. What does the boldfaced word or phrase mean? Choose the likely meaning from choices given, or write it out in French or English.

Ex.: Quand l'enfant s'est blessé, il **s'est mis à**[2] pleurer.

[2] = ___X___ a commencé à / _____ s'est arrêté de

NOTE: A slash (/) separates choices.

Angl. *En anglais;* give the English meaning of the word.

Contexte Use the context to discover the meaning of the boldfaced word or phrase and write its meanings in English or French.

Forme Break the boldfaced word into root word plus prefix and/or suffix to derive the meaning.

Ex: **inquiet**[7]

[7] Forme: ___in___ (négatif) + *quiet;*
= *upset, afraid*

Imaginez Considering what you have already learned from your reading, imagine and describe briefly what might happen next.

Inf. *Infinitif*

Même fam. *Même famille;* give another word from the same family. The related word will probably help you infer the meaning of the boldfaced word.

Ex.: **bibliothécaire**[17]

[17] Même fam.: *bibliothèque*

Mot ap. *Mot apparenté* (cognate); give the English cognate. Sometimes spelling hints will be given:

Ex.: **affliger**[5]

[5] Mot ap. (g = ct): *afflict*

Par ex. *Par exemple;* find in the reading an example of what the boldfaced word or phrase summarizes.

Ex.: Elle a eu beaucoup de **difficultés:**[29] sa mère est morte, elle a perdu son travail,...

[29] Par ex.: *Elle a perdu son travail.*

Qui?/quoi? Decide to whom or to what the boldfaced pronoun refers.

Ex.: Quand le comte a vu la Princesse, il **lui**[12] a jeté un regard amoureux.

[12] A qui? *à la Princesse*

Résumé Give or complete a summary of the paragraph or lines indicated.

Synt. norm. *Syntaxe normale;* this alerts you to unusual or irregular word order; rewrite the phrase in standard word order.

Ex.: **Pourquoi que tu dis ça?**[30]

[30] Synt. norm.: *Pourquoi est-ce que tu dis ça?*

Chapitre 2

LES DISTRACTIONS

L'Officiel des spectacles

Comment se distraire à Paris? Les films, le théâtre, la musique, les arts? Achetez le *Pariscope* ou *L'Officiel des spectacles.* Ce sont des guides hebdomadaires de renseignements au sujet des divertissements de la semaine.

SOMMAIRE

Les informations que nous publions nous sont communiquées par les organisateurs sous réserve de changements de dernière minute.

Tirage moyen du 2e trimestre 1990 : 231 285 exemplaires
La plupart de nos rubriques figurent également sur Minitel : 36.15, code : OFFI

 2273 - 45e année

L'OFFICIEL DES SPECTACLES. — Cette semaine : 1. rue de Berri, angle 100, Champs-Elysées, 75008 Paris. Téléphone : Rédaction : 45.62.70.64. Publicité, abonnements : 42.25.57.84. Editeur et directeur de la publication : Jean-Philippe Richemond. Composition-Montage-Photogravure : M.I.P. (19e). Imprimé par « Les Presses de Paris », Paris 19e (intérieur) et Imprimerie Lescure-Theol (couverture). Abonnement (payable d'avance), 1 an : 300 F. Etranger : 480 F.

AVANT DE LIRE   Pour bien comprendre les guides de Paris, vous devez savoir qu'on a divisé Paris en 20 arrondissements (districts administratifs). Pour savoir où se trouve une adresse, vous devez seulement savoir dans quel arrondissement elle se trouve. De plus, certains arrondissements ont un caractère unique. Par exemple, le 5e et le 6e arrondissements s'appellent le « Quartier latin » parce que la Sorbonne, une grande université, y est située. Le 8e et le 16e arrondissements, où se trouvent les Champs-Elysées, l'Arc de Triomphe et l'Opéra, ont une réputation d'élégance. Pour bien suivre les références aux arrondissements, regardez le plan de Paris dans l'Appendice 4.

Passez à la page « Sommaire », page 32, pour une vue générale des possibilités de la semaine.

Exercice

Imaginez que vous vous trouvez à Paris dans les situations suivantes. A quelle page de *L'Officiel des spectacles* trouverez-vous les renseignements nécessaires? Référez-vous à la page « Sommaire ».

PAGE

MODELE: Vous êtes dans un hôtel du 5e arrondissement. Vous voulez trouver un cinéma près de votre hôtel.   <u>68</u>

1. Vous adorez le jazz.   _____

2. Vous cherchez un musée d'art moderne.   _____

3. Vous avez l'intention d'aller danser dans une discothèque jusqu'à 2 ou 3 heures du matin. Où pourriez-vous aller?   _____

   Et si vous aviez faim après?   _____

4. Vous adorez les sports.   _____

5. Vous voudriez savoir le prix d'entrée à l'exposition Toulouse-Lautrec.   _____

6. Vous cherchez le nouveau film de Spielberg.   _____

Les films _____

Ci-dessous se trouve le début d'une liste de films qui passent à Paris au cours d'une semaine. Utilisez vos connaissances cinématographiques et les renseignements fournis dans la liste de films pour faire les exercices qui suivent.

EN LISANT   1. Peut-on trouver ces renseignements dans cette liste? Si oui, donnez-en un exemple.

RENSEIGNEMENT	NON	OUI	EXEMPLE
MODELE: le genre*	_____	×	*L'Amour* — comédie dramatique
a. les acteurs	_____	_____	_____
b. l'intrigue*	_____	_____	_____
c. l'année d'un film	_____	_____	_____
d. le pays d'origine	_____	_____	_____
e. le prix	_____	_____	_____
f. les heures des films	_____	_____	_____

g. les cinémas où se
   jouent les films

   _____   _____

h. si votre cousin de
   10 ans peut voir
   le film

   _____   _____

films en 1re exclusivité

EXPLICATION DES SIGNES — GENRE DES FILMS

○ Interdits aux moins de 18 ans
□ Interdits aux moins de 16 ans
△ Interdits aux moins de 12 ans
◆ Recommandés aux très jeunes
(vo) : version originale
(va) : version anglaise

A Aventure	
B Biographie	
C Comédie	
D Drame	
E Epouvante Horreur	**M** Film musical
F Fantastique Science-Fiction	**O** Comédie dramatique
G Guerre	**P** Policier Espionnage
H Historique	**S** Erotisme
J Dessin animé Vie animaux	**W** Western
K Karate	**X** Divers

● Cette rubrique mentionne les films projetés à Paris, à l'exclusion des programmes présentés dans la périphérie. Ces derniers figurent sous les noms des salles des départements 77, 78, 91, 92, 93, 94, 95 (pages 87 à 95).

P △ **AFFAIRES PRIVEES (Internal affairs).** — Amér., coul. (90). Policier, de Mike Figgis : Un policier de la division des Affaires Internes de Los Angeles enquête sur un super flic de terrain qui joue les « parrains » avec ses adjoints et les consolateurs avec leurs épouses. Avec Richard Gere, Andy Garcia, Nancy Travis, Laurie Metcalf, Richard Bradford, William Baldwin, Michael Beach, Faye Grant, Katherine Borowitz, John Kapelos. **UGC Ermitage 8e** (vo).

O **ALEXANDRIE ENCORE ET TOUJOURS (Eskenderya kaman we kamen).** — Franco-égyptien, coul. (90). Comédie dramatique, de Youssef Chahine : Dans l'Egypte menée par le pétro-dollar et en pleine crise du spectacle, un cinéaste se remet en question après sa brutale rupture avec l'un de ses interprètes. Avec Yousra, Youssef Chahine, Hussein Fahmy, Amr Abdel Guelil, Tahia Carioca, Hoda Sultan. **Max Linder Panorama 9e** (vo).

C **ALLO MAMAN, ICI BEBE ((Look who's talking).** — Amér., coul. (89). Comédie, de Amy Heckerling : Un bébé qui parle. C'est inouï ! Mais que dire d'un bébé qui donne son opinion sur les événements et sur ceux qui l'entourent... Avec John Travolta, Kirstie Alley, Olympia Dukakis, George Segal, Abe Vigoda, Twink Caplan, Jason Schaller, et les voix de Bruce Willis, (vo) ou Daniel Auteuil, (vf). **UGC Ermitage 8e** (vo), **Hollywood 9e**, **UGC Gobelins 13e**.

F **ALWAYS (Pour toujours).** — Amér., coul. (90). Aventure fantastique, de Steven Spielberg : Où il est démontré que, même quand on est un pur esprit, il n'est pas facile de renoncer à ses amours terrestres ! Remake de « Un nommé Joe » de Victor Fleming (1944). Avec Richard Dreyfuss, Holly Hunter, Brad Johnson, John Goodman, Audrey Hepburn, Robert Blossom, Keith David, Ed Van Huys, Marg Helgenberger. **Miramar 14e.**

O **AMOUR (L').** — Franç., coul. (89). Comédie dramatique, de Philippe Faucon : Au-delà de l'image sublimée de « l'Amour », pour une bande d'adolescents de la proche banlieue parisienne, les rencontres, les aventures, le malaise d'un âge réputé difficile à vivre. Avec Laurence Kertekian, Julie Japhet, Nicolas Porte, Mathieu Bauer, Sylvain Cartigny, Guillaume Briat, Cédric Dumond, Emmanuel Mauro. **Forum Horizon 1er**, **Pathé Hautefeuille 6e**, **Pathé Marignan 8e**, **Pathé Français 9e**, **7 Parnassiens 14e**, **Gaumont Convention 15e**.

D **ANNA KARENINE, de Clarence Brown.** — Amér., noir et blanc. (35). Drame, de Clarence Brown : Une femme mariée s'éprend d'un séduisant comte russe. D'après le roman de Léon Tolstoï. Avec Greta Garbo, Fredric March, Basil Rathbone. **Action Christine 6e** (vo).

D **APARAJITO (L'invaincu - Apu 2).** — Indien, noir et blanc. (57). Drame, de Satyajit Ray : En 1931, à la mort de son père, Apu, le fils d'un prêtre obtient une bourse pour aller étudier à Calcutta. 2e volet de la Trilogie d'Apu. D'après le roman de Bibhuti Bannerji. Avec Ainaki Sengupta, Karuna Banerjee, Samaran Ghosal, Ramani Sen Gupta. **Panthéon 5e** (vo).

O **APARTMENT ZERO.** — Argentin, coul. (88). Comédie dramatique, de Martin Donovan : Indifférents aux troubles qui bouleversent Buenos-Aires, les habitants d'un immeuble observent les occupants de l'appartement zéro, que tout semble opposer et que lie cependant une amitié ambigue. Avec Colin Firth, Hart Bochner, Dora Bryan, Liz Smith, Fabrizio Bentivoglio, James Telfer, Mirella D'Angelo. **Epée de Bois 5e** (vo), **7 Parnassiens 14e** (vo).

O **ARDENTE GITANE (L') (Hot blood).** — Amér., coul., scope. (55). Comédie dramatique, de Nicholas Ray : Se sachant proche de la mort, le chef d'une tribu gitane choisit son jeune frère pour lui succéder. Afin de respecter la tradition, celui-ci est contraint d'épouser une fille de sa race. Avec Jane Russell, Cornel Wilde, Luther Adler, Joseph Calleia. **Action Christine 6e** (vo).

programmes des cinémas

○ **Films interdits aux moins de 18 ans.**
□ **Films interdits aux moins de 16 ans.**
△ **Films interdits aux moins de 12 ans.**
◆ **Recommandés aux très jeunes.**
(H) Salles accessibles aux handicapés physiques.
Les numéros attribués aux salles multiples ne constituent qu'un repère pour la lecture des programmes, mais ne correspondent pas nécessairement à l'ordre donné à ceux-ci par les exploitants.
DESIGNATION DES CARTES EN USAGE :
CB : Carte bleue Visa acceptée.

CP : Carte Pathé (300 F - 10 entrées)
Possibilité de réservation.

C UGC : Cartes UGC « Privilège » I et II
(112 F - 4 entrées) ou 168 F (2 personnes - 6 entrées). Rens. : 47 47 12 34.

TR : Tarif réduit appliqué aux catégories indiquées, sauf le vendredi soir, samedi, dimanche, fêtes et veilles de fêtes.

CF : Carte fidélité de la salle.

CV : Carte Vermeil.

FN : Familles nombreuses.

Gaumont Alésia
VF 35 mm dolby stéréo SR

RETOUR VERS LE FUTUR 3 4e PARTIE

SEANCES : 14 H 05 - 16 H 40 - 19 H 20 - 21 H 55
film 25 mn après

3615 **Gaumont** LE MINITEL DU CINÉMA

14e | **alésia montparnasse**

MIRAMAR, 3, rue du Départ, 43 20 89 52. M° Montparnasse. (H). Pl. 40 et 39 F. TR 30 F : lun. + étud., CV, mil. — 18 ans, et cte jeunes.
1) *GRANDE SALLE Séances : 13h35, 15h45, 18h, 20h10, 22h15. Film 20 mn après. Sam. séance suppl à 0h10 :*
DELIT D'INNOCENCE (Dolby stéréo)

2) *Séances : 13h15, 15h30, 17h40, 19h50, 22h. Film 10 mn après. Sam. séance suppl à 0h10 :*
ALWAYS (Dolby stéréo)

3) *Séances : 13h25, 15h35, 17h50, 20h, 22h10. Film 15 mn après. Sam. séance suppl à 0h15 :*
NIKITA (Dolby stéréo)

2. Imaginons que vous désirez voir le film « Always ». Comment savoir l'heure du film, les prix, etc.? Passez à la section « Cinémas ». Lisez l'annonce du cinéma Miramar pour trouver les renseignements suivants.

a. Combien de salles y a-t-il? _____

b. Combien de films y joue-t-on? _____

c. Peut-on appeler ce cinéma par téléphone? _____

d. Si on est handicapé, peut-on y entrer sans obstacle? _____

e. Où se trouve ce cinéma? _____

f. A quel arrêt de métro faut-il descendre? _____

g. Quel est le prix normal? _____

h. Quel est le prix pour les étudiants? _____

i. « Séance », c'est _____ l'heure où l'on joue le film / _____ l'heure où l'on ouvre les portes.

Le théâtre

STRATEGIE A DEVELOPPER

On a des buts différents en lisant des textes différents: par exemple, on lit le journal pour avoir des nouvelles, on lit la rubrique « Météorologie » pour savoir quels vêtements porter, on regarde l'écran à l'aéroport pour voir l'heure de départ d'un vol. Evidemment, on n'a pas toujours besoin de lire ni de comprendre tous les mots d'un texte pour atteindre son but de lecture. Dans les textes suivants, vous ne comprendrez peut-être pas tous les mots, mais vous pourrez y trouver les renseignements nécessaires.

AVANT DE LIRE   Imaginez que votre ami(e) propose de vous emmener voir une pièce de théâtre ce week-end. Il y en a deux qui l'intéressent: *Le Destin glorieux du maréchal Nnikon Nniku* et *Le Gardien*; il/elle vous en donne le choix. Pour choisir, vous cherchez les annonces de ces pièces dans *Théâtres Théâtre*, un mensuel du théâtre, de la danse et de l'art lyrique à Paris et en périphérie. Quelle pièce préféreriez-vous voir? Comparez les annonces avant de décider.

LA GRANDE HALLE – LA VILLETTE

La Grande Halle. Salle Boris Vian (450 places). Mᵒ : Porte de Pantin. Location par tél. au 42.49.77.22 et sur place.

■ LE DESTIN GLORIEUX DU MARECHAL NNIKON NNIKU
Du 3 au 21 octobre. A 20 h 30, du mardi au samedi. Matinée : dimanche à 16 h. Relâche : dimanche soir et lundi. Durée : environ 2 h 30. Prix : tarif unique 120 F (Tarif réduit : 70 F).
De Tchicaya U Tam'Si. Mise en scène de Gabriel Garran. Décors et costumes : Laurence Forbin. Avec : Bakary Sangare, Tam-Sir Doueb, Massumba M'bump, Xavier Thiam, Sarrah Carrère Dika (chanteuse et joueuse de Cora). La distribution fait intervenir 22 comédiens.
Par l'auteur du « Bal de N'Dinga », également mis en scène par Gabriel Garran et présenté la saison dernière au Théâtre des Bouffes du Nord et au Théâtre de l'Œuvre.

Tragédie farce ponctuée de « chants-pauses ». Cette pièce au langage truculent est un cri de rage devant la bêtise dévastatrice des tyrans ; son rire jaillit, féroce, comme si les personnages d'Hara-Kiri trouvaient une nouvelle vie sur le continent africain.
Cette pièce est éditée chez « Présence Africaine ».

Le samedi 7 octobre à 17 h 30, débat sur l'Afrique et la langue française « le grand télescopage » avec Dominique Jamet, Jean-François Josselin, J. Dhaussy, etc. Entrée libre.

ŒUVRE

(Théâtre privé). 400 places. 55, rue de Clichy (9ᵉ). Tél. : 48.74.42.52 et 48.74.47.36. Mᵒ : Place de Clichy. Bus : 68, 74, 80, 81, 95. 🅿 : 41, bd Rochechouart. Location par tél. et sur place le lundi de 11 h à 18 h, du mardi au samedi de 11 h à 18 h 30. Minitel : 36.15 MATIC ; 36.15 THEA. Bar. ♿.

A partir du 26 septembre. En alternance, relâche le dimanche soir et lundi.

■ LE GARDIEN
A 20 h 45, le mardi et mercredi. Matinée : dimanche à 15 h. Prix : de 30 F à 220 F.
De Harold Pinter. Adaptation d'Eric Kahane. Mise en scène de Georges Wilson. Décor d'Arno Lanzi. Avec : Jacques Dufilho, Pierre-Marie Escourrou, Jean-Pierre Kalfon.

Cette pièce a été le plus grand triomphe de Harold Pinter. Elle l'a rendu célèbre dans le monde entier et l'a placé au tout premier rang des auteurs dramatiques contemporains. Davies, un clochard sans âge, miséreux et agressif, plus ou moins mystérieux, se fait recueillir par une sorte de Bon Samaritain, Aston, un personnage qui porte encore, enfouies au fond de lui, les séquelles d'un séjour en hôpital psychiatrique. Aston a un jeune frère, Mick, vaguement voyou, vaguement mythomane, vaguement sadique, peut-être plus aliéné encore que son frère, et qui se cache derrière une faconde presque délirante. La pièce est un duel entre les trois personnages.

■ JE NE SUIS PAS RAPPAPORT
A 20 h 45, le jeudi, vendredi et samedi. Durée : 2 h. Prix : de 30 à 220 F.
De Herb Gardner. Adaptation de Dominique Deschamps. Mise en scène de Georges Wilson. Avec : Jacques Dufilho, Georges Wilson, Paola Lanzi, Jean-Pierre Dravel, Sidonie Cornille, Jacques Jacquemin, Serge Feuillard.

Sur un banc puclic sous un pont de New York, deux vieux idéalistes racontent des histoires pour vivre ou simplement survivre.

EN LISANT   1. Trouvez d'abord quelques faits importants et complétez le tableau ci-dessous:

	Le Destin glorieux...	*Le Gardien*
auteur?	_____	_____
de quelle nationalité est l'auteur?	_____	_____
quel genre* de pièce?	_____	_____
quel sujet?	_____	_____
à quel théâtre?	_____	_____

dans une grande ou une petite salle? _____   _____

près de quelle station de métro?   _____   _____

à quelle heure?   _____   _____

à quel prix?   _____   _____

2. Maintenant que vous avez quelques renseignements au sujet de chaque pièce, prenez votre décision. Quelle pièce choisissez-vous, et pour quelles raisons? Qu'est-ce qui vous est le plus important: le sujet de la pièce? son genre? son contexte culturel? Ecrivez quelques notes pour vous aider à présenter votre choix à la classe.

A DISCUTER

Discutez de votre choix avec quelques camarades de classe et comparez vos choix et vos préférences. Voudriez-vous aller au théâtre ensemble?

A CREER

1. Avec un(e) camarade de classe, imaginez un court dialogue dans lequel vous discutez de ces deux pièces. Présentez vos désirs et décidez quand et comment vous irez au théâtre.
2. Par écrit, résumez brièvement une pièce ou un film que vous aimez ou que vous avez vu récemment. Recréez-en l'atmosphère en quelques mots.

Jean Tardieu: « Mauvais Public »

Jean Tardieu (né en 1903) est un poète et un auteur dramatique français. Ses pièces de théâtre sont pleines de fantaisies du rêve, et il examine des niveaux différents de réalité (*Théâtre de chambre,* 1955–1965). Il a publié plusieurs recueils de poèmes, dont *Fleuve caché* (1968) est le plus connu. « Mauvais Public » est extrait de *La Première Personne du singulier* (1952), un recueil d'essais et de poèmes en prose.

STRATEGIE A DEVELOPPER

En général, les textes ont une structure logique. Reconnaître dès le début la structure d'un texte vous aidera bien sûr à suivre le texte et à le comprendre. Pour trouver la structure de « Mauvais Public », faites les exercices *En lisant* et *Après avoir lu.*

AVANT DE LIRE

Savez-vous comment vous conduire lorsque vous êtes au théâtre? Quand on va au théâtre, qu'est-ce qu'il faut faire? Rayez les activités qu'un spectateur poli ne fait pas.

MODELE: ~~parler à haute voix~~

arriver à l'heure
se lever pendant la pièce
manger
faire attention aux acteurs

chanter
s'asseoir à sa place
rester silencieux
faire du bruit avec son pied

Considérez le titre « Mauvais Public »: Va-t-il s'agir de spectateurs polis? _____

EN LISANT

1. D'abord, lisez « Mauvais Public » assez vite et cherchez simplement la structure du texte. Soulignez quatre adverbes qui indiquent la structure. Faites le premier exercice de la section *Après avoir lu.*
2. Ensuite, relisez le texte plus soigneusement, faites les exercices *En lisant* et complétez les exercices *Après avoir lu.*

Mauvais Public

JEAN TARDIEU

La qualité du spectateur m'a toujours paru des plus humiliantes.[1]

C'est pourquoi, lorsque je suis au théâtre, je m'efforce° par tous les moyens d'**attirer**[2] l'attention des acteurs.

5 D'abord, j'arrive en retard. Conduit à ma place par une **ouvreuse**,[3] je fais **exprès**[4] de ne pas trouver tout de suite dans ma poche la monnaie du **pourboire**.[5] De la sorte,° je reste debout° le plus longtemps possible, 10 espérant recevoir, sur le pourtour° de ma haute silhouette, un reflet de la rampe,° au-dessus du troupeau° des autres spectateurs, déjà bien **sagement**[6] assis à leur place.

Plus tard, je m'ébroue,° j'ai une si violente quinte de 15 toux° que mes voisins furieux sortent de leur **torpeur**[7] et, **à voix basse**,[8] me prient° de me montrer plus discret. Je leur réponds avec **hauteur**,[9] ils répliquent avec insolence. Je prends mal la chose, on sent avec terreur le moment où, dans une gorge encore déchirée 20 par la suffocation, mes paroles véhémentes vont quitter le chuchotement° et laisser échapper un éclat de voix.° Enfin je **consens**[10] à m'apaiser.° Mais plus tard, d'un air agacé,° je battrai la mesure du bout de mon soulier sur le plancher,° ou encore je **chantonnerai**.[11]

25 Ce n'est pas que la pièce m'ennuie. Je la **suis**[12] des yeux sous cape.° Mais je veux que **l'on**[13] fasse *aussi* attention à moi.

La Première Personne du singulier © Editions Gallimard, Paris

● En lisant

[1] Le narrateur aime-t-il être spectateur? _____

[2] Contexte: = _____ *attire* / _____ *attract*

[3] Même fam./contexte: _____

[4] Mot ap.: _____

[5] Que donne-t-on à l'ouvreuse? _____

[6] = _____ *poliment* / _____ *impoliment*

[7] Mot ap.: _____

[8] Contexte: = _____ *loudly* / _____ *quietly*

[9] Mot ap./contexte: _____

[10] Mot ap. (inf. = *consentir*) _____

[11] Même fam.: _____

[12] Inf. = *suivre;* angl.: _____

[13] Qui? _____

APRES AVOIR LU

1. Quelle est la structure de « Mauvais Public »?

   _____ idées générales et exemples   _____ comparaisons et contrastes

   _____ faits chronologiques   _____ idée principale et détails

   _____ cause et effet   _____ arguments pour et contre

2. La deuxième fois que vous lisez « Mauvais Public », numérotez les actions du narrateur.

   MODELE: 1. J'arrive en retard.

3. Le narrateur n'est pas un spectateur poli. Donnez-en des exemples. (Nous en avons déjà donné un en tant que modèle.)

° je m'efforce: j'essaie
° de la sorte: de cette façon
° debout: pas assis
° le pourtour: la circonférence
° la rampe: les lumières disposées au bord de la scène au théâtre (*footlights*)
° troupeau: troupe nombreuse de personnes (assimilées par leur nombre et leur passivité à des animaux)

° je m'ébroue: je m'agite (comme un cheval qui souffle bruyamment)
° une quinte de toux: *coughing fit*
° prient: demandent
° le chuchotement: l'acte de parler très bas
° un éclat de voix: l'acte de parler très fort
° m'apaiser: devenir tranquille et silencieux

° agacé: irrité, énervé
° je battrai la mesure du bout de mon soulier sur le plancher: *I'll tap my foot on the floor*
° des yeux sous cape: sans donner l'impression de suivre la pièce

A son arrivée: _____

A sa place, avant de s'asseoir:

1. _____

2. _____

Assis:

1. Il s'ébroue. _____

2. _____

3. _____

4. _____

5. _____

6. _____

A DISCUTER

1. En général, est-il amusant d'être assis(e) près d'un spectateur comme le narrateur? Si vous étiez assis(e) près de lui, qu'est-ce que vous lui diriez?

2. Pourquoi fait-il tout cela? (Référez-vous au début et à la fin du texte.)

3. Trouvez-vous la situation amusante? Pourquoi? Quel est l'effet de cette liste d'actions atypiques?

A CREER

1. Avec un(e) ou deux camarades de classe, préparez la petite scène au théâtre entre le narrateur et les spectateurs autour de lui. Que fait le narrateur? Quelles sont les réactions des autres spectateurs?

2. Que faites-vous au théâtre ou au cinéma? Etes-vous un bon ou un mauvais spectateur, une bonne ou une mauvaise spectatrice? Employez les adverbes de temps pour vous aider à écrire un essai semblable à celui de Tardieu.

Interlude

3

STRATEGIES Infer word meanings by using context.
Skim for the gist.
Identify changes in text direction by recognizing function words.
Follow reference words.

INFER WORD MEANINGS BY USING CONTEXT

Often the context (*le contexte*) of an unfamiliar word can help you understand without knowing exact meanings. In the following examples, the underlined words give the key context for guessing unfamiliar words.

Definition All or part of the rest of the sentence defines the unknown word.

(*gimcrack*) Your father just bought another useless piece of machinery, a real gimcrack.

(*clochard*) Regarde-le: il n'a pas de bons vêtements et il habite dans les rues, c'est un vrai clochard.

Contrast Something else in the sentence is in direct contrast or contradiction to the unknown word. Watch for the contrastive conjunctions and adverbs listed with Exercise Q on page 43.

(*traduce*) Even though Maxine has a sharp tongue, she would never traduce her friends; she is too honorable and caring.

(*monceau*) Non, il est peut-être excentrique, mais il n'est pas pauvre; il a un monceau d'argent.

Category The unknown word clearly belongs to a specific category of items, for example, musical instruments, animals, plants, or literature.

(*lino*) There are several possibilities for the family room in your new home: lino, tile, carpet, or rugs.

(*ouragan*) Il fait un temps affreux là-bas: il y a des tornades, des ouragans et des pluies d'orage.

Situation Your knowledge of what usually happens in familiar situations allows you to guess what the unknown word probably means.

(*sabot*) But Franz, you cannot go out with nothing on your feet. Where are your sabots?

(*fondre*) S'il fait beaucoup de soleil aujourd'hui, toute la neige va fondre.

41

Exercise O You probably do not know the meaning of the words in italics in the following passages. Study the context to decide what each might mean. (Do you need an exact meaning?) Then underline the part of the context that gives you the main clue or clues.

1. The road leveled off for the length of a block of shops: a news agent's with piles of postcards that not many tourists would be buying in January; a greengrocer's where an iron-haired woman was setting out <u>swedes</u> and giving Inspector Jury and Sergeant Wiggins a businesslike stare; . . .

    Exact meaning necessary? _____ Meaning: _____

2. "For instance, I suppose Mrs. Laszio has repeated to you the story she told me yesterday afternoon. Hasn't she?"
    "What story was that?"
    "Come now, Mr. Tolman." Wolfe stopped tapping with the finger and wiggled it at him. "Don't be <u>circuitous</u> with me.

    Exact meaning necessary? _____ Meaning: _____

3. "Tonight we have been privileged to witness the American girl in the capacity of hostess, and I think I am right in saying, in <u>asseverating,</u> in committing myself to the statement that this has been a night that none of us present here will ever forget."

    Exact meaning necessary? _____ Meaning: _____

    You will find many French examples in the readings.

SKIM FOR THE GIST

To *skim* (*parcourir*) means to read through a selection quickly, paying little attention to detail. It's often helpful to skim nonfiction material to get a general idea of the content before reading. You may skim a fictional reading for several reasons: to decide whether you would find it interesting or to determine its tone, setting, or general plot characteristics.

To skim, read the title and consider the format (is it a chart, list, form, or prose?). What is the purpose of the text? Then glance quickly—but not too quickly—through the selection, looking most closely at the topic sentence of each paragraph to help you determine the author's main ideas or arguments. When skimming, you don't need to understand or even see most of the words; focus on the subjects and verbs of the sentences beginning and ending paragraphs and on the introductory and concluding paragraphs. Some of the *Avant de lire* exercises will ask you to skim to note general information. Exercise directions help you do this skimming in French.

Exercise P Skim each selection as quickly as possible in order to identify it by genre and to determine the main point. Remember that you need not read or see all the words. Some texts may fit into more than one category.

POSSIBLE GENRES

a. cookbook   c. newspaper article   e. children's story
b. classified ad   d. travel guide   f. history textbook

1. HONDA—'84 PRELUDE—blue, 5 spd, A/C. 13,000 cert. mi. Excellent condition. $11,400. 425-7813
    Genre: _____ Main point: _____

2. The fur flew and tempers flared at two inaugural balls early yesterday morning when throngs of Republican revelers got ready to go home and then couldn't find—or couldn't get their hands on—their minks and lesser wraps.

   Genre: _____ Main point: _____

3. La visite des châteaux de la Loire n'est rien sans celle de Chenonceaux. L'ampleur des tracés, la vue harmonieuse des eaux et de la verdure ont accru la beauté d'un cadre naturel déjà favorisé. Les bâtiments occupent un site pittoresque et élégant.

   Genre: _____ L'essentiel: _____

4. Pour servir: découper le filet et disposer les tranches sur un plat long. Accompagner de la sauce béchamel en saucière.

   Genre: _____ L'essentiel: _____

5. Joachim n'est pas venu hier à l'école et il est arrivé en retard aujourd'hui, l'air très embêté, et nous on a été très étonnés. On n'a pas été étonnés que Joachim soit en retard et embêté, parce qu'il est souvent en retard et toujours embêté quand il vient à l'école, surtout quand il y a une interrogation écrite de grammaire; ce qui nous a étonnés, c'est que la maîtresse lui ait fait un grand sourire, et lui ait dit:
   — Eh bien, félicitations, Joachim! Tu dois être content, n'est-ce pas?

   Genre: _____ L'essentiel: _____

IDENTIFY CHANGES IN TEXT DIRECTION BY RECOGNIZING FUNCTION WORDS

Function words (articles and some prepositions and conjunctions) tie meaningful words together. Because they often appear in predictable patterns, a reader familiar with the patterns does not need to see every word. To become proficient at this in French:

1. Learn prepositions with verbs, for example: *obéir à, se moquer de.*

2. Learn the functions (*les fonctions* [f.]) of different conjunctions and adverbs, for example:

IN CONTRAST:	cependant pourtant	par contre mais	quoique bien que
IN ADDITION:	de plus	en outre	aussi
AS A RESULT:	aussi alors	donc par conséquent	ainsi
IN EXPLANATION:	parce que	car	puisque
EXPRESSING A TEMPORAL (TIME) RELATIONSHIP:	quand aussitôt que pendant que	losque tant que autrefois	dès que après que avant que
INTRODUCING A FOLLOWING ACTION:	ensuite puis	après que	enfin

(Check the *Lexique* at the end of the book for meanings of words you don't know.)

Exercise Q Consider the functions of the conjunctions and adverbs in each of these sentences and guess what might logically come next.

1. Michael seemed to be very happy yesterday, *but now* _____.

   a. he is sad
   b. he is rich
   c. his sister is sad

2. Mrs. Tyler *finally* won the prize for the best pie at the fair; *last year* she _____.

   a. won three prizes for cooking
   b. came in second
   c. did not attend the fair

3. M. Jourdan est toujours très optimiste; *par contre,* son frère _____.

   a. ne l'est pas
   b. ne l'aime pas
   c. est tout à fait content

4. *Bien que* Pauline ait perdu sa valise, elle _____.

   a. a pleuré dans la gare
   b. n'est pas partie en vacances
   c. a pris le train à Lyon

FOLLOW REFERENCE WORDS

To avoid repetition, writers use reference words (e.g., *she, it, his, this*) to replace and refer to nouns and clauses already mentioned or about to be mentioned. To understand what you read, you must follow these references.

Exercise R In the following passages, the underlined words refer to something mentioned before or after them. Read carefully, decide what each underlined word refers to, and complete the list after each text. The first word has been done as a model.

1. Marley was dead, to begin with. There is no doubt whatever about <u>that.</u> The register of <u>his</u> burial was signed by the clergyman, the clerk, the undertaker, and the chief mourner. Scrooge signed <u>it.</u> And Scrooge's name was good upon change for anything <u>he</u> chose to put <u>his</u> hand to.

   Charles Dickens, *A Christmas Carol,* 1843

REFERENCE WORD:	REFERS TO:
that	the fact that Marley was dead
his	_____
it	_____
he	_____
his	_____

2. Figurez-vous un homme <u>qui</u> dort, <u>qu'</u>on assassine et <u>qui</u> se réveille avec un couteau dans la gorge...

   Guy de Maupassant, « Le Horla », 1886

CE MOT:	FAIT REFERENCE A:
qui	_____
qu'	_____
qui	_____

3. <u>La première chose</u> <u>qu</u>'a aperçue Dantès, en mettant le pied sur la Canebière, a été <u>un</u> des marins du *Pharaon* [son bateau]. <u>Cet homme,</u> qui avait servi sous <u>ses</u> ordres, s'est trouvé là comme pour rassurer Dantès des changements <u>qui</u> s'étaient opérés en <u>lui</u>. <u>Il</u> est allé droit à <u>cet homme</u> et <u>lui</u> a posé plusieurs questions <u>auxquelles</u> <u>celui-ci</u> a répondu...

Adapté d'Alexandre Dumas, *Le Comte de Monte Cristo,* 1844

CETTE EXPRESSION:	FAIT REFERENCE A:
La première chose	_____
qu'	_____
un	_____
Cet homme	_____
ses	_____
qui	_____
lui	_____
Il	_____
cet homme	_____
lui	_____
auxquelles	_____
celui-ci	_____

Chapitre 3

LES VACANCES ET LES VOYAGES

Quelques textes publicitaires

Dans les textes suivants, on parle des vacances et des voyages. De quelle sorte de textes s'agit-il?

STRATEGIE A DEVELOPPER

On peut souvent déterminer la fonction ou l'objectif d'un texte sans lire ce texte en détail. En anglais, vous savez la forme et le contenu de beaucoup de textes différents: les limitations de vitesse, les affiches publicitaires, les affiches de vente, les horaires, les directions. Les textes français peuvent d'abord sembler difficiles à comprendre parce que ni la langue ni la culture ne vous est familière. Alors, pour déterminer la fonction d'un texte spécifique, pensez d'abord aux sortes de textes que vous connaissez. Quels en sont les formats? A qui ces textes s'adressent-ils? Quelle sorte de vocabulaire y trouve-t-on normalement? Les exercices suivants vous aideront à définir la fonction des textes.

AVANT DE LIRE

Voici une liste partielle des fonctions que peut assumer un texte. Pour chaque fonction, notez quelques mots ou formes de style caractéristiques des textes de ce genre. Suivez le modèle ci-après:

a. fonction informative: un renseignement (pour vous donner des informations)

MODELE: une adresse, un numéro de téléphone, des dates, des règles

b. fonction publicitaire: une annonce

c. fonction persuasive: un texte visant à vous persuader ou à vous convaincre

d. fonction d'invite: une invitation

e. fonction interrogative: une demande

f. fonction directive: des instructions

g. fonction d'avertissement

EN LISANT

Quelle est la fonction des textes suivants? D'abord, marquez chaque texte de la lettre qui correspond à la fonction la plus appropriée. Il y a quelquefois plus d'une réponse correcte. Ensuite, répondez aux questions que vous trouverez au bas de chaque texte. ATTENTION! Il n'est pas nécessaire de connaître tous les mots ni de lire tout le texte pour répondre à ces questions.

● LA RÉEXPÉDITION DU COURRIER.

Pensez-y avant de partir.

Demandez dès aujourd'hui des enveloppes de réexpédition à la poste, les PTT vous les offrent. Il vous suffira de les confier à un ami, à un voisin ou à votre concierge et vous recevrez votre courrier à votre adresse de vacances. Votre bureau de poste peut également réexpédier votre courrier directement ou encore le garder en attente pendant votre absence (pendant un mois maximum).

Dans ces deux cas, prévenez votre bureau de poste au moins une semaine avant de partir et sachez qu'il vous faudra acquitter une taxe.

● VOTRE ADRESSE EN VACANCES.

Pour recevoir votre courrier en vacances, dans de bonnes conditions, donnez une adresse complète et précise: n'hésitez pas à préciser Mlle, M. X chez Mme, M. Y, le nom de la résidence, le numéro du bungalow... et puis n'oubliez surtout pas le code postal.

● LA POSTE RESTANTE.

Précisez bien autour de vous les dates et le bureau de poste où vous désirez recevoir votre courrier en poste restante... surtout dans les grandes villes où il y a plusieurs bureaux. Faute de cette précision, votre courrier vous attendrait systématiquement au bureau principal de la ville concernée. Votre courrier ne sera pas remis à n'importe qui !... pour le retirer à la poste restante, n'oubliez pas votre carte d'identité, ainsi que la monnaie nécessaire au paiement de la taxe correspondante.

Si vous êtes mineur, munissez vous également d'une autorisation parentale préalablement certifiée dans un bureau de poste.

A. Fonction: _____

1. Le contexte indique que les PTT sont _____.

   a. les écoles   c. les banques
   b. les bureaux de commerce   d. les bureaux de poste

2. Lisez la section « La Réexpédition du courrier » pour trouver le sens du mot *courrier*. C'est _____.

   a. les coups de téléphone   c. les adresses
   b. les lettres et les paquets   d. de l'argent

3. Si vous voulez recevoir votre courrier pendant vos vacances, que devez-vous donner

   aux PTT? _____

   _____

   _____

B. Fonction: _____

1. Qu'est-ce qu'on essaie de vendre? _____

2. Vous ne connaissez peut-être pas le mot *piste*. Qu'imaginez-vous? (Regardez les dessins.) « Au pied des pistes » veut dire ''at the foot of _____.''

LOWE QUADRILLAGE & ASSOCIES

Partir avec
tout le monde,
comme
tout le monde,
pour voir
la même chose
que
tout le monde,
est-ce bien
raisonnable?

le GUIDE du ROUTARD
GRÈCE

HACHETTE

Depuis 15 ans le Guide du Routard voyage malin dans le monde entier : ce serait trop bête de ne pas en profiter. Partir avec lui, c'est, chaque fois, le même plaisir de sortir des sentiers battus (au total, 32 guides). C'est découvrir plus et savourer mieux, se créer une vision personnelle d'un pays. Et c'est, partout, saisir les bonnes affaires grâce à ses adresses mises à jour chaque année. Le Guide du Routard, si vous faisiez un bout de chemin avec lui?

LE GUIDE DU ROUTARD
LA LIBERTÉ A TOUTES LES PAGES.

HACHETTE

C. Fonction: _____

1. Les deux images indiquent que cette annonce s'adresse à/aux _____.

2. Comment la photo du mouton souligne-t-elle les mots qui l'accompagnent, « Partir avec tout le monde, comme tout le monde,... »?

    _____

3. Quels mots, dans le paragraphe, répètent-ils cette même idée?

    _____

VENICE SIMPLON · ORIENT · EXPRESS

RÉVEILLON DU NOUVEL AN
à bord de l'ORIENT-EXPRESS de PARIS à VENISE
Départ Paris–Est 21 h 10, arrivée Venise 1'' janvier 18 h 50

Tout renseignement et brochure: VENICE SIMPLON - ORIENT-EXPRESS
11, rue de Surène, 75008 Paris. Téléphone: (1) 47.42.36.28
et auprès de toute agence de voyages.

D. Fonction: _____

1. Grâce à la photo et au dessin, vous savez que l'Orient-Express est _____
_____.

2. Qu'est-ce que le réveillon du nouvel an? (ATTENTION! Cherchez la date dans l'annonce.) _____

3. Pour obtenir plus de détails, que faut-il faire? _____
_____

A DISCUTER

1. Qu'est-ce qu'on a fait dans ces textes pour attirer l'attention du lecteur? A votre avis, ces techniques ont-elles réussi?
2. Vous avez lu trois textes qui essaient de vous persuader de passer vos vacances d'une certaine façon. Lequel vous intéresse le plus? Pourquoi?
3. Deux des textes donnent des renseignements au lecteur. En quoi sont-ils semblables aux annonces? En quoi en sont-ils différents?

A CRÉER

1. Rédigez une annonce pour persuader les Américains de passer leurs vacances d'une certaine façon ou dans un certain endroit. Comment allez-vous attirer l'attention des lecteurs?

2. Prenez une des annonces ci-dessus (ou votre propre annonce) et faites-en une annonce de télévision ou de radio. Comment faut-il changer le texte? Allez-vous utiliser des images? De la musique? Votre annonce sera-t-elle amusante? Pleine de suspens? Sérieuse?

Biarritz _____

Pour les Français comme pour les Américains, les vacances et les voyages semblent être un sujet passionnant. On vous présente ici une partie d'un article de Virginie Brac tiré du magazine *20 Ans*, un périodique destiné aux jeunes. Lisez l'article et décidez si vous voudriez visiter Biarritz.

STRATÉGIE À DÉVELOPPER

Le style des articles de magazine, souvent plus informel que d'autres styles, ressemble parfois à la langue parlée. Il est possible que l'auteur parle directement au lecteur et qu'on y trouve des phrases incomplètes, de longues phrases assez compliquées, des exclamations et une ponctuation atypique. On peut aussi y trouver des mots et des tendances qui appartiennent plutôt à la langue parlée: *ça, on,* la répétition du sujet de la phrase (« la Californie, c'est l'obsession »).

Conscient(e) de ces techniques du style informel, vous comprendrez plus facilement ce genre d'article. Pour bien suivre « Biarritz: Surfing Super Star », imaginez que l'auteur vous parle. Si les longues phrases vous posent des difficultés, consultez les exercices *En lisant.*

AVANT DE LIRE

● **Le sujet**

Regardez la carte de la France présentée dans l'Appendice 4.

Où se trouve Biarritz? _____

Alors, pour quelle sorte de vacances va-t-on à Biarritz?

_____

● **La source**

La source de cet article est un magazine qui s'appelle *20 Ans*.

Quelle sorte de lecteur ce magazine a-t-il? _____

Alors, quel ton allez-vous y trouver? Choisissez une réponse dans chaque groupe:

aimable / distant   théorique / pratique
à contempler / à lire vite   informel / formel

● **Expressions utiles**

te (me, le, la, nous, vous, les) voilà/voici *there/here you are (I am, he is, she is, we are, you are, they are)*

Michèle, où es-tu? Ah, **te voilà** dans la voiture.

encore *still, again*

> Tu es **encore** ici? Je croyais que tu étais parti.

toujours *still, always*

> Il m'a quittée mais je l'aime **toujours.**

Le sens d'*encore* et de *toujours* dépend du contexte.

le *(an adjective or noun already mentioned)*

> On est surfer ou on ne **l'**est pas.
> *Either you're a surfer or you're not.*

Le remplace une idée déjà mentionnée. Il n'y a pas de mot correspondant en anglais.

EN LISANT   La première fois que vous lirez ce texte, marquez les actions décrites. La deuxième fois, faites les exercices *En lisant* et essayez de comprendre les détails.

Biarritz: Surfing Super Star

VIRGINIE BRAC

Il fait beau: aucune hésitation. A neuf heures vous êtes debout, à dix heures vous êtes prête, le temps pour votre frère, père ou copain de vous **embarquer**[1] dans sa Volkswagen Van avec les **planches,**[2] et vous voilà†
5   sur la plage. Le coin des surfers c'est encore† et toujours,† malgré de récents effondrements,° la Côte des Basques.° **L'endroit**[3] ressemble énormément à la West Coast californienne, et la Californie c'est l'obsession du coin. Les surfers en boxer-short (obligatoire) et tee-
10   shirt à l'impression surfing vont jusqu'à se blondir les cheveux au peroxyde pour ressembler à des Californiens!

A côté de ces mordus° toujours† en **quête**[4] de « spots » (l'endroit des plus belles vagues°) qu'on
15   croise° à mobylette leur planche sous le bras (un rien dangereux), les autres bronzent, font du bodysurf ou du Hobie-Cat.° Tout le monde est topless **bien entendu.**[5] Emilia, la marchande de glaces, **sert de**[6] central de renseignements. Elle pourra vous dire si untel°
20   est arrivé ou s'il vient de partir; on lui laisse un message ou ses clefs.° L'usage du parasol et de la **cabine**[7] est du plus mauvais effet, pas californien du tout.

A la piscine du Palais on boit un **Chantaco**[8] en jouant au backgammon... Sinon,° on attend le dîner

● En lisant

[1] Mot ap.: _____

[2] Avec quoi fait-on du surfing?

_____

[3] = _____ la Volkswagen Van / _____ la Côte des Basques

[4] Mot ap. (ê = *es*): _____

[5] = _____ *well understood* / _____ *of course*

[6] Inf. = *servir;* mot ap.: _____

[7] Contexte: _____

[8] Contexte: _____

° effondrements: *erosion*
° la Côte des Basques: une plage à Biarritz près du Pays basque au sud-ouest de la France

° mordus: fanatiques de surfing (littéralement, *bitten*)
° vagues: *waves*
° croise: traverse

° Hobie-Cat: une sorte de bateau
° untel: quelqu'un
° clefs: *keys*
° sinon: autrement

25 en jouant au tennis ou au golf, très **couru.**[9] Vers dix
ou onze heures du soir on se précipite au Bar Basque
à Saint-Jean-de-Luz.° On fait la bise° à tout le monde
sous le regard mauvais des **proprios**[10] qui n'aiment
pas les Parisiens. Le look est encore† très californien:
30 pantalon corsaire ou jean, chemisier, sandales plates°
et pull° sur les épaules. Pas question de s'habiller pour
aller en boîte,° et c'est comme ça qu'on retourne aussi
sec à Biarritz danser à **l'Opium** ou au **Play Boy.**[11]
Mieux encore† on apporte son passeport et son auto-
35 risation de **sortie**[12] (pour les mineurs) pour aller au
Jennifer à Irun[13] en Espagne. Très chouette.° Parfois
on organise des **Venta.**[14] On monte **à 30**[15] dans une
auberge° des Pyrénées, et autour d'une immense table
on **se gave**[16] d'omelettes aux cèpes° arrosées de mos-
40 catel, un vin **archi**[17] sucré qu'on boit comme du petit
lait et qui ne fait pas le même effet.[18] Les retours sont
épiques. On va en boîte après. Quoi qu'il arrive° on ne
se couche pas avant trois heures et le lendemain on
recommence, dès° dix heures. Faut avoir la santé. Que
45 voulez-vous, on est West Coast ou on ne l'est pas.†

20 Ans, août 1984

[9] = _____ populaire / _____ cher

[10] Forme courte/mot ap.: _____

[11] Ce sont des _____.

[12] Même fam.: _____

[13] Ce sont des _____ femmes / _____ endroits.

[14] Trouvez l'explication des **Venta.**

[15] = _____ 30 km / _____ 30 personnes

[16] = _____ manger beaucoup / _____ manger
peu

[17] = _____ assez / _____ très

[18] Longue phrase: que fait-on?

1. On _____. Où? _____

2. On _____. Quoi? _____

3. On _____. Quoi? _____

APRES AVOIR LU   1. Combien de techniques propres au style informel trouvez-vous? Complétez ce tableau à l'aide d'exemples:

TECHNIQUE	EXEMPLE	LIGNE(S) DU TEXTE
MODELE: phrase incomplète	« Pas question de s'habiller... »	32 à 33
exclamation		
longue phrase contournée		
inversion sujet-verbe		
manque de ponctuation		
tournure de style oral		
l'auteur parle au lecteur		
manque de sujet		

° Saint-Jean-de-Luz: ville près de Biarritz
° fait la bise à: embrasse
° plates: pas élevées
° pull: pull-over

° en boîte: dans une boîte de nuit, un petit cabaret ouvert la nuit
° chouette: (terme populaire) chic, agréable, joli

° auberge: hôtellerie et restaurant
° cèpe: espèce de champignon
° quoi qu'il arrive: *no matter what happens*
° dès: à partir de

2. Pour faire le résumé d'une journée typique à Biarritz, complétez cet horaire selon le texte:

9 h.	On se lève.
10 h.	
	On arrive sur la plage.
l'après-midi	
10 h. du soir	
	On mange des omelettes.
1 h. du matin	
	On se couche.

3. Que faut-il faire pour être « californien »? Citez au moins trois choses.

_____

_____

_____

_____

_____

A DISCUTER

1. Que pensez-vous de la « routine touriste » à Biarritz? Etes-vous aussi énergique? Qu'est-ce que vous aimez faire en vacances?
2. Que pensez-vous de cette présentation de la côte et de la vie californiennes? La trouvez-vous plutôt positive ou négative? Comment voyez-vous cette région des U.S.A.?

A CREER

1. Où aimez-vous aller en vacances? Que devez-vous y faire?

   a. Avec un(e) camarade, discutez de vos vacances préférées.
   b. Composez un petit essai pour donner des conseils à quelqu'un qui désire passer ses vacances à votre endroit préféré. Comment se passe une journée typique? Suivez le modèle de Virginie Brac; si vous voulez, essayez d'imiter son style informel (revoyez les caractéristiques de ce style à la page 55).

2. Inventez une annonce pour convaincre les lecteurs du magazine *20 Ans* de passer leurs vacances à Biarritz. Questions à considérer: Pour qui écrivez-vous? Quels sont les avantages de Biarritz? Quelles photos (ou quels dessins) voudriez-vous mettre? Reportez-vous aux annonces que vous avez déjà étudiées.

Henri Michaux: « Plume à Casablanca » _____

Né en 1899 en Belgique et mort en 1984 à Paris, Henri Michaux était poète, peintre et dessinateur. Dans ses œuvres, les thèmes du voyage et de l'évasion apparaissent souvent. Il explore l'inconscient et le rêve dans ses tableaux et dans ses poèmes en prose. « Plume à Casablanca » est une scène tirée de *Plume* (1937), dans lequel Michaux montre combien la vie peut être difficile.

STRATEGIE A DEVELOPPER

Pour suivre la progression des idées, il faut reconnaître certaines conjonctions (par exemple: *bien que, mais, parce que*) et certains adverbes (par exemple: *cependant, donc, en plus*). Comme vous le savez, ces mots peuvent introduire une suite logique d'idées, une contradiction ou un changement de direction. Faites les exercices *Avant de lire* pour pratiquer quelques-uns de ces termes en français. Apprenez-les par cœur car ils ressemblent rarement aux mots anglais.

AVANT DE LIRE

● **La structure**

Caractérisez chacun des adverbes et des conjonctions ci-dessous comme indiquant (a) une suite logique ou (b) une contradiction ou un changement de direction. Si vous ne connaissez pas un mot, cherchez-le dans le *Lexique*.

	SUITE LOGIQUE	CONTRADICTION	TRADUCTION
MODELE: pourquoi	✕	_____	*why*
mais	_____	_____	_____
plutôt que	_____	_____	_____
car	_____	_____	_____
quoique	_____	_____	_____
donc	_____	_____	_____
ainsi que	_____	_____	_____
ainsi	_____	_____	_____
parce que	_____	_____	_____

● **La situation**

Lorsqu'on fait un voyage, que fait-on en général quand on arrive à sa destination? Marquez toutes les actions qui vous paraissent logiques dans une telle situation.

_____ On s'informe des sites touristiques.

_____ On laisse ses valises dans l'autocar.

_____ On se rend à son hôtel.

_____ On a des difficultés à la douane.

_____ On cherche un emploi.

_____ On mange au restaurant.

_____ On cherche le bateau qu'on prendra plus tard.

_____ On va à la banque pour vérifier sa limite de crédit.

EN LISANT

En lisant cette histoire, marquez les actions de Plume. Décidez si ses actions sont logiques ou non.

N.B.: Pour une explication du *passé simple* et une liste des formes, voir l'Appendice 3.

● **Expressions utiles**

faire + inf.   *to have something done*

Ma sœur **a fait descendre** ses valises.

se faire + inf. *to have something done to or for oneself*

Ma sœur ne sait pas conduire; elle **se fait conduire** partout en taxi.

se rendre à *to go to*

Elle **s'est rendue au** café pour rencontrer ses amis.

se rendre compte de + nom *to realize*

Quand elle **s'est rendu compte** de l'heure, il était trop tard.

se rendre compte que + sujet + verbe *to realize that*

Elle **s'est rendu compte qu'**il était tard.

Plume à Casablanca

HENRI MICHAUX

Une fois arrivé à Casablanca, Plume se rappela qu'il avait **quantité**[1] de courses à faire. C'est pourquoi il laissa sa valise sur le car°; il reviendrait **la**[2] prendre, ses affaires les plus urgentes terminées. Et il se rendit
5   à[†] l'Hôtel Atlantic.

Mais **au lieu de**[3] demander une chambre, songeant qu'il avait **encore**[4] beaucoup de courses à faire, il trouva préférable de demander l'adresse de la Société Générale.°
10   Il se rendit à[†] la Société Générale, **fit**[†] **passer**[5] sa carte au sous-directeur, mais ayant été introduit, plutôt que de montrer sa lettre de crédit, **il jugea à propos de**[6] s'informer des principales curiosités de la ville arabe, de Bousbir° et des cafés mauresques, car on ne
15   peut quitter Casa sans avoir vu **la danse du ventre,**[7] quoique les femmes qui dansent soient **juives** et non **musulmanes.**[8] Il s'informa donc de l'endroit, se fit conduire[†] au café mauresque, et il avait déjà une danseuse installée à sa table commandant une bouteille de
20   **porto,**[9] quand il se rendit compte que[†] tout ça, ce sont des **bêtises;**[10] en voyage, avec ces fatigues **inaccoutumées,**[11] il faut premièrement **se restaurer.**[12] Il s'en alla donc et se dirigea vers le restaurant du Roi de la Bière, dans la ville nouvelle; il allait **s'attabler**[13] quand
25   il réfléchit que ce n'était pas tout, quand on voyage, de boire et de manger, qu'il faut soigneusement s'assurer si tout est en règle pour l'étape du lendemain;[14]° c'est ainsi qu'il convenait,° plutôt que de faire le pacha° à une table, de rechercher le plus tôt possible
30   **l'emplacement**[15] du bateau qu'il devait prendre le lendemain.

Ce serait du temps bien employé. **Ce qu'il était déjà occupé à faire,**[16] quand **il lui vint à l'esprit d'aller**[17] faire un tour° du côté des douanes. Il y a des

● En lisant

[1] = _____ beaucoup / _____ peu

[2] Quoi? _____

[3] = _____ *instead of* / _____ *in place of*

[4] = _____ *still* / _____ *again*

[5] = _____ a envoyé / _____ a acheté

[6] = _____ il a décidé de / _____ il n'a pas voulu

[7] = _____

[8] = des croyantes de quelles religions?

_____ et _____

[9] Mot ap./contexte: _____

[10] Même fam.: _____

[11] Mot ap. (ou = *us*): _____

[12] Même fam.: _____

[13] Forme: se + _____ + _____

[14] *Résumé:* Plume doit _____

_____

_____.

[15] Même fam.: _____

[16] = Il était déjà occupé à _____.

[17] = quand il _____ a décidé d'aller / _____ a espéré aller

---

° sur le car: sur le toit d'un grand véhicule automobile utilisé pour le transport de plusieurs personnes de ville en ville

° la Société Générale: une banque
° Bousbir: un quartier de Casablanca
° l'étape du lendemain: le programme du jour suivant

° convenait: était approprié
° faire le pacha: se faire servir
° faire un tour: faire une petite sortie

35 jours où **ils**[18] ne laisseraient pas passer une boîte de dix allumettes, et **celui qu'on trouverait porteur d'une pareille boîte,**[19] soit° qu'on la trouvât sur lui, soit **au sein de**[20] ses bagages, s'exposerait aux pires **mésaventures.**[21] Mais en chemin, songeant combien

40 souvent le service de la Santé° est **confié à**[22] des médecins ignorants qui pourraient bien empêcher° de **monter à bord**[23] une personne en parfaite santé, il dut° reconnaître qu'il serait fort avisé° de se montrer, en bras de chemise, tirant de l'aviron,° exubérant de

45 vigueur malgré la fraîcheur de la nuit. Et **ainsi faisait-il**[24] quand la police, toujours inquiète, le questionna, entendit sa réponse et dès lors **ne le lâcha plus.**[25]

Plume © Editions Gallimard, Paris

[18] Qui? _____

[19] = la personne qui _____

une _____ de dix allumettes

[20] = _____ dans / _____ sans

[21] Forme: _____ (négatif) + _____

[22] = _____ *confided in* / _____ *entrusted to*

[23] = monter dans _____

[24] Que faisait-il quand la police est arrivée?

_____

[25] = La police l'a _____.

APRES AVOIR LU

1. Voici un plan imaginaire de Casablanca. Recréez la journée de Plume. Numérotez ses arrêts en suivant le texte. Son premier arrêt est déjà indiqué en tant que modèle. ATTENTION! Plume ne va pas à tous ces endroits.

2. Maintenant, indiquez brièvement sur le plan ce que Plume a fait à chaque endroit où il s'est arrêté. ATTENTION! A certains endroits, il n'a rien fait.

° soit... soit: ou... ou (*either ... or*)
° le service de la Santé: organisme public chargé de la question de la santé

° empêcher: ne pas permettre
° dut: passé simple du verbe *devoir*

° fort avisé: très prudent
° tirant de l'aviron: *rowing*

A DISCUTER

1. Que pensez-vous de l'arrivée de Plume à Casablanca? Ses activités sont-elles typiques pour les touristes? Combien d'activités a-t-il commencées? Combien de ces activités a-t-il finies? A votre avis, quelles étaient les activités les plus importantes?

2. A votre avis, pourquoi Plume a-t-il eu ses difficultés? Contrôle-t-il ses actions? Est-ce que la fatalité le contrôle? Quel est le rôle du hasard?

3. Que pensez-vous du monde présenté par Michaux dans ce texte?

A CREER

1. Avez-vous jamais passé une matinée ou un après-midi plein d'interruptions? Suivez le modèle de Michaux pour raconter cette situation. Si vous voulez, imaginez une situation semblable. Qu'essayez-vous de faire? Quelles sont les interruptions?

2. Quand vous arrivez en touriste dans une ville, que faites-vous? Ecrivez un récit dans lequel vous racontez un voyage que vous avez fait ou un voyage imaginaire. Avez-vous des problèmes?

3. Avec un(e) camarade de classe, jouez la scène entre Plume et le policier qui le trouve tirant de l'aviron. Quelles questions est-ce que le policier pose à Plume? Comment Plume essaie-t-il d'expliquer sa journée?

Interlude

4

STRATEGIES   Increasing reading speed by recognizing words.
Activate reading skills.
Read at different levels of meaning.

INCREASE READING SPEED BY RECOGNIZING WORDS

Often it's helpful to be able to comprehend a text quickly. Reading speed depends partly on your ability to imagine correctly text content and partly on your skill in recognizing and understanding individual words and phrases quickly. In *Interlude 1,* you worked on using general knowledge to predict content; in *Interlude 2,* you practiced identifying appropriate reading purposes and recognizing words by their formation. *Interlude 3* featured strategies to improve reading efficiency by discovering word meaning in context and by skimming for the gist. The exercises here will show how to increase your reading speed in French by practicing word recognition and word comprehension. Work as quickly as you can, and then check your answers. NOTE: Most of the words in these exercises come from the readings in *Chapitre 4.*

Exercice S   See if you can underline without hesitation the word that is the same as the first one given. If so, you probably have efficient word recognition skills. If not, more practice will help you read more easily.

1. embarrasser	embrasser	2. baiser	baisser
	embarrasser		laisser
	embarrassée		baiser
	embraser		braiser
3. rapporte	rapportage	4. aimerais	aimerais
	rapporte		aimerai
	rapporter		aimerait
	rapproche		aimera
5. vieille	veille	6. prête	fête
	vieil		prêtre
	veiller		crête
	vieille		prête
7. croise	croire	8. toi-même	soi-même
	croix		moi-même
	cuire		toi-même
	croise		lui-même

Exercice T Décidez aussi vite que possible si les deux mots ou expressions sont synonymes ou antonymes.

PAIRES	SYNONYMES	ANTONYMES
1. embrasser donner un baiser	_____	_____
2. copain copine	_____	_____
3. amour haine	_____	_____
4. difficile facile	_____	_____
5. battre donner des coups	_____	_____
6. bêtise stupidité	_____	_____
7. rencontrer quitter	_____	_____
8. attendre s'en aller	_____	_____

Exercice U Soulignez les mots qui ne vont pas dans chaque phrase. Remplacez-les par des mots logiques.

1. Lovelorn people never place personal ads.
2. Most people search for a meaningless personal relationship.
3. Parce que je suis désolée, je trouve un homme sympa.
4. Quand il est tombé amoureux d'elle, il voulait la quitter.
5. Même s'il ne s'intéresse pas à moi, j'adore sa sœur.
6. Lorsqu'on aime quelqu'un, on déteste le rencontrer.

ACTIVATE READING SKILLS

Reading skills involve analyzing the text as a whole. Some skills are closely related to reading strategies, and you are using a variety of skills to understand and discuss the readings in *Lire avec plaisir.* Here are six important reading skills that will become even more important in Chapters 4–12:

1. Recognizing and understanding sentence structure
2. Analyzing text structure
3. Analyzing genre* (narrative, dialogue, poetry, comedy, etc.)
4. Distinguishing fact from opinion
5. Discovering implications* and making inferences*
6. Find metaphoric* meaning and understanding symbols*

REMEMBER: Literary and specialized terms (such as *metaphoric*) are marked with an asterisk (*) and defined in the *Glossaire de termes littéraires* in Appendix 1.

READ AT DIFFERENT LEVELS OF MEANING

As the list of reading skills implies, many texts can be read at different levels (*niveaux*): Below the surface level may exist levels of imagery,* (*les images* [f.]) irony,* (*l'ironie* [f.]) and/or symbolism (*le symbolisme*).* When reading at the *surface level,* the reader understands what the author is presenting directly (for example, narration, description, definition). Beneath the surface level, the reader internalizes the text in a sense, using his or her own cultural and personal frames of reference and values to interpret what the author says.

When reading at the *level of imagery,** the reader pays attention to the effects of the particular words the author has chosen (for example, how an atmosphere is created, why a description is lyrical,* why a setting is depressing). When reading poetry, and some prose, a sophisticated reader recognizes such poetic devices as rhyme, rhythm, and the way words sound together and considers the impact they have on the message conveyed.

When reading a text with some *degree of irony,** the reader recognizes that what the author is saying at the surface level is contrary to what is really meant (for example, Mark Twain's disapproval of racism while apparently accepting it in *Huckleberry Finn*). Satire* and parody* are forms of irony.

When reading at the *level of symbolism,** the reader realizes that objects, people, and/or actions have taken on more than their surface meaning (for instance, Moby Dick is much more than a whale to Captain Ahab). Some objects are accepted as standard symbols: a red rose for passion, a flag for patriotism, winter for old age or death.

Stratégies de lecture sections will note some texts that can be read beyond the surface level, beginning with the two poems in *Chapitre 4.*

Chapitre 4

L'AMOUR

Comment trouve-t-on la personne de ses rêves? Et une fois qu'on l'a trouvée, comment lui exprime-t-on ses sentiments? Comment, aussi, trouve-t-on la solution à ses problèmes? Voici quelques moyens.

La Vie en rose

STRATEGIE A DEVELOPPER

Vous le savez déjà, vous apportez à tout texte beaucoup de connaissances utiles (voyez l'*Interlude 1*). En effet, la combinaison de vos connaissances et le contexte établi dans un texte vous aident à le comprendre. Vous n'avez dès lors pas toujours besoin de voir tous les mots ni toutes les lettres d'un mot pour comprendre ce mot. Le texte suivant, « La Vie en rose », contient des abréviations que vos expériences personnelles et le contexte vous aideront à comprendre. Soyez logique! Utilisez les règles de la formation des mots que vous avez apprises dans l'*Interlude 2*. Enfin, rappelez-vous que vous ne comprendrez pas tout et que vous n'aurez pas besoin de tout comprendre.

AVANT DE LIRE

1. Comment trouver la personne de ses rêves? Citez au moins cinq moyens.

   _____

   _____

   _____

   _____

   _____

2. Jetez un coup d'œil au texte à la page 67. De quoi s'agit-il?

   _____

   Ce moyen figure-t-il dans votre liste? _____

3. Quels sont les avantages d'une petite annonce pour trouver un(e) partenaire? (Imaginez au moins trois avantages.)

   _____

   _____

   _____

4. Quels sont les désavantages d'une petite annonce pour trouver un(e) partenaire? (Imaginez au moins trois désavantages.)

   _____

   _____

   _____

5. A votre avis, quels renseignements peut-on trouver dans une petite annonce typique? Citez au moins quatre possibilités.

   _____

   _____

   _____

   _____

EN LISANT

Pour répondre à ces questions, parcourez « La Vie en rose » (tiré du *Nouvel Observateur*) à la page 67.

PARTICULIERS FEMMES

Quar. jol. bl. fém. cult. sensuelle b. sit. div. ch H mce vir. hum. ht niv. lib. aim. don. et recev. p. part. tend. ou + tord. dépres. vulg. s'abst. ph. + let. Ecrire journal

75. P. rompre soli. f 44 a 2 enf. jol. douce sensi ét. sup. aim. musiq. philo ch ami 43-50 a gt. en rapport pour sorties et plus. Ecrire journal

75. 92. F 44 a, div., b. phys. dyn. sympa cult., indép. financ., allant congrès Asie 5-10/9 ch. H 35-55 libre, rh profil, p. tourisme à Hong Kong ensemble du 1 au 4/9, et + si aff. Ecrire journal

Marseille. JF fine, artiste ch ami bel H et cult. pr. sorties. Ecrire journal

Neuilly, Paris. Jne cinqu. blonde, 1,62 attirante, mince, cultivée, revenus importants, golf, bridge, rencontrerait Monsieur rh milieu, franc, rassurant souh. sincèrement recréer foyer et vie familiale. Ecrire journal

F 38 a ét. sup., vie outre-mer, été en Fr. renc. H sér. but bonh. év. mar. Ecrire journal

75. Jne 45 dist. ch M mx 55 m. 1,80 m pr part. auth. affect. sens. cultur. T. 47-34-64-19.

75. Vve soixantaine phys. agr. dist. dynam. bon niveau social, ch. H libre, cultivé, sensible, pour vie à deux. Ecrire journal

Japonaise, 39 a., b. famille bcp de charme douceur, ch. H bcbg ét. sup., sécurisant, mariage. Ecrire journal

Vve 59 a., dce, dyn. ais. renc. H libre, gd, dist., sent., cult. Ecrire journal.

75. non pratiq. 42 a., jolie, classe, div. 2 enf. 16-19, sit. privilégiée, ch H libre même profil. rel. sér. Ecrire journal.

75. rousse raff. plasticienne, 40 a., dés. F pr part. l'intense. Ecrire journal

F. 40 a., jolie, bl., bien faite sens. aimant sport art. ch. bel H 35/47 a. pour rel. durable. Ecrire journal.

Jolie brune, 37 a., cadre traductrice souh. renc. H 50 ans max. ouvert à tout pour partager longtemps tous les plaisirs de la vie. Ecrire journal

06. 2 JF. bisex, féminine, éduc. libre, ch. M ht niveau gentleman pour relation, disc. ass.

75. GDE JF. blde, 1,74 m, sportive et dynam., 33 a., prof. lib. renc. M gd., ht niveau, + 35 a., sportif et pas casanier pour amour humour et plaisir d'être ensemble. Ecrire journal

75. Belle JF antiquaire, 35 a., bcbg, av. fantaisie, ch. H cap. de la séduire, vraiment top niveau pour vie pétillante. Ecrire journal

75. F. 40 a., cherche ami-amant, tendre, cult., hum., tél. indisp. Ecrire journal.

JF. Chinoise, 30 a., cél., charm., intel. ch. H Français, 32/40 a. libre sér., prof. lib. ou ingé. de préf. pr mariage, photo. Ecrire journal

75. F. 50 a. 1,54 m, blde, y. verts, cherche s'évader, à marginaliser bruit fureur, quotidien avec H distingué 1,70 m min. 40-55 a, sensuel, optim., généreux au bistrot du coin à Venise ou aux Galapagos, rep. ass. Ecrire journal

75. Etrangère, ch. Français pr mariage blanc, dem. argt. s'abst. Ecrire journal

75. F. 56 a., cadre, ch. H libre sorties + si affinité. Ecrire journal, réf. 2276D.

31. F. 38 a.. b. phys., ét. sup. lib., ch H cult. pr tend. compl. Ecrire journal

75. F. 40 a., célib., cadre, souh. retrouver joies de la vie av. H quar. libre, sensuel dynam. Ecrire journal

JF. Fr., 35 ch. H 33/40 Europ. hab. Afriq. projet expatriation. Ecrire journal

JF. 27 a., cél., jolie, b. mil. ch. H cult. âge indif. p. rel. durable. Ecrire journal

Genève 74. F. div. 42 a., 2 enf., souh. rel. durable de qual. av. H libre, gd, dyn., chaleureux 45/50 a. Ecrire journal

PARTICULIERS HOMMES

75. PDG 48 a., 1,69 m, 60 kg célib. chev. argentés, forte personnalité, combatif, belle réussite sociale, sportif mer montagne voy. nature, loyal, généreux, gentleman, humour, renc. JF ss enfant 33-38 ans cult. intellig. raffinée élégante charme p. construire vrai foyer bonheur partagé. Photo (ret.) indisp., discr. assur. non conforme s'abst. Ecrire journal

Montpellier. Artisan nettoy. 47 a. 1,81 m, ch. F. jolie vie à 2. Ecrire journal

75 RP. Couple trent. sympa b. phys. ch. couple. Photo indisp. Ecrire journal

75. Littéraire les pieds sur terre, 49 a., 1,76 m, svelte de corps et d'esprit aimant Monteverdi, A. Nin, P.J. Jouve, champagne et tennis, écrivant, rech. affinités électives av. JF 38/48, fine cultivée pour vacances et vie pleine poétique sensuelle. Ecrire journal

75. H. qtaine, 1,80 m, cadre sup., libre, voyages, tennis, opéra, souh. tél. + photo, disc. ass. Ecrire journal

H. 38 ans, passion montagne, musique, recherche relat. agréables, JF 28/35, fantasmes + spirituelle, soir : 46-42-06-52.

78. 2 copains, 35 a., prof. libérale, 1,85 m, 80 kg, bcbg "célibat." juillet, rech. 2/3 t. jolies amies, 20/35 a. p. leur offrir t. gros câlins dans cadre campagne superbe. Ecrire journal

69. F. 39 a., sup., humour, art, ch. H 34/44 a. intellectuel, pour vivre ensemble. Ecrire journal

75. 06. b. F. quarant. stand. mariée appréciant élégance sexy ch. jolie amie libérée évoluée, entreprenante, forte personnalité pr plaisir, photo. Ecrire journal

JF. 28 a., b. phys., 1,80 m, bon milieu soc. ch. H cél. 30/38 a., grand tr. b. sit., cult., attent., humour tendre pour rel. dur. vue mariage. Ecrire journal

Blonde distinguée, yeux verts, médecin, 40 a., pour riche élégant seigneur célibataire QI supérieur, aimant voyages, photo récente. Ecrire journal

75. H. 59 tj. vert prof. libér. ch. F. 50 max. vive sensuelle cult. relat. dur. et + . Téléph. Ecrire journal

Cple 33-39 ans ch. cple pour échanges très libérés. Ecrire journal

75. Quelle JF très musclée sens. libérée mince, désire la fête sauvage d'une lutte amoureuse avec H. 45 a. ing. libre bien bâti tendre chaleureux rire rêve ? Ecrire journal

Voy. un peu SM, ch. belle impud. soyeuse pour jouer, ms aussi pour viv. ens. ds conf. tropic. et faire enfant ? Si poss. aimt les fleurs. exp. 44 a. 1,85 m tb sit. env. let. + photo motivantes svp. Ecrire journal

75. Epicurien soixantaine bstr aimerait rencont. l'après-midi chez elle jolie JF pr la gâter. Ecrire journal

RP. H. grand mince, 44 a. cult. tendre seul ch. une amie pour rire, sortir et baiser. Ecrire journal

75. JH 33 a., b. phys. ch. jolie JF plutôt ronde pr bel été. Ecrire journal

92. H. 30 ans cherche Femme dominatrice sexy 40 a. min. pour parfaire son éducation. Ecrire journal

75. RP. Démon de midi a r-eve élég. racée disting. humour pr relation complice tendre entracte amour. de son bon aloi sos sérieux. Photo souhaitée. Ecrire journal

75. Univers. écrivain, 39 a., grand, forte personnalité partagerait mots d'amour et amour des mots avec Femme sensible désirant créer avec l'Homme une histoire d'amour érotique profonde, forte, tendre comme une œuvre d'art et de vie. Ecrire journal

75. JH., 36 a, charme, humour, vive émotions tend. sens, av. F mûre, douceur, rire, discr. appréciés. Ecrire journal

69. H., 40 bien, charme, ch. pour été beau copain, intell., sympa. Ecrire journal

92. H. 36 a., ét. sup., tendre, sinc., libre, souh. union dur. av. JF asiat., douce, sérieuse, affect., motivée p. avenir à 2 si aff. Ecrire journal

92. Ignorez ces lignes si vs cherchez simplement une aventure, mais faites-moi signe si vs êtes une Femme libre, curieuse, intelligente et jolie. J'ai 48 a., prof. lib. et je vous ressemble. Ecrire journal

75. H. 33 ans b. phys. mariée libre p. tendre complicité. disc. assurée.

Paris. JH 31 a., tendre viril b. physique 1,80 m bcbg marié mais très libre cherche liaison durable avec F. mûre sensuelle tendre mini. 40 a. maxi 60 a. week-end vacances. Discrétion assurée et demandée. Ecrire journal

RP. H. 39 a. gd étud. sup. ch JF pr sorties et rel. durable. Ecrire journal

75. PDG 43 a., aff. int. cél. tb phys. + charme ch. JF 25-35 a. tr. jolie, sens., humour amie-amante pr rel. suivie. Photo svp. Ecrire journal

Gérard 33 ans, cherche sensuelle Femme pour créer câlin. Ecrire journal

37. H. Marié 44 a., ch. F. cultivée humour sensu. amitié ou plus.

H. 39 ans sérieux sympa tendre sit. stable vivant rég. Médit. Recherche JF sérieuse sympa tendre décontractée pour vie basée sur la tendresse. Ecrire journal

RP. JH 38 a., doux, sensuel, ch. JF pour rénc. brèves mais passion., incognito total assuré. Ecrire journal

75. H. 55 a: grd« b. sit. bcbg ch JF 40-48 max. jolie cult. sens. p. relations sérieuses basées sur la confiance tendresse et plaisir d'être 2.

75. Pr. music 50 a. lib. b. phys. ch. b. colombe douce sens. 30-45 a. pr nouv. envol. à deux. Ecrire journal

75. H. 64 VF. Amér. prof. lib. cult. ch. F. Même niv. goûts 45-55 a. photo souh. (ret.). Ecrire journal

75. H. 50 a. gén. disc. ch. JF Intell. pr câlins photo souh. Ecrire journal

TEXTE DE L'ANNONCE :

(n'inscrire qu'une lettre par case – laisser une case entre chaque mot – écrire en caractères d'imprimerie)

RUBRIQUE DANS LAQUELLE DOIT PASSER L'ANNONCE :

1. Quelle est l'organisation des petites annonces? Vous pouvez répondre à ces questions sans comprendre toutes les abréviations. Lisez toutes les questions, puis cherchez les réponses en parcourant le texte. Imaginez:

   a. Vous êtes une femme qui lit ces annonces. Vous cherchez un homme intéressant. Dans quelle section devez-vous chercher? _____

   b. Vous êtes un homme qui lit ces annonces. Vous voudriez trouver une femme qui cherche un homme comme vous. Dans quelle section devez-vous chercher?

   _____

   c. Vous trouvez une annonce passionnante et vous voudriez y répondre. A quelle adresse devez-vous écrire? _____

   d. Vous ne trouvez personne d'intéressant dans cette liste. Quand pourrez-vous consulter la liste suivante? _____

   e. Vous ne trouvez personne d'intéressant et vous décidez de faire publier votre propre annonce. Que devez-vous faire? _____

   f. Lorsqu'on fait publier sa propre annonce, paie-t-on à la lettre, au mot ou à la ligne? _____

2. Comment comprendre les abréviations? Etudiez ce modèle:

   75. H. qtaine, 1,80 m, cadre sup., libre, voyages, tennis, opéra, si entente relation durable, souh. tél. + photo, disc. ass.

   Texte en prose:

   J'habite la région parisienne. Je suis un homme entre 40 et 50 ans et je mesure 1 m 80 [= *6 feet*]. Je suis cadre supérieur. Je suis libre et j'aime les voyages, le tennis et l'opéra. Si nous nous entendons bien, nous pourrons entretenir une relation durable. Je souhaite recevoir votre numéro de téléphone et une photo. Ma discrétion est assurée.

   Voici le sens de quelques-unes des abréviations les plus difficiles:

75, 78, 92, etc.	départment (région) de la France
bcbg	bon chic bon genre (*preppy*)
gd	grand
PDG	Président-directeur général
p., pr	pour
RP	région parisienne
s'abst.	s'abstenir

   Que veulent dire ces abréviations? (Lisez plusieurs annonces et étudiez des contextes différents avant de répondre.)

a _____	dés. _____
av. _____	m _____
b. _____	max. _____
ch. _____	min. _____
cult. _____	renc. _____

3. Trouvez trois annonces qui vous intéressent et encerclez-les. Ensuite, écrivez le texte de chaque annonce en phrases complètes (suivez le modèle plus haut).

4. Selon votre réponse à l'exercice 5 dans la section *Avant de lire,* les petites annonces du *Nouvel Observateur* sont-elles typiques? Y a-t-il des exemples des renseignements que vous avez notés? Ecrivez un exemple de chaque renseignement que vous trouvez:

_____

_____

_____

_____

A DISCUTER

1. Pourquoi y a-t-il tant d'abréviations dans les petites annonces? Est-ce seulement pour des raisons d'économie, ou est-ce que les abréviations créent une atmosphère vague et romantique?
2. Que pensez-vous maintenant des avantages et des désavantages des petites annonces? Si vous cherchiez quelqu'un, mettriez-vous une annonce dans un journal? Pourquoi ou pourquoi pas? Répondriez-vous à une telle annonce?
3. Comparez les petites annonces et d'autres moyens de trouver une(e) partenaire (les bars, les agences matrimoniales, les appels télévisés, les services vidéo, l'aide d'amis, etc.). Lesquels vous semblent les plus pratiques? Pourquoi?

A CREER

1. Ecrivez une annonce. D'abord, décidez comment vous décrire. Comment pouvez-vous rendre cette description claire en utilisant des abréviations? Quelle sorte de personne cherchez-vous? Ecrivez votre annonce sur le formulaire « Texte de l'annonce » à la page 67.
2. Ecrivez une lettre pour répondre à une de ces petites annonces. Comment allez-vous vous décrire? Si vous le préférez, imaginez que vous êtes quelqu'un de célèbre. Comment allez-vous essayer d'intéresser l'auteur de l'annonce? Où proposerez-vous de rencontrer cette personne?
3. Imaginez la première rencontre de deux personnes qui ont fait connaissance par la voie d'une petite annonce. Avec un(e) camarade de classe, jouez les deux rôles. Est-ce que c'est une scène romantique? Amusante? Ennuyeuse?

Le Courrier de Valérie

Voici des extraits de la section « Le Courrier de Valérie » du mensuel *Le Nouvel Intimité,* un magazine destiné aux jeunes gens, mais surtout aux jeunes femmes. Voici l'introduction au « Courrier de Valérie ».

LE COURRIER
DE VALÉRIE

Votre amie Valérie est là pour vous aider.
Elle vous répond par l'intermédiaire du journal.
Adressez-lui vos lettres signées d'un pseudonyme au
Nouvel Intimité, le courrier de Valérie,
2, rue des Italiens, 75440 Paris Cedex 09.

STRATEGIE A DEVELOPPER	Il s'agit dans « Le Courrier de Valérie » de lettres dans lesquelles on demande des conseils. Si vous avez déjà lu cette sorte de lettre, vous savez probablement les lire assez vite et en tirer les points principaux. Les exercices suivants vous aideront. Si vous rencontrez des mots que vous ne connaissez pas, soulignez-les; avant de les rechercher dans le Lexique, relisez le texte et essayez de deviner leur sens.

AVANT DE LIRE

Voici les titres qu'on a donnés à quatre des lettres envoyées à Valérie. Avant de lire ces lettres, complétez le tableau ci-dessous en imaginant le sujet de chaque lettre et si l'auteur est un homme ou une femme.

TITRE	A VOTRE AVIS, AUTEUR MASCULIN OU FEMININ?	SUJET
Il boit trop		
Peur d'un baiser		
Jamais de flirt		
Il me frappe		

EN LISANT

Voici les lettres écrites à Valérie. Lisez-les aussi vite que possible pour décider quel titre va avec chaque lettre. Travaillez seul(e) ou avec un(e) partenaire. Ecrivez ensuite le titre approprié au-dessus de chaque lettre.

Il y a quelque temps, je suis tombée amoureuse de G., mais nous ne sommes pas sortis ensemble car j'ai eu peur de l'embrasser. Depuis, on ne se voit plus. Je sais que j'ai fait une bêtise et j'aimerais le reprendre, mais il a déjà une petite amie...
Cœur brisé

J'ai dix-sept ans et j'aime un garçon qui ne s'intéresse pas à moi. Il habite mon village et c'est à peine s'il me dit bonjour. Il sort presque tous les soirs avec ses copains et prend souvent une « cuite ». J'ai essayé de l'oublier, mais je n'y arrive pas car je le croise chaque soir.
Sylva

Je connais un homme depuis deux ans environ. Il me traite comme une chienne : il me frappe et me prend tout mon salaire. Jamais une heure de bonheur ; je reste avec lui par peur. Il y a un mois, je suis tombée amoureuse d'Henri. Nous nous sommes vus trois fois en cachette. Lorsque l'autre l'a appris, il m'a battue et depuis il n'arrête pas de me surveiller. J'ai vingt-deux ans, je suis très malheureuse et je pense déjà à la mort. Au secours, Valérie !
Pauvre Nadia

J'ai vingt ans et, je ne sais pas pourquoi, je n'ai jamais eu de flirt ni même de copine. Mon rêve est de sortir, non pas avec une fille de mon pays, l'Algérie, mais avec une Française. Je vous en supplie, Valérie, présentez-moi quelqu'un. Je suis certain que je l'aimerai à la folie !
Karim

APRES AVOIR LU   Que pensez-vous de ces problèmes? Avec un(e) camarade de classe, ou seul(e) si vous le préférez, décidez quels conseils vous donneriez à chaque personne. Notez vos conseils ici, puis comparez vos idées avec celles de vos camarades.

Vos conseils pour:

Cœur brisé _____

Karim _____

Sylva _____

Pauvre Nadia _____

EN LISANT   Pour comparer vos conseils avec ceux de Valérie, il faut d'abord décider quelle réponse va avec chaque lettre. Voici les réponses de Valérie; identifiez chaque réponse avec l'auteur qui lui a écrit.

1. Réponse à _____

Etes-vous vraiment certaine d'avoir fait une bêtise? A moi, il ne me semble pas. Si vous ne l'avez pas embrassé, c'est que vous n'étiez pas prête. On ne peut pas se forcer, dans ce domaine-là. Il ne vous a pas attendue: il a une autre petite amie et cela va être difficile de le reprendre. En dehors de la blessure de l'amour-propre° de le voir dans les bras d'une autre, voulez-vous vraiment de ce garçon? Allons, ne vous racontez pas d'histoires à vous-même!

2. Réponse à _____

Il faut pourtant arriver à l'oublier. Un garçon si jeune qui boit autant te rendra malheureuse. Tu dois absolument le chasser de tes pensées. Fais tout ce que tu peux pour ne plus le rencontrer: change de chemin ou reste chez toi. Ou, encore mieux, fais-toi plein de copains et de copines. Ils t'aideront à passer ce cap difficile et à redevenir toi-même.

3. Réponse à _____

Je comprends bien votre désespoir. Je ne puis° vous présenter de jeune fille française, car mon rôle est de répondre au courrier du cœur et non d'organiser des rencontres. Il me semble, cependant, que ce n'est pas la nationalité qui changera quelque chose à votre problème. Vous souffrez actuellement d'un blocage vis-à-vis des femmes. Si vous arriviez à comprendre pourquoi, vous n'auriez plus besoin de moi ni de personne d'autre pour trouver l'élue de votre cœur.

4. Réponse à _____

Il faut absolument que vous trouviez le courage et les moyens de rompre définitivement avec cet homme qui vous rend malheureuse. Je sais que ce n'est pas facile, mais il faut que vous utilisiez toutes vos armes. Changez d'adresse si c'est possible, faites constater les coups par un médicin, prenez contact avec le service social municipal. Enfin, téléphonez à Halte aide femmes battues, au 43.48.20.40, une association qui vous donnera de précieux conseils. Ne pensez plus à la mort, mais à la vie! Dites-vous bien que vous avez le droit d'être enfin heureuse avec Henri: à condition de tourner définitivement le dos à ce cauchemar, vous allez sûrement y arriver.

° la blessure de l'amour-propre: *blow to one's pride or self-esteem*
° puis: peux (pas)

APRÈS AVOIR LU

1. A quelles personnes Valérie écrit-elle « tu » et auxquelles « vous »? Quelle est la différence dans le ton de ces réponses? A votre avis, pourquoi a-t-elle décidé d'utiliser le pronom qu'elle a choisi dans chaque cas?

2. Analysez un peu l'organisation des réponses de Valérie. Donnez des exemples qui indiquent que Valérie...

montre qu'elle comprend le problème.

_____

reconnaît qu'il s'agit d'un problème difficile.

_____

donne des conseils d'une façon claire et directe.

_____

résiste à donner tout ce que la personne demande.

_____

A DISCUTER

1. Comparez vos conseils, ceux de Valérie et ceux de vos camarades. Sont-ils semblables ou assez différents? Comment, et pourquoi, à votre avis?

2. Que pensez-vous d'un service comme « Le Courrier de Valérie »? Est-ce plutôt positif ou négatif pour les gens qui écrivent cette sorte de lettres?

A CRÉER

Votre professeur vous donnera une ou deux autres lettres envoyées à Valérie. A vous d'y répondre et de donner vos conseils. Révisez l'organisation et le ton des réponses de Valérie (référez-vous à la précédente section _Après avoir lu_) et essayez d'être aussi professionnel(le) qu'elle.

L'Amour en lettres

Etes-vous romantique? Séduisant(e)? Amusant(e)? Voici une bonne occasion de vous exprimer. Le texte suivant est tiré du magazine des jeunes _20 Ans_. Lisez le texte et répondez aux questions. Ensuite, vous aurez la possibilité d'écrire votre propre lettre d'amour.

Participez à notre concours « L'Amour en lettres » et gagnez un week-end à Venise

C'est le coup de foudre.° Vénus est entré dans Mercure et tout a explosé. Une bombe en forme de cœur. Vous avez envie de lui écrire une lettre enflammée. Ne vous gênez pas et envoyez-nous cette lettre. Si vous en êtes encore à attendre le grand chambardement,° imaginez-la. C'est simple, non?

5   Dans le détail, cette lettre d'amour devra être manuscrite (lisible) ou mieux, tapée à la machine. Elle ne devra pas dépasser 25 lignes d'un recto de page 21 × 29,7 (format standard). N'oubliez pas de mentionner vos nom, prénom et votre âge; en cas de prénom commun, genre Dominique, indiquez fille ou garçon. N'oubliez pas

_____

° coup de foudre: manifestation soudaine d'amour

° chambardement: (_familier_) bouleversement, état de désordre

votre adresse complète, votre numéro de téléphone précédé de l'indicatif.° Et
10 éventuellement° ce que vous faites dans la vie. La rédaction de *20 Ans* sélectionnera
les meilleures lettres.

    1er PRIX: UN WEEK-END POUR DEUX A VENISE grâce à l'aimable participation
      d'Air France.
    2e prix: un tuner-cassette « Super Compo-Sound Machine » Philips d'une valeur
15   de 3 000 f.
    Du 3e au 5e prix: un « Compo Sound » Philips d'une valeur de 1 500 f.
    Du 6e au 11e prix: un radio-réveil-cassettes Philips d'une valeur de 800 f.
    Et pour tous les autres lauréats, des centaines de parfums.

Adressez votre lettre (une seule) avant le 1er septembre minuit, à *20 Ans* — « Con-
20 cours de l'été », 5, rue des Morillons, 75740 Paris CEDEX 15.

20 Ans, août 1984

Exercices

1. *Vocabulaire contextuel.* Vous pouvez deviner le sens d'un mot soit par la forme du mot
(est-ce que le mot ressemble à un mot anglais?), soit par le contexte. Définissez
chacun des mots suivants en fonction du contexte du concours et indiquez par quels
indices vous avez trouvé ces solutions. Si nécessaire, référez-vous aux *Interludes 1,
2,* et *3.*

MOT	SENS?	CONTEXTE OU FORME DU MOT?
MODELE: concours	contest	*contexte:* by participating, one can win a prize
enflammée		
ne vous gênez pas		
lisible		
dépasser		
la rédaction		
lauréats		

2. *Compréhension.* Complétez ces phrases à l'aide des renseignements trouvés dans le
texte:

  a. Pour participer au concours, il faut _____.

  b. Si vous n'avez pas de petit(e) ami(e), vous pouvez _____.

  c. La forme de présentation de votre lettre d'amour peut être ou _____
    ou _____. Votre lettre doit se limiter à _____ lignes maximum.

  d. _____ va décider qui gagne.

  e. Si on gagne le 1er prix, _____.

  f. Si on gagne le 10e prix, _____.

  g. Pour gagner du parfum, il faut _____.

3. *Composition.* Pour participer à ce concours, écrivez une lettre d'amour en suivant les
règles énoncées dans l'annonce. A vous de décider si la lettre est vraie ou imaginaire.

° indicatif: *area code*   ° éventuellement: peut-être

Deux poèmes

Comment exprime-t-on son amour? En personne? Par une lettre? Dans un poème? Depuis des siècles, la poésie est un des moyens préférés pour exprimer le sentiment d'amour. Voici deux poèmes d'amour datant de deux époques différentes.

Marceline Desbordes-Valmore (1786–1859), d'abord actrice, a ensuite écrit des contes pour enfants et de nombreux poèmes élégiaques.* « Qu'en avez-vous fait? », poème paru dans sa collection *Pauvres Fleurs* (1839), témoigne de son style naturel et personnel.

Jacques Prévert (1900–1977), un poète français qui a toujours un très large public, a écrit des poèmes, des chansons et des scénarios de films. Hostile à toutes les forces de l'oppression sociale, sa poésie célèbre les thèmes de la liberté, de la justice, du bonheur et de l'amour. « Le Jardin » est tiré d'un de ses recueils principaux, *Paroles* (1946).

STRATEGIE A DEVELOPPER

Pour bien comprendre la poésie, il faut la lire à différents niveaux. Au premier niveau, selon le poème, on peut trouver l'histoire, la narration, les descriptions, les scènes, les images. Au-dessous de ce qui est évident, les poètes choisissent des mots pour évoquer une atmosphère et pour susciter des émotions. En plus, la poésie insiste normalement sur la tonalité des mots, et il faut considérer les effets du rythme et de la rime. Bien entendu, la personne qui le lit apporte au poème toutes ses expériences et peut y trouver des symboles.* Pour bien examiner un poème à tous ces niveaux, il faut le lire plusieurs fois. Les exercices *En lisant* et *Après avoir lu* vous aideront à analyser ces deux poèmes d'amour.

AVANT DE LIRE

● **Expressions utiles**

Pour parler poésie, il faut connaître un vocabulaire spécialisé. Apprenez les termes suivants pour comprendre les questions posées et pour parler de ces poèmes.

la rime; rimer	*rhyme; to rhyme*	la syllabe	*syllable*
le rythme	*rhythm*	le vers	*verse, line of poetry*
la strophe	*stanza*		

● **Le genre***

Comment sont les poèmes d'amour? Vous avez probablement déjà lu quelques poèmes d'amour en français ou en anglais. Que savez-vous du genre*? Répondez aux questions suivantes selon votre propre expérience.

1. Quelles émotions s'expriment souvent dans un poème d'amour?

   _____ _____ _____ _____

2. Quelles images se trouvent souvent dans un poème d'amour?

   _____ _____ _____ _____

3. Est-ce qu'un poète peut raconter une histoire dans un poème d'amour? _____

Marceline Desbordes-Valmore: « Qu'en avez-vous fait? »

EN LISANT

D'abord, parcourez ce poème pour avoir une idée générale du contenu et du style.

Avant de lire le poème de manière plus approfondie, répondez aux questions suivantes:

1. Est-ce que le ton est plutôt heureux ou triste? _____

2. Le poème contient-il une histoire? _____ Décrit-il une scène? _____

3. A qui parle la narratrice? _____

Lisez le poème à haute voix pour en entendre le rythme et les rimes. Répondez aux questions suivantes:

1. Est-ce qu'il y a des répétitions? _____ Marquez-les dans le texte.

2. Est-ce que tous les vers riment? _____

3. Est-ce que tous les vers ont le même nombre de syllabes? _____

Maintenant, lisez le poème plus soigneusement et répondez aux questions *En lisant* posées dans la marge.

Qu'en avez-vous fait?

MARCELINE DESBORDES-VALMORE

● **En lisant**

Vous aviez mon cœur,
moi, j'avais **le vôtre:**[1]
Un cœur pour un cœur;
Bonheur pour bonheur!

[1] = votre _____

5　Le vôtre est rendu;
Je n'en ai plus d'autre;
Le vôtre est rendu,
Le mien est perdu![2]

[2] Qu'est-ce qui s'est passé? _____

_____

La feuille et la fleur
10　Et le fruit lui-même,
La feuille et la fleur,
L'encens,[3] la couleur:

[3] Mot ap.: _____

Qu'**en**[4] avez-vous fait,
Mon maître suprême?
15　Qu'en avez-vous fait,
De ce doux bienfait?°[5]

[4] = _____

[5] A quoi ce bienfait fait-il référence?

_____

Comme un pauvre enfant,[6]
Quitté par sa mère,
Comme un pauvre enfant,
20　Que rien ne défend:

[6] Qui l'auteur compare-t-elle à « un pauvre enfant »? (N.B.: Tenez compte de tout le contexte.) _____

_____

Vous me laissez là,
Dans ma vie amère,°
Vous me laissez là,
Et Dieu voit cela!

25　Savez-vous qu'un jour,
L'homme est seul au monde?
Savez-vous qu'un jour,
Il revoit l'amour?

° bienfait: cadeau　　　　° amère: douleureuse, pénible, triste

Vous appellerez
30 Sans qu'on vous réponde,
Vous appellerez
Et vous songerez!...[7]

Vous viendrez **rêvant**[8]
Sonner[9] à ma porte;
35 Ami comme avant,
Vous viendrez rêvant.

Et l'on vous dira:
« Personne!... **elle**[10] est morte. »
On vous le dira:
40 Mais qui vous plaindra?°

[7] Quelle est la prédiction de la narratrice?

_____

[8] = le participe présent de _____

[9] Contexte: _____

[10] Qui? _____

Pauvres Fleurs (1989)

APRES AVOIR LU

1. Etudiez la progression des temps des verbes. Marquez les strophes où le poète utilise (a) le temps présent, (b) le temps passé composé, (c) le temps imparfait, (d) le temps futur.

2. Quelles signes de ponctuation y a-t-il? _____ Quel est le rapport entre la ponctuation et le rythme du poème? _____

3. Faites un résumé de ce qui s'est passé. Pourquoi la narratrice exprime-t-elle les sentiments qu'elle décrit?

A DISCUTER

1. Quelle est la signification de l'emploi de temps de verbe différents? Ces différents emplois créent-ils des parties différentes?

2. A votre avis, la réaction de la narratrice est-elle naturelle? Que feriez-vous si vous vous trouviez dans la même situation?

3. En quoi est-ce que « Qu'en avez-vous fait? » est un poème élégiaque*?

A CREER

1. En vous inspirant du style et du ton de Desbordes-Valmore, écrivez un poème d'amour élégiaque*. De quoi ou de qui vous plaignerez-vous? Parlerez-vous dans le poème? Si oui, à qui?

2. Avec un(e) camarade de classe, imaginez et jouez une scène de rencontre entre ces deux amants dix ans plus tard. Quels sont les sentiments des deux? Que se disent-ils? Essayent-ils de se réunir?

° plaindra: lamentera, apitoiera

Jacques Prévert: « Le Jardin »

EN LISANT

D'abord, parcourez ce poème pour avoir une idée générale du contenu et du style. Avant de lire le poème de manière plus approfondie, répondez aux questions suivantes:

1. Est-ce que le ton est plutôt heureux ou triste? _____

2. Le poème contient-il une histoire? _____ Décrit-il une scène? _____

3. A qui parle le narrateur? _____

Lisez le poème à haute voix pour en entendre le rythme et les rimes. Répondez aux questions suivantes:

1. Est-ce qu'il y a des répétitions? _____ Marquez-les dans le texte.

2. Est-ce que tous les vers riment? _____

3. Est-ce que tous les vers ont le même nombre de syllabes? _____

Maintenant, lisez le poème plus soigneusement.

Le Jardin

JACQUES PREVERT

Des milliers et des milliers d'années
Ne sauraient suffire°
Pour dire
La petite seconde d'éternité
5   Où tu m'as embrassé
Où je t'ai embrassée
Un matin dans la lumière de l'hiver
Au parc Montsouris à Paris
Sur la terre
10   La terre qui est un astre.°

Paroles © Editions Gallimard, Paris

APRES AVOIR LU

1. Dressez la liste des images visuelles que le poète présente.

_____

_____

_____

2. Le poète ne décrit pas ses émotions, mais il les montre d'une façon implicite. Quelles émotions sont exprimées dans ce poème?

_____

3. Dans « Le Jardin », Prévert met en contraste l'éternel et l'instant ou le moment. Donnez deux exemples de chaque image.

L'ETERNEL	LE MOMENT
_____	_____
_____	_____

° ne sauraient suffire: ne seraient pas assez

° astre: planète, comète, satellite, autre corps céleste

A DISCUTER

1. A votre avis, quelle situation a inspiré ce poème? A quoi le poète fait-il référence?
2. Quel est le rapport entre l'éternité et la brièveté dans ce poème? Avez-vous rencontré ce thème dans d'autres poèmes ou dans des histoires?

A CREER

Composez un poème d'amour pour présenter au lecteur une scène qui exprime vos sentiments et vos émotions. D'abord, choisissez le ton du poème et quelques images. Parlerez-vous à quelqu'un ou ferez-vous seulement une description?

Interlude

5

STRATEGIES	Infer word meanings from illustrations.
	Infer word meanings by using grammar.
	Find the main words.
	Analyze text structure: find the main points.

INFER WORD MEANINGS FROM ILLUSTRATIONS

Cartoons (*les dessins humoristiques*), line drawings, photos, and maps all enhance readers' enjoyment and comprehension. Illustrations (with and without captions [*les légendes*]) normally reproduce a scene, exemplify a main point, or explain central ideas; but foreign-language learners sometimes focus on the foreignness of words and don't really notice illustrations.

The following exercise, with illustrations from *Chapitres 5* and *6,* will help you predict the content of what you will soon read and infer meanings of unfamiliar words.

Exercice V   Regardez les illustrations pour répondre aux questions.

1.

De quel sport s'agit-il? _____

Est-ce qu'on _____ dit *ou* _____ pense ces mots?

79

2. *Le basketteur yougoslave Vlade Divac*

De quel sport s'agit-il? _____

D'où vient l'équipe de ce joueur?

_____

Quelle est la nationalité de ce joueur?

_____

3.

Quelle est la scène? _____

Quel est le rapport entre ces gens? _____

De quoi est-ce qu'ils parlent? _____

Voici une partie du texte qui va avec ce dessin. Pouvez-vous deviner le sens des mots soulignés?

— Et la plage, c'est des <u>galets</u>? a demandé Maman.
— Non, madame! Pas du tout! a crié Papa tout content. C'est une plage de <u>sable</u>! De <u>sable</u> très fin! On ne trouve pas un seul <u>galet</u> sur cette plage!

. . . .

Et moi j'ai recommencé à pleurer, parce que c'est vrai que c'est chouette de faire <u>ricocher</u> des galets sur l'eau...

4.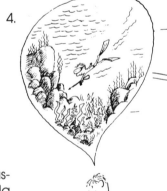

De quoi parlent-ils? _____

Voici le texte qui accompagne le dessin:

— Papa va m'apprendre à faire de la pêche sous-marine, j'ai dit à Maman quand elle est revenue de la cuisine.

Qu'est-ce que c'est que *la pêche sous-marine*? _____

En imaginant le rapport entre ces gens, aviez-vous raison? _____

INFER WORD MEANINGS BY USING GRAMMAR

Understanding what you read depends not only on what individual words mean but also on how they function in the text. For example, the word *draft* can mean "draw" (verb), "write out" (verb), "air current" (noun), "working" (adjective, as in *draft horse*), "call to military service" (noun or verb), and "beer" (adjective used as noun). Knowing how *draft* is used in a particular sentence eliminates some of these choices. In the same way, recognizing the grammatical function of an unknown word can help you deduce its meaning.

Exercise W   Give the grammatical function of each italicized word. Then use your knowledge of word families and grammar to find a logical meaning.

1. Colonel Stafford will *liaise* with Ambassador Heinrich.

   Function: _____   Meaning: _____

2. This portrait is truly *Leonardesque*.

   Function: _____   Meaning: _____

En français, faites attention aux familles de mots, aux mots apparentés et à la syntaxe.

3. Ce vin ne sent pas bon; il est *infect.*

   Fonction: _____   Sens: _____

4. Roger *lit* un roman policier.

   Fonction: _____   Sens: _____

5. Il faut bien acheter un nouveau *lit* cette année.

   Fonction: _____   Sens: _____

6. Le voyage commence, le bateau *s'éloigne* du port.

   Fonction: _____   Sens: _____

FIND THE MAIN WORDS

Efficient native-language readers know that it's not necessary to read every word to get the gist. Primary meaning usually comes from nouns and verbs; adjectives, adverbs, and articles expand on that meaning; conjunctions relate meanings to each other. Main words normally indicate the direction of the paragraph or text. So first read for the main direction (plot, characterization, argumentation, facts, etc.). During the second or third reading, use descriptions and elaborations to understand more fully.

Exercise X   In the following paragraphs, circle words that carry primary meaning. Then underline words that enhance the basic meaning. The first sentences are done as models.

1.   Since the discovery of penicillin in 1928 there has been more progress toward the prevention and treatment of infectious diseases than in all the rest of medical history combined. Smallpox has now been eradicated, typhoid fever has become a rarity, and pneumococcal pneumonia is both curable and, now,

preventable. Yet no means has yet been found to eliminate or cure the common cold, which, it has been estimated, costs $5 billion each year in lost wages and medical expenses.

2.   Des Russes immenses, athlétiques, surentraînés envahissent les Etats-Unis. L'invasion, heureusement, est pacifique. Elle se limite aux arènes sportives. Pour la première fois depuis les débuts du sport professionnel aux Etats-Unis, en effet, des athlètes venus de l'Europe de l'Est jouent cette saison sous des maillots aux couleurs capitalistes. Ces nouveaux arrivants ont été avidement recrutés par les équipes de hockey et par la NBA, la National Basketball Association.

ANALYZE TEXT STRUCTURE: FIND THE MAIN POINTS

As explained in *Interlude 2,* text structures vary. Nonfiction articles are typically organized around *main ideas* (*les idées principales*) or *general statements* supported by details or examples; but, of course, some texts are structured more clearly than others. Sometimes authors provide headings, introductions, conclusions, and cue words; they may also link each main point with its supporting elements. At other times authors are more subtle: They highlight examples first and then summarize them with general statements, or they interweave main ideas and details. Texts organized around main ideas can frequently be summarized by a list of those main ideas.

To read nonfiction efficiently, analyze the following distinguishing characteristics to see whether information is organized by main points and supporting details; then find the main points.

CHARACTERISTICS OF MAIN POINTS	CHARACTERISTICS OF SUPPORTING DETAILS OR EXAMPLES
Often appear at the beginning of paragraphs	Often appear after a main statement
Use the present tense	May use the past tense or conditional
Give few details	Give such details as place, time, names, etc.
Feature expressions like *en général, d'une manière générale, en principe, d'habitude*	Feature expressions like *par exemple, un(e) autre... , l'un d'eux (l'une d'elles), l'un(e) des... , outre... , comme... , dans ce cas*

Activities accompanying « Athlètes de l'Est » and « Inventez votre méthode de relaxation » will help you practice analyzing text structure.

Chapitre 5

LES SPORTS ET LA SANTE

On s'intéresse de plus en plus aux sports et à la santé. Qu'est-ce qui se passe dans le monde du sport professionnel? Quels sont les rapports entre le sport et la santé? Comment peut-on se relaxer si on a une vie stressante? Pour vous aider à répondre à ces questions, voici trois textes, extraits des magazines suivants: *L'Equipe Magazine, Le Point* et *Vital.*

Le Mundial vu par Soulas

Le Mundial, c'était la Coupe du monde de football au Mexique en 1986. Voici un dessin humoristique de Soulas au sujet des joueurs de football.

STRATEGIE A DEVELOPPER	Les dessins humoristiques et les bandes dessinées présentent, bien sûr, les choses sous un jour amusant. Souvent aussi, les dessins illustrent les paroles des personnages. Considérez les actions du « Mundial » pour comprendre les mots que vous ne connaissez pas. ATTENTION! Quand les dessinateurs utilisent la langue parlée ou familière, leurs phrases ne sont pas toujours grammaticalement correctes: par exemple, *paraît*, *décide* et *démarre* sans accents; *y se décide* au lieu d'*il se décide*.

EN LISANT

Voici une liste de mots que vous pourrez probablement comprendre grâce au dessin. En lisant le texte, devinez le sens général de ces mots et écrivez vos définitions, en anglais.

tirer = _____

engager son pied = _____

frémir = _____

balancer = _____

Voici une liste de mots que vous pourrez probablement comprendre grâce au contexte:

se tromper = _____

feinter Mot ap.: _____

mon con = un nom _____ péjoratif / _____ plein de louanges

la vache = exclamation de quelle emotion? _____

la sienne = sa _____

APRES AVOIR LU

1. Dans ce dessin, comment Soulas a-t-il indiqué les mots qu'on dit? Et les mots qu'on pense?

   Les mots qu'on dit sont _____

   Les mots qu'on pense sont _____

2. L'homme, pourquoi a-t-il manqué le ballon?

   _____

A DISCUTER

En quoi ce dessin humoristique est-il semblable aux dessins que vous connaissez? En quoi est-il différent?

A CREER

Faites un dessin humoristique pour vous moquer d'un joueur de football, de basketball, de tennis ou d'un autre sport. N'oubliez pas l'humour des exclamations.

Au Mundial, les cartoonistes font un carton. Cette semaine : Soulas

« Athlètes de l'Est: l'appel américain » _____

Cet article récent, tiré de l'hebdomadaire d'information *Le Point*, traite évidemment du sujet des sports. Lesquels? Dans quel contexte? Quelles en sont les idées principales? Trouvez-vous le sujet intéressant?

STRATEGIE A DEVELOPPER	Même si vous n'aimez pas le sport, vous en savez probablement quelque chose. Utilisez vos connaissances et les renseignements du titre, des sous-titres, de la photo et des légendes pour prédire le contenu de cet article. Ensuite, trouvez les points principaux pour vérifier vos prédictions.

AVANT DE LIRE

● Votre connaissance générale

Lisez le titre, le sous-titre et la légende de la photo et regardez la photo (pp. 87, 89) pour imaginer le sujet d'« Athlètes de l'Est: l'appel américain ». Les questions ci-dessous vous aideront.

1. « L'Est » avec *e* majuscule, c'est _____.

2. De quelle nationalité est le basketteur, sur la photo? _____

3. « Au paradis », c'est où? _____

4. De quel autre pays s'agit-il? _____

5. Regardez le sous-titre de l'article:

    a. Comment les clubs recrutent-ils les athlètes? _____

    b. De quel « froid » parle-t-on? _____

6. A votre avis, quel est le sujet de cet article?

    _____

    _____

● Expressions utiles

Vous connaissez probablement déjà la construction passive des verbes, où c'est le sujet qui reçoit l'action. Par exemple, comparez ces phrases:

VOIX ACTIVE: Des clubs recrutent des sportifs.
VOIX PASSIVE: Des sportifs sont recrutés par des clubs.

Des clubs font toujours l'action de *recruter*. Dans la première phrase, *des clubs* fonctionnent comme **sujet;** dans la deuxième, *des clubs* fonctionnent comme **agent,** objet de la préposition *par*. Un verbe à la voix passive utilise l'auxiliaire *être* suivi du participe passé du verbe principal.

Exercice

Voici quelques phrases tirées de l'article; mettez-les à la voix active. S'il n'y a pas d'agent dans une phrase passive, utilisez *on* dans la phrase active.

1. « Ces nouveaux arrivants ont été avidement recrutés par les équipes de hockey et par la NBA. »

    _____

2. « Cette mini-révolution sportive a été déclenchée par la perestroïka. »

    _____

3. « Le coup de pouce a été donné par la Fédération internationale de basket-ball. »

   _____.

4. « Une frontière psychologique vient d'être franchie. » (Le verbe est *franchir*.)

   On _____.

5. « L'arrivée des joueurs de hockey a été moins remarquée. »

   On _____.

EN LISANT　　　Vous avez prédit le sujet de cet article. En lisant l'article la première ou la deuxième fois, vérifiez ou révisez vos prédictions en recherchant l'idée principale de chaque paragraphe. Un choix de phrases récapitulatives vous est proposé à la fin de presque tous les paragraphes.

Athlètes de l'Est: l'appel américain

JEAN-SEBASTIEN STEHLI

A coups de dollars, les clubs professionnels, de basket et de hockey sur glace surtout, recrutent des sportifs venus du froid.

● **En lisant**

Des Russes immenses, athlétiques, **surentraînés**[1] envahissent les Etats-Unis. L'invasion, heureusement, est pacifique. Elle se limite aux arènes sportives. Pour la première fois depuis les débuts du sport professionnel
5　aux Etats-Unis, en effet, des athlètes venus de l'Europe de l'Est jouent cette saison **sous des maillots aux couleurs capitalistes.**[2] Ces nouveaux arrivants ont été avidement recrutés par les équipes de hockey et par la NBA, la National Basketball Association.[†] Les clubs
10　ont joué des coudes,° et surtout du **chéquier,**[3] de façon pas toujours très sportive, pour séduire ces athlètes venus du froid. Résultat: dix-huit joueurs d'URSS et de Tchécoslovaquie dans les rangs de la NHL, la National Hockey League, et cinq — pour le moment —
15　dans la Fédération de basket-ball. Pas encore vraiment un raz de marée,° mais une frontière psychologique vient d'être **franchie.**[4]

[1] Mot ap.: entraîner = _____;

　forme: sur = _____

[2] = Ils _____ font de la natation / _____ portent des uniformes américains.

[3] Mot ap.: chèque; alors, c'est une allusion à _____.

[4] Qu'est-ce qu'on fait avec une frontière? _____

Quel est le meilleur résumé du paragraphe?

_____ a.　Aux Etats-Unis, les Russes envahissent les associations nationales de hockey et de basket-ball.

_____ b.　Aux Etats-Unis, les équipes nationales de hockey et de basket recrutent les joueurs des pays communistes.

_____ c.　Aux Etats-Unis, les clubs ont recruté des joueurs par des moyens pas très sportifs.

° ont joué des coudes: *elbowed their way*　　　° un raz de marée: *tidal wave*

« *On a besoin du talent, d'où qu'il vienne. Et si nous négligeons l'Europe, nous nous privons d'une source importante d'athlètes* », explique Alvin Attles, l'un des responsables des Golden State Warriors, l'équipe de basket-ball de San Francisco. Une équipe qui vient de recruter le meilleur des joueurs venus de l'Est, Sarunas Marciulonis.

Le meilleur résumé?

_____ a. En Europe, il y a des athlètes privés.

_____ b. Le meilleur joueur de l'Est, c'est Sarunas Marciulonis.

_____ c. Pour avoir une bonne équipe, il faut trouver le meilleur talent.

Originaire de Lituanie, Marciulonis est le premier athlète soviétique dans l'histoire du sport à signer un contrat pro aux Etats-Unis. Et quel contrat! 1,3 million de dollars par an pendant trois ans. Même s'il doit en verser° une partie à la fédération soviétique, la somme reste **coquette**[5] pour quelqu'un qui affirme, dans un anglais rustique, appris en regardant des films policiers à la télévision: « *J'aurais eu du mal à gagner 200 roubles* [environ 1 900 francs] *par mois en URSS en dehors du basket.* » Avec cet argent, le jeune homme... s'est laissé quelque peu corrompre° par la douceur de la vie californienne: il vient d'acheter une grande maison plantée sur un terrain de golf, une Mercedes 300E, trois télévisions et une foule de gadgets électroniques. Malgré ses difficultés à comprendre les ordres du coach, Marciulonis s'est plutôt bien adapté. Cette masse de muscles de 1,93 m pour 94 kilos, avec des mains gigantesques — « *création de quelque secret laboratoire du sport soviétique* », écrit le *New York Times* — marque 11,1 points par rencontre, en ne jouant encore que la moitié du temps. Pas mal pour un débutant.[6]

[5] Contexte: _____

[6] Quels faits savez-vous au sujet de Marciulonis?

1. _____

2. _____

3. _____

4. _____

Le meilleur résumé?

_____ a. Marciulonis, le premier athlète soviétique à jouer aux Etats-Unis, a signé un grand contrat.

_____ b. Marciulonis joue très bien pour un débutant.

_____ c. Marciulonis s'adapte bien à la vie et au sport américains.

° verser: dépenser

° s'est laissé... corrompre: *let himself be corrupted*

Cette mini-révolution sportive a été **déclenchée**[7] par la perestroïka,[†] qui a laissé partir plus facilement les athlètes au paradis du sport professionnel. Il y a eu ensuite la surprenante victoire de l'équipe de basket-ball soviétique sur les Américains, aux derniers Jeux olympiques de Séoul **(dont Marciulonis fut l'artisan),**[8] qui a fait monter la valeur des joueurs de l'Est. Le coup de pouce,° enfin, a été donné par la Fédération internationale de basket-ball,[†] qui a autorisé les athlètes professionnels à participer aux JO. **La greffe a pris.**[9]

[7] Contexte: _____

[8] = C'est à cause de Marciulonis que l'équipe soviétique _____

_____.

[9] = *The graft took.* A quoi fait-on allusion?

_____

Quel est le sujet du paragraphe?

_____ a. Les trois raisons du changement survenu dans le sport professionnel

_____ b. L'effet de la perestroïka sur les sports professionnels

_____ c. La participation des athlètes professionnels aux Jeux olympiques

---

Le basketteur yougoslave Vlade Divac

La plus prestigieuse équipe de basket, les Los Angeles Lakers, s'est entichée° d'un Yougoslave, Vlade Divac, 21 ans, un gaillard de 2,13 m. « *Vlade nous impressionne par son amour du jeu. Il nous apporte beaucoup* », confie « Magic » Johnson, la superstar de cette équipe cinq fois championne des Etats-Unis dans les années 80. Et, à San Antonio, Zarko Paspalj — un autre Yougoslave — est si populaire que l'équipe a composé un hymne à sa gloire. L'arrivée des joueurs de hockey a été moins remarquée,[†] parce que des Européens opèrent déjà dans les rangs de la NHL. Mais leur impact n'est pas moins important. Vyacheslav Fetisov et Alexis Kasatonov,[11] les deux nouvelles **recrues**[12] des New Jersey Devils, ont propulsé leur équipe, qui se traînait dans le bas du classement, en tête de sa division.[13]

[11] Jouent-ils au basket ou au hockey?

Divac: _____

Paspalj: _____

Fetisov: _____

Kasatonov: _____

[12] Contexte: _____

[13] = A cause de ces deux joueurs, les New Jersey Devils _____.

° le coup de pouce: l'initiative finale
° s'est entichée de: s'est passionnée pour

Le meilleur résumé?

_____ a. Les Yougoslaves sont d'excellents joueurs de basket-ball et de hockey.

_____ b. Des athlètes soviétiques entrent fréquemment dans les équipes américaines.

_____ c. Les Européens jouent depuis longtemps dans les rangs de la NHL.

Cette migration des athlètes des pays d'Europe de l'Est vers des équipes professionnelles n'est pas près de cesser. « _Le sport américain veut des gens toujours plus grands, plus forts, plus rapides, qu'ils viennent de Mars ou de Jupiter_ », observe Sam Tutco, professeur de psychologie à l'université de San Jose, spécialiste du sport. « _Et **il**[14] a l'argent pour **les**[15] convaincre de venir._ »

Les Américains préparent déjà leur contre-attaque. Depuis plusieurs mois, ils encouragent activement la formation d'une équipe de base-ball, le jeu yankee par excellence, à Moscou. Après Fidel Castro, Gorbatchev sera-t-il saisi par **le virus**?[†16]

[14] = _____

[15] = _____

[16] = le virus de _____

Le Point, n° 911

APRES AVOIR LU

1. Résumez cet article en trois ou quatre phrases, en tenant compte des deux petits paragraphes de la fin.

2. Comparez votre compréhension du texte avec votre prédiction avant de l'avoir lu. Aviez-vous raison?

A DISCUTER

1. Marciulonis a signé un contrat de 1,3 million de dollars par an pendant trois ans. Que pensez-vous des salaires des joueurs de sport américains? Ces athlètes touchent-ils de gros salaires en raison de la brièveté de leur carrière? Des dangers de cette carrière? De leur talent? Comment comparer les salaires d'athlètes avec ceux des médecins, des professeurs, des policiers?

2. Marciulonis « s'est laissé quelque peu corrompre par la douceur de la vie californienne. » A votre avis, s'agit-il de corruption ou de succès? Pourquoi?

3. Plusieurs joueurs soviétiques appartiennent aux équipes de l'Ouest. Est-ce une bonne idée? Quels en sont les aspects positifs et négatifs?

A CRÉER

1. Si vous connaissez quelqu'un de sportif, préparez quelques questions et interviewez cette personne. Que pense votre athlète des récompenses financières offertes aux sportifs et de l'entrée des athlètes soviétiques dans le sport américain? Rédigez ensuite votre interview sous forme d'article de journal. Si vous ne connaissez aucun sportif, résumez vos opinions au sujet des athlètes professionnels.

2. En vous aidant des idées émises en réponse à la question n° 3 de la section *A discuter*, préparez (à l'écrit ou à l'oral) un court débat: L'intégration des mondes sportifs capitalistes et socialistes est bonne — oui ou non?

« Inventez votre méthode de relaxation »

Voici un article tiré de *Vital*, un magazine traitant de la santé, de la forme physique et de la beauté. Comme l'indique le titre de l'article, il s'agit de se relaxer, d'éviter les effets du stress de la vie moderne. Avez-vous besoin de cet article ou êtes-vous déjà assez décontracté(e)?

STRATÉGIE À DÉVELOPPER

On comprend souvent mieux une série de renseignements lorsqu'on les résume. Si vous voulez faire un résumé, faites attention aux titres, aux sous-titres, aux questions de l'auteur, à l'introduction et à la conclusion. Pour vous aider à bien récapituler les idées principales d'« Inventez votre méthode de relaxation », les exercices *En lisant* vous indiquent quand il faut résumer les paragraphes.

AVANT DE LIRE

● **Votre connaissance générale**

Quelles situations provoquent le stress? Donnez-en trois exemples.

_____

_____

_____

Que faites-vous pour vous relaxer? Pouvez-vous donner trois possibilités?

_____

_____

_____

● **La structure**

Pour avoir une idée générale de la structure de l'article, parcourez le texte et répondez aux questions suivantes:

1. Y a-t-il un résumé? _____

2. Où se trouve l'introduction? Aux lignes _____ à _____

3. Donne-t-on des exemples de méthodes de relaxation? _____

4. Quelles sont les trois façons générales de se détendre? _____

_____   _____

● **Expressions utiles**

Il y a souvent des rapports entre les mots de même origine. Pour deviner le sens de ces mots apparentés dans l'exercice suivant, étudiez la forme (préfixe, orthographe) et la fonction de chaque mot et le contexte de la phrase.

tendre   *to tighten, tense, stretch*

> Pour faire cet exercice, il faut **tendre** les muscles des jambes.

détendre   *to relax*

> Mes vacances m'**ont** vraiment **détendu(e).**

se comporter   *to behave*

> Cet enfant est bien élevé; il sait **se comporter.**

Exercice

CONTEXTE	FONCTION	DEFINITION
MODELE: Quand j'ai trop de travail, j'ai des difficultés à **me détendre.**	verbe	to relax
1. Pour me reposer, je préfère **m'étendre** sur mon lit.	_____	_____
2. Quand j'ai besoin d'un peu de **détente,** je prends du thé chaud.	_____	_____
3. Moi, je trouve le lait très **détendant.**	_____	_____
4. Mon ami n'est jamais stressé, il est toujours **détendu.**	_____	_____
5. Regarde ce qu'il fait! Quel **comportement** bizarre!	_____	_____
6. Beaucoup de **comportementalistes** ont étudié les effets du stress.	_____	_____

Inventez votre méthode de relaxation

A. POST

Se relaxer? Facile. Il suffit de dormir. Bien et suffisamment. Car le sommeil est la plus efficace, la plus complète et la plus naturelle des méthodes de relaxation. Mais lorsque stress, **angoisses,**[1] modes de vie agités et
5   **sédentarité**[2] ne permettent pas d'y **accéder?**[3] Il y a la relaxation traditionnelle, bien sûr, mais aussi l'exercice physique, par exemple, qui **aboutit à**[4] ce que l'on appelle la saine fatigue, générant° de bonnes nuits. Et puis la musique, et puis le lait... , et puis les autres
10   qui suivent. **A expérimenter**...[5]

   Il y a trois voies principales à la relaxation — corporelle, psychologique et chimique. Mais elles ne répondent pas aux **critères**[6] d'une relaxation « dans la vie ». Parce que trop compliquées, trop contrai-

● **En lisant**

[1] Mot ap.: _____

[2] Mot ap.: _____

[3] = _____ accélérer / _____ arriver

[4] = _____ conduit à / _____ rejette

[5] = Pour trouver une bonne méthode de

relaxation, il faut _____

_____.

Et quoi ce paragraphe sert-il d'introduction?

_____

° générant: produisant

15 gnantes,° trop longues, trop médicalisées, trop loin-
taines.[7] Et donc inadaptables à un mode de vie actif,
pressé, efficace, moderne. Mode de vie qui, paradox-
alement, est celui qui nécessiterait le plus des
parenthèses[8] relaxantes. Enfin, il y a cette réalité in-
20 contournable: se relaxer est un acte complètement personnel, qui ne saurait obéir à des recettes schématiques.° Ce qui réussira sur X peut parfaitement rendre
Y hystérique. Les médecins le savent bien qui, lorsqu'ils
prescrivent certains tranquillisants, demandent à leurs
25 patients de s'observer après la première dose: parfois,
le résultat est à l'inverse du but recherché.[9]

Résumons. Sachant qu'il y a trois grandes familles de
relaxation (corporelle, psychologique et chimique),
qu'il est nécessaire de tenir compte d'un quotient per-
30 sonnel, et qu'il faut qu'**elle**[10] puisse s'intégrer à la vie
quotidienne, quelle est la méthode de relaxation la
meilleure?[11] La réponse est évidente. Chacun doit construire la sienne, en mixant les techniques des trois
grandes familles, en confectionnant **le cocktail**[12]
35 adapté à sa personnalité, à son comportement,† à ses
modes de réaction, **modulable**[13] en fonction de la
situation et intégrant les circonstances dans lesquelles
il doit être appliqué (on ne peut imaginer de se relaxer
de la même façon au bureau ou chez soi).[14]

RELAXATIONS

40 Voici quelques modules, **minutés** ou non, répertoriés
en fonction de leur mode d'action, qui vous permet-
tront de créer vous-même le **puzzle**[15] relax idéal dans
votre cas. Exemple: sachant que vous êtes sur le point
d'exploser, qu'il est 4 heures de l'après-midi, que vous
45 êtes au bureau et que vous ne disposez que de 10
minutes, vous ne mettrez pas en batterie le même cocktail relax qu'à 10 heures du soir, chez vous, ruminant
des idées noires et n'arrivant pas à dormir. Ce qui
signifie qu'il vous faudra bâtir° non pas un programme,
50 mais plusieurs, qui vous serviront dans toutes les situations stressantes.[16]

MODULES PHYSIQUES[17]

Très rapides (moins de 5 mn)

Respiration: inspirez **à fond**[18] en **gonflant**[19] successivement votre ventre, votre poitrine et votre sternum.
Bloquez[20] quelques secondes en **crispant**[21] les poings
55 et en tendant† tous vos muscles. Puis expirez à fond en
lâchant[22] tout, bras mous, épaules tombantes. Parfait
pour s'éclaircir les idées.

[6] Mot ap.: _____

[7] Qu'est-ce qui est compliqué, contraignant,
etc.? _____
_____

[8] (ici) = _____

[9] **Résumé:** _____
_____
_____

[10] = _____

[11] Marquez dans le texte les trois faits importants.

[12] Quelle sorte de « cocktail »? _____
_____

[13] = _____ agréable / _____ adaptable

[14] **Résumé:** Pour qu'une méthode de relaxation réussisse, il faut qu'elle soit _____
_____.

[15] (ici) = _____

[16] En quoi ce paragraphe sert-il d'introduction? _____
_____

[17] Quelles sortes de modules va-t-on présenter? physiques, _____ et _____

[18] Contexte: _____

[19] Contexte: _____

[20] Mot ap./contexte: _____

[21] Contexte: _____

[22] C'est le contraire de quel verbe précédent?
_____

° contraignantes: désagréables,
ennuyeuses

° recettes schématiques: moyens trop
simplifiés

° bâtir: créer

Corde à sauter: 5 minutes de saut à la corde,[23] en alternant les pieds joints et d'un pied sur l'autre, sur un
60 rythme très rapide. Cet exercice demande à la fois énergie et concentration, et permet d'évacuer des tensions†
cérébrales insupportables.° Bien en cas de colère rentrée.°

[23] Lisez la description. Qu'est-ce qu'**une corde à sauter**? _____

_____

Mi-longs (de 5 à 15 mn)

Jogging: si vous n'êtes pas **entraîné,**[24] prenez garde à
65 ne jamais vous sentir essoufflé.° Si vous êtes entraîné, courez à votre rythme, un bon quart d'heure. Vous perdrez rapidement contact avec la réalité stressante, concerné uniquement par votre foulée° et votre **souffle.**[25] Formidable après une engueulade.°

[24] Mot ap./ contexte: _____

[25] Même fam./contexte: _____

Très longs (plus de 15 mn)

70 *Danse, aérobic, gym:* dans un cours, pendant une heure, faites une **coupure**[26] totale. Vous changez de vêtements, de voisins, de cadre,° de corps. Vous prenez une douche après, vous **changez de peau.**[27] Parfait en parenthèse dans une journée marathon.

75 *Sport:* tennis ou **aviron,**[28] course ou basket, le sport est l'une des armes les plus efficaces contre le stress. La preuve, les **compagnies d'assurance-vie**[29] le prennent en compte dans leurs évaluations. **Il**[30] permet d'évacuer les tensions,† sauf bien sûr s'il y a compéti-
80 tion. Impératif en cas de stress permanent.

[26] Même fam.: _____

[27] Contexte: _____

[28] (Regardez le dessin) = _____

[29] Mot ap./contexte: _____

[30] Qui?/quoi? _____

° insupportables: intolérables
° rentrée: réprimée (*repressed, kept inside*)
° essoufflé: qui ne peut plus respirer

° foulée: *stride*
° engueulade: (*populaire*) réprimande; dispute

° cadre: milieu, décor, scène

MODULES SENSUELS ET PSYCHOLOGIQUES

Là, évidemment, la liste n'est pas exhaustive. Car si certains se détendent en musique, d'autres ont besoin de silence. Si la lecture détend parfois, elle peut aussi remuer° des inconscients **romanesques.**[31] Quant à° la
85 sensualité, c'est une affaire purement personnelle: et c'est en repérant° ce qui vous fait du bien que vous pourrez l'utiliser pour vous relaxer. Enfin, apprenez à discerner les **aliments**[32] ou les boissons qui vous rendent nerveux ou cool.[33]

Rapides (moins de 5 mn)

90 *Ecoutez:* une chanson ou un morceau que vous adorez, au besoin avec un Walkman si vous êtes au bureau. La musicothérapie est la technique lourde° qui correspond à ce truc simple. Parfait pour se remettre de bonne humeur.

95 *Parlez:* racontez à quelqu'un qui ne vous juge pas ce qui vous met **hors de vous.**[34] Le téléphone est bien pratique pour ce genre de confidences. Bien pour prendre du recul.°

Mi-longs (de 5 à 15 mn)

La lecture: dix minutes de lecture permettent de quitter
100 le monde réel. Choisissez ce qui vous détend[†] (une lecture trop passionnante et vous risquez d'être énervé en l'interrompant), magazine, policier ou philosophie **souriante**[35] et plongez-vous dedans. Parfait si vous avez le sentiment d'être débordé.[36]°

105 *La nouvelle méthode Coué:* empruntée aux comportementalistes.[†] Prenez une feuille de papier. Faites deux

[31] = _____ romantic / _____ Roman

[32] On boit des boissons; on _____ les aliments.

[33] **Résumé du paragraphe:** _____
_____
_____

[34] = _____ furieux / _____ calme

[35] Même fam.: _____

[36] **Résumé:** Pour réussir, une lecture doit
être _____.

° remuer: agiter, émouvoir
° quant à: à l'égard de, concernant

° repérant: trouvant, reconnaissant
° lourde: complexe
° recul: espace libre, éloignement

° débordé: dépassé; ne pouvant plus contrôler la situation

colonnes.[37] Notez dans celle de droite tout ce qui ne va pas. Dans celle de gauche tout ce qui va. Puis rayez° méthodiquement tout ce qui, dans la colonne de droite,
110 n'est vraiment pas grave. Pas si bête pour **recoller**[38] à la réalité.

Très longs (plus de 15 mn)

L'amour: réussi, c'est avec le sommeil, la plus efficace des méthodes de relaxation. Pas de commentaires, c'est bon dans tous les cas.

115 *La sieste:* **dérobez**[39] une heure sur votre planning pour vous étendre,[†] confortablement. Même si vous ne dormez pas, restez dans l'obscurité, yeux fermés, tranquille. Enormément d'hommes d'affaires **surmenés**[40] pratiquent cette relaxation qui les autorise à être **sur**
120 **le pont**[41] 15 heures par jour. Urgent en cas de **surmenage**.[42]

LES MODULES CHIMIQUES

De deux choses l'une. Ou vous souffrez réellement de stress incontrôlable, à la suite d'événements très durs, ou plus simplement d'une accumulation trop lourde
125 de petits incidents minants,° et dans ce cas, faites-vous aider par votre médecin. Lui seul saura vous donner, si besoin est, les petites **pilules**[43] qui sont parfois nécessaires, ponctuellement°... Et utilisez des relaxants naturels tels que:
130   — Le lait: il contient un précurseur de la **sérotonine**,[44] hormone relaxante. Ses effets détendants[†] sont quasi immédiats.
   — Certaines **tisanes:**[45] verveine,° camomille, tilleul.° Mais il en existe bien d'autres qui provoquent également-
135 ment une légère détente.[†]
   — Le chocolat: à condition de ne pas en abuser, il renferme une substance magique, la phényléthylamine, dérivée d'un acide aminé, réellement euphorisante.
   — Le champagne: une **coupe**[46] dorée et pétillante°
140 peut être un bon moyen d'éviter le drame (le champagne brut contient très peu de sucre, est peu alcoolisé).[47]

© *Vital*/A. Post

[37] Mot ap./contexte: _____

[38] = _____ refuser / _____ revenir

[39] Faux ami; = voler, prendre (du temps)

[40] = qui ont _____ peu / _____ beaucoup de travail

[41] = _____ au travail / _____ en vacances

[42] Même fam.: _____

[43] Mot ap./contexte: _____

[44] Trouvez dans le texte la définition de **sérotonine:** _____

[45] Qu'est-ce qu'une tisane? (Voyez les exemples.) _____
_____

[46] Mot ap./contexte: _____

[47] **Résumé du paragraphe:** _____
_____
_____

° rayez: barrez, effacez, éliminez
° minants: destructifs, affaiblissants, débilitants

° ponctuellement: (faux ami) avec soin
° verveine: *verbena tea*

° tilleul: *linden-blossom tea*
° pétillante: *bubbly, sparkling*

APRES AVOIR LU

1. Quel est le point principal de texte?

   _____ a. La vie actuelle est très stressante.

   _____ b. Il y a beaucoup de méthodes de relaxation.

   _____ c. Il faut choisir la meilleure méthode de relaxation pour chaque situation.

   _____ d. Pour se détendre il faut choisir une méthode corporelle, psychologique ou chimique.

2. Donnez un exemple du texte de chaque méthode de relaxation:

   corporelle: _____

   psychologique: _____

   chimique: _____

3. Choisissez dans le texte la méthode de relaxation qui vous conviendrait le mieux dans chacune des situations suivantes:

   a. Vous êtes au bureau. Votre patron vient de vous dire qu'on va éliminer votre poste (et vous) dans un mois.

   _____

   b. Vous êtes chez vous. Votre petit(e) ami(e) vient de vous énumérer tous les problèmes de votre relation.

   _____

   c. Vous conduisez en ville quand quelqu'un s'arrête trop vite devant vous. Vous évitez l'accident de justesse.

   _____

   d. C'est le week-end, mais vous avez trois examens difficiles la semaine prochaine.

   _____

   e. Votre professeur d'anglais vous rend votre composition en disant qu'elle est à refaire. Vous avez déjà passé cinq heures à rédiger cette composition. Vous quittez la salle de classe.

   _____

A DISCUTER

1. Lesquelles des méthodes de relaxation utilisez-vous, quand, et pourquoi?
2. De nos jours, on parle très souvent du stress. Quelles sont les sources du stress dans votre vie? Que provoque-t-il chez vous? Faut-il avoir des méthodes de relaxation?

A CREER

1. Avec un(e) camarade de classe, jouez une scène entre deux ami(e)s. Une personne raconte ses problèmes et ses angoisses; l'autre lui donne des conseils sur la manière dont il (elle) peut se relaxer.
2. Quelles autres méthodes de relaxation connaissez-vous? Ecrivez un ou deux paragraphes pour expliquer une méthode qui vous est utile. N'oubliez pas de donner assez de détails et de mentionner une situation dans laquelle cette méthode est efficace.

Interlude

6

Recognize and analyze tone, style, and atmosphere.

RECOGNIZE AND ANALYZE TONE, STYLE, AND ATMOSPHERE

Is it possible to understand a work fully without paying attention to its tone (*le ton*), its style (*le style*), and the atmosphere (*l'atmosphère* [f.]) it evokes? Probably not; because we each interact individually with these facets of reading, different readers see the same text in different ways. What your friend may consider a witty tone, you may find ironic or sardonic. What you may describe as a thrilling atmosphere, your classmate may label frightening. It is not necessary always to agree; it *is* necessary that you note your reactions and that you be able to analyze and explain your response. To discover style, examine the author's choice of words, including the order, combinations, and sounds of words; then decide why you react as you do. In *Chapitre 6,* the atmosphere of "*La Clairière de l'enfance*" is central to the song; the tone and style of "*C'est Papa qui décide*" are vital to the story.

Exercice Y Quelles sont vos réactions à chaque texte, et pourquoi? Définissez le ton, le style ou l'atmosphère. Encerclez les mots-clés, les mots qui provoquent une réaction chez vous.

1. I endeavored to shriek; and my lips and my parched tongue moved convulsively together in the attempt—but no voice issued from the cavernous lungs, which, oppressed as if by the weight of some incumbent mountain, gasped and palpitated, with the heart, at every elaborate and struggling inspiration.

Edgar Allan Poe, "The Premature Burial"

2. *Second Witch:* Fillet of a fenny snake,
   In the cauldron boil and bake;
   Eye of newt and toe of frog,
   Wool of bat and tongue of dog,
   Adder's fork and blind-worm's sting,
   Lizard's leg and howlet's wing,
   For a charm of powerful trouble
   Like a hell-broth boil and bubble.
   All: Double, double, toil and trouble;
   Fire burn and cauldron bubble.

William Shakespeare, *Macbeth*, IV.i

3. — Messieurs, je sais pourquoi on vous a réunis ici et je suis prêt à vous raconter mon histoire, comme m'en a prié mon ami le docteur Marrande. Pendant long-temps, il m'a cru fou. Aujourd'hui il doute. Dans quelque temps, vous saurez tous que j'ai l'esprit aussi sain, aussi lucide, aussi clairvoyant que les vôtres, malheu-reusement pour moi, et pour vous, et pour l'humanité tout entière.

Guy de Maupassant, « Le Horla »

4. L'amour s'en va comme cette eau courante
           L'amour s'en va
     Comme la vie est lente
Et comme l'Espérance est violente

Guillaume Apollinaire, « Le Pont Mirabeau »

Chapitre 6

L'ENFANCE

Gérard Lenorman: « La Clairière de l'enfance »

Gérard Lenorman est un chanteur populaire français. Il a composé la chanson « La Clairière de l'enfance » en 1980 et l'a chantée lui-même. Parvient-il à recréer l'enfance pour vous?

STRATEGIE A DEVELOPPER	Comme les mots d'une chanson sont de la poésie, l'auteur peut avoir recours aux techniques poétiques pour créer l'atmosphère voulue: les images, la répétition, l'effet des sons, l'ordre des mots, les symboles.* Les exercices *En lisant* et *Après avoir lu* vous aideront à analyser l'atmosphère suscitée par Lenorman.

AVANT DE LIRE

● **Le sujet**

Le sujet du *Chapitre 6*, c'est l'enfance. Seul(e) ou avec un(e) camarade de classe, rappelez-vous une scène de votre enfance. Choisissez une scène heureuse ou triste, une scène d'aventure ou paisible, à votre gré. Pour récréer cette scène, répondez aux questions suivantes:

UNE SCENE DE VOTRE ENFANCE

Où étiez-vous? _____

Décrivez un peu la scène. _____

_____

Avec qui étiez-vous? _____

Que faisiez-vous? _____

Quelles étaient vos émotions? _____

Quelle sorte de souvenir avez-vous éveillé en vous? Un souvenir heureux, triste, plein

d'émotions, amusant, déprimant, pénible? _____

En lisant, relevez les ressemblances et les différences entre vos souvenirs et ceux de Gérard Lenorman.

● **Expressions utiles**

L'emploi du pronom sujet *on*

On a tous pleuré un premier jour d'école.
Sens spécifique: *We all cried on our first day of school.*
Sens général: *Everyone cried on the first day of school.*

Le contexte vous aidera à comprendre le sens approprié du mot **on**.

L'emploi des pronoms relatifs pour insister sur les mots importants

Le premier bouquin **qu'on a lu en cachette**
The first book that we read in hiding

Dans cette phrase, l'auteur insiste sur le bouquin.

EN LISANT

Quelle atmosphère Lenorman crée-t-il? Comment la crée-t-il? Soulignez les mots qui vous frappent. Notez l'usage minime de la ponctuation. Lors de votre deuxième lecture, ajoutez la ponctuation qui vous semble logique.

« La Clairière° de l'enfance »

GERARD LENORMAN

En lisant

On† a tous pleuré un premier jour d'école
On a tous passé coqueluche et rougeole°
On a tous tremblé devant la cheminée
Dans le temps, heureux temps de l'égalité[1]

[1] De quelle sorte d'égalité parle-t-on? _____

_____

5 Moi, j'étais Zorro, tu étais Aigle Noir[2]
Mais tous nos héros avaient peur dans le noir
Qui n'a pas chanté en se faisant prier°
Dans le temps, joli temps de la timidité[3]

[2] Contexte: Aigle Noir, c'est un _____.

[3] Qu'est-ce qui fait référence à la timidité?

_____

On† a tous les mêmes souvenirs
10 De chemins battus,°[4] de larmes et de rires
De bagarres,° et de rondes qui dansent
Dans la clairière de l'enfance

[4] Quelle est votre réaction à cette expression? _____

_____

Le premier bouquin° qu'on a lu en cachette†
Le premier vélo, la première cigarette
15 Le premier amour qu'on a imaginé†
Et que la nuit rendait plus vrai que la vérité[5]

[5] Quel est l'effet de tous ces « premiers »?

_____

On a tous les mêmes souvenirs
De chemins battus, de larmes et de rires
De bagarres et de rondes qui dansent
20 Dans la clairière de l'enfance

On a tous les mêmes souvenirs
De délires° qui deviennent des projets d'avenir
Et qu'on abandonne au silence
De la clairière de l'enfance[6]

[6] Quelle est votre réaction à l'image « la clairière de l'enfance »? _____

_____

25 C'est le temps, heureux temps de l'égalité

© Justine Melody

APRES AVOIR LU 1. Quelles sont les images qui vous ont frappé(e)? Pourquoi?

IMAGES REMARQUEES VOS REACTIONS A CES IMAGES

_____ _____

_____ _____

_____ _____

_____ _____

° la clairière: *clearing*
° coqueluche (*f.*) et rougeole (*f.*): maladies d'enfance
° en se faisant prier: en étant persuadé

° chemins battus: (*sens littéral*) chemins fréquentés; (*sens figuré*) procédés ordinaires, moments partagés
° bagarres: disputes violentes

° bouquin: (*familier*) livre
° délires: confusion mentale, enthousiasme exubérant

2. Comment la répétition aide-t-elle à créer l'atmosphère?

3. A votre avis, quelle atmosphère Lenorman crée-t-il?

A DISCUTER   Etes-vous d'accord avec Lenorman? Avons-nous « tous les mêmes souvenirs »? Comparez vos souvenirs avec ceux de Lenorman.

A CREER   En utilisant les images, les émotions et les descriptions dont vous vous êtes souvenu(e) **avant de lire,** écrivez un poème qui recrée l'atmosphère de votre enfance.

Sempé et Goscinny: « C'est Papa qui décide » _____

Bien connus en France, Jean-Jacques Sempé (né en 1932) et René Goscinny (1926–1977) ont créé les aventures du petit Nicolas (Goscinny, les textes; Sempé, les dessins). Le conte « C'est Papa qui décide » est tiré des *Vacances du petit Nicolas.*

Depuis son début dans le dessin humoristique à l'âge de 19 ans, Sempé a collaboré à de nombreux magazines (*Paris-Match, Punch, L'Express, The New Yorker*) et a écrit de nombreux albums. Goscinny est devenu journaliste après avoir pratiqué plusieurs métiers. Il a créé la célèbre bande dessinée *Astérix.*

STRATEGIE A DEVELOPPER   Comme vous l'avez lu dans l'*Interlude 5,* les illustrations reproduisent souvent le contenu du texte et vous aident donc à comprendre les mots. Les dessins de Sempé vous expliqueront souvent les mots de Goscinny.

AVANT DE LIRE   ● **Le titre**

Quel est le titre du livre? _____

Alors, de quoi s'agit-il probablement dans cette histoire? _____

_____

● **Les illustrations**

Regardez la première illustration.

Quel est le rapport entre l'image et le titre? On parle de _____

Qui sont les personnages? _____

    Ont-ils les mêmes idées? _____ Que désirent-ils? _____

_____

Imaginez: Quels seront la situation, le conflit, l'intrigue de l'histoire? _____

_____

_____

• La forme

Regardez l'ensemble des deux premières pages.

Combien de parties différentes voyez-vous? _____

Lisez les trois premiers paragraphes. En quoi les deux premiers paragraphes sont-ils

différents du reste de l'histoire? _____

_____

• Expressions utiles

avoir l'air + adj. / **avoir l'air de** + inf. / **avoir l'air de** + nom   *sembler, paraître*

>Regarde ce monsieur qui pêche où il n'y a pas de poissons. Il **a l'air** ridicule. Il **a l'air d'**avoir bu. Il **a l'air d'**un imbécile.

se mettre à + inf.   *commencer à*

>Après le dîner, Maman **s'est mise à** débarrasser la table.

se mettre à + nom   *commencer*

>Dans une minute, Papa **se mettra au** travail.

EN LISANT   Pour identifier le ton de cette histoire, faites attention aux exercices *En lisant*.

Les Vacances du petit Nicolas

SEMPE ET GOSCINNY

Une studieuse année scolaire s'est terminée. Nicolas a remporté le prix d'éloquence, qui récompense chez lui la quantité, sinon la qualité, et il a quitté ses condisciples qui ont nom: Alceste, Rufus, Eudes, Geoffroy, Maixent, Joachim,
5 *Clotaire et Agnan. Les livres et les cahiers sont rangés,° et c'est aux vacances qu'il s'agit de° penser maintenant.*[1]

Et chez Nicolas, le choix de l'endroit où l'on va passer ces vacances n'est pas un problème, car...[2]

« C'EST PAPA QUI DECIDE »

Tous les ans, c'est-à-dire le dernier et l'autre, parce
10 qu'avant c'est trop vieux et je ne me rappelle pas, Papa et Maman se disputent beaucoup pour savoir où aller en vacances, et puis Maman se met à[†] pleurer et elle dit qu'elle va aller chez sa maman, et moi je pleure aussi parce que j'aime bien **Mémé,**[3] mais chez elle il
15 n'y a pas de plage, et à la fin on va où veut Maman et ce n'est pas chez Mémé.[4]

° rangés: mis en ordre   ° il s'agit de: *ici* il est normal de

• En lisant

[1] Qui parle? _____

C'est un style _____ littéraire / _____ familier; _____ adulte / _____ enfantin.

[2] Où se trouve la fin de cette phrase? _____

_____

[3] Qui est-ce? _____

[4] Qui parle? _____

C'est un style _____ littéraire / _____ familier _____ adulte / _____ enfantin.

Hier, après le dîner, Papa nous a regardés, **l'air fâché,**[5] et il a dit:

— Ecoutez-moi bien! Cette année, je ne veux pas de
20 discussions, c'est moi qui décide! Nous irons dans **le Midi.**[6] J'ai l'adresse d'une villa à louer à Plage-les-Pins. Trois pièces, eau courante, électricité. Je ne veux rien savoir pour aller° à l'hôtel et manger de la nourriture **minable.**[7]

25 — Eh bien, mon chéri, a dit Maman, ça me paraît une très bonne idée.

— Chic! j'ai dit et je me suis mis à† courir autour de la table parce que quand on est content, c'est dur de rester assis.

30 Papa, il a ouvert des grands yeux, comme il fait quand il est étonné, et il a dit: « Ah? Bon. »

Pendant que Maman débarrassait la table,° Papa est allé chercher son **masque de pêche sous-marine**[8] dans le placard.°

[5] Pourquoi avait-il l'air† fâché? _____

_____

[6] Regardez la carte de la France présentée dans l'Appendice 4 pour situer les endroits cités.

[7] Contexte: _____ bonne / _____ mauvaise

Papa préfère rester _____

Et Maman? Imaginez: _____

[8] Pourquoi cherche-t-il son masque de pêche sous-marine? _____

° Je ne veux rien savoir pour aller: Je ne
   veux pas aller
° débarrassait la table: enlevait les
   assiettes
° placard: *closet, cupboard*

35   — Tu vas voir, Nicolas, m'a dit Papa, nous allons faire des parties de pêche **terribles,**[9] tous les deux.

    Moi, ça m'a fait un peu peur, parce que je ne sais pas encore très bien nager; si on me met bien sur l'eau je fais la planche,° mais Papa m'a dit de ne pas **m'in-**
40 **quiéter,**[10] qu'il allait m'apprendre à nager et qu'il avait été champion interrégional de nage libre quand il était plus jeune et qu'il pourrait encore battre des records s'il avait le temps de **s'entraîner.**[11]

    — Papa va m'apprendre à faire de la pêche sous-
45 marine, j'ai dit à Maman quand elle est revenue de la cuisine.

    — C'est très bien, mon chéri, m'a répondu Maman, bien qu'en Méditerranée il paraît qu'**il n'y a plus beaucoup de poissons.**[12] Il y trop de **pêcheurs.**[13]

50   — **C'est pas vrai!**[14] a dit Papa; mais Maman lui a demandé de ne pas la **contredire**[15] devant le petit et que si elle disait ça, c'est parce qu'elle l'avait lu dans un journal; et puis elle s'est mise à† son tricot,° un tricot qu'elle a commencé ça fait des tas de jours.°

55   — Mais alors, j'ai dit à Papa, **on† va avoir l'air de† deux guignols**[16] sous l'eau, s'il n'y a pas de poissons!

    Papa est allé remettre le masque dans le placard sans rien dire. Moi, j'étais pas tellement content: c'est vrai, chaque fois qu'on va à la pêche avec Papa c'est la même
60 chose, on ne **ramène**[17] rien. Papa est revenu et puis il a pris son journal.

    — Et alors, j'ai dit, **des poissons pour la pêche sous-marine, il y en a où?**[18]

    — Demande à ta mère, m'a répondu Papa, c'est une
65 experte.[19]

    — Il y **en**[20] a dans l'Atlantique, mon chéri, m'a dit Maman.

    Moi, j'ai demandé si **l'Atlantique**[21] c'était loin de là où nous allions, mais Papa m'a dit que si j'étudiais
70 un peu mieux à l'école, je ne poserais pas de questions comme ça et ce n'est pas très juste, parce qu'à l'école on n'a pas de classes de pêche sous-marine; mais je n'ai rien dit, j'ai vu que Papa n'avait pas trop envie de parler.[22]

75   — Il faudra faire la liste des choses à **emporter,**[23] a dit Maman.

    — Ah! non! a crié Papa. Cette année, nous n'allons pas partir déguisés en camion de déménagement.[24]° Des slips de bain, des shorts, des vêtements simples,
80 quelques lainages°...

    — Et puis des casseroles,° **la cafetière**[25] électrique, la couverture rouge et un peu de vaisselle, a dit Maman.

    Papa, il s'est levé d'un coup, tout fâché, il a ouvert la bouche, mais il n'a pas pu parler, parce que Maman
85 l'a fait à sa place.

[9] (*familier*) = _____ formidables / _____ horribles

[10] Forme: _____ + _____; contexte: _____ _____

[11] Contexte/mot ap.: _____

[12] = il y a _____ peu de poissons / _____ beaucoup de poissons

[13] Même fam.: _____

[14] (*style familier*) = Ce n'est pas vrai!

[15] Forme: _____ + _____; angl.: _____

[16] = nous allons avoir l'air _____ intelligents / _____ ridicules.

[17] Forme: _____ + _____; angl.: _____ _____

[18] Synt. norm.: Où _____ _____?

[19] Quel est le ton de ses mots? _____ _____

[20] Quoi? _____

[21] Est-ce loin? _____ (Regardez la carte de la France présentée dans l'Appendice 4.)

[22] Papa est-il content? _____

[23] Forme: _____ + _____; angl.: _____ _____

[24] Papa n'aime pas aller à la plage avec _____ _____

[25] Même fam.: Avec une cafetière, on fait _____.

° faire la planche: flotter sur le dos
° tricot: _knitting, sweater_
° ça fait des tas de jours: il y a longtemps
° camion de déménagement: _moving van_
° lainage: vêtement en laine, par exemple, un pull-over
° casserole: _pan, pot_

— Tu sais bien, a dit Maman, ce que nous ont raconté les Blédurt quand ils ont loué une villa l'année dernière.[26] Pour toute vaisselle, il y avait trois assiettes
90 ébréchées° et à la cuisine deux petites casseroles dont une avait un trou au fond.° Ils ont dû acheter sur place **à prix d'or**[27] ce dont ils avaient besoin.

— Blédurt ne sait pas se débrouiller,° a dit Papa. Et il s'est **rassis.**[28]
95 — Possible, a dit Maman, mais si tu veux une soupe de poisson, je ne peux pas la faire dans une casserole **trouée,**[29] même si on† arrive à se procurer du poisson.

Alors, moi je me suis mis à† pleurer, parce que c'est vrai ça, c'est pas drôle d'aller à **une mer où il n'y a**
100 **pas de poissons,**[30] alors que pas loin il y a les Atlantiques **où c'en est plein.**[31] Maman a laissé son tricot, elle m'a pris dans ses bras et elle m'a dit qu'il ne fallait pas être triste à cause des **vilains**[32] poissons et que je serai bien content tous les matins quand je verrai la
105 mer de la fenêtre de la jolie chambre.

— C'est-à-dire, a expliqué Papa, que la mer on ne la voit pas de la villa. Mais elle n'est pas très loin, à deux kilomètres. C'est la dernière villa qui restait à louer à Plage-les-Pins.
110 — Mais bien sûr, mon chéri, a dit Maman. Et puis elle m'a embrassé et je suis allé jouer sur le tapis° avec les deux billes° que j'ai gagnées à Eudes à l'école.

— Et la plage, c'est des **galets**?[33] a demandé Maman.

— Non, madame! Pas du tout! a crié Papa tout con-
115 tent. C'est une plage de sable! De sable très fin! On ne trouve pas un seul galet sur cette plage![34]

— Tant mieux, a dit Maman; comme ça, Nicolas ne passera pas son temps à faire ricocher des galets sur l'eau.[35] Depuis que tu lui as appris à faire ça, c'est une
120 véritable passion chez lui.

Et moi j'ai recommencé à pleurer, parce que c'est vrai que c'est **chouette**[36] de faire ricocher des galets sur l'eau; j'arrive à° les faire **sauter**[37] jusqu'à quatre fois, et ce n'est pas juste, à la fin, d'aller dans cette
125 vieille villa avec des casseroles trouées, loin de la mer, là où il n'y a ni galets ni poissons.[38]

— Je vais chez Mémé! j'ai crié, et j'ai donné un coup de pied à une des billes d'Eudes.

Maman m'a pris de nouveau dans ses bras et elle
130 m'a dit de ne pas pleurer, que Papa était celui qui avait le plus besoin de vacances dans la famille et que même si c'était **moche**[39] là où il voulait aller, il fallait y aller **en faisant semblant**[40] d'être contents.

— Mais, mais, mais... , a dit Papa.[41]
135 — Moi je veux faire des ricochets! j'ai crié.

— Tu en feras peut-être l'année prochaine, m'a dit Maman, si Papa décide de nous **emmener**[42] à Bains-les-Mers.

[26] Qui a raconté cette histoire? _____

[27] Contexte: _____ très cher / _____ très bon marché; *l'or* = _____

[28] Forme: *re* + *assis*; inf.: _____

[29] = avec des _____

[30] Quelle mer? _____

[31] (*populaire*) = où il y a _____

[32] Contexte: _____ bandits / _____ méchants

[33] Lisez plus loin pour savoir où se trouvent les galets.

[34] On oppose les galets au _____.

[35] Que peut-on faire avec les galets? _____

_____

[36] = _____ amusant / _____ ennuyeux

[37] Contexte: _____

Qu'est-ce qu'un galet? (Regardez la première image.) _____

[38] Quelle sorte de vacances préfère Nicolas?

_____

[39] Contexte: _____ beau / _____ laid

[40] Mot ap.: _____; contexte: _____ *pretending* / _____ *resembling*

[41] Quelle est la réaction de Papa? _____

[42] Forme: _____ + _____

° ébréchées: cassées
° trou au fond: *hole in the bottom*

° se débrouiller: réussir, sortir d'une situation difficile
° le tapis: la carpette

° billes: petites boules de pierre ou de verre, servant à des jeux d'enfant
° arrive à: réussis à

— **Où ça?**[43] a demandé Papa, qui est resté avec la
140 bouche ouverte.

— A Bains-les-Mers, a dit Maman, **en Bretagne,**[44]
là où il y a l'Atlantique, beaucoup de poissons et un
gentil petit hôtel qui donne sur une plage de sable et
de galets.

145 — Moi je veux aller à Bains-les-Mers! j'ai crié. Moi
je veux aller à Bains-les-Mers!

— Mais, mon chéri, a dit Maman, il faut être raisonnable, c'est Papa qui décide.[45]

Papa s'est passé la main sur la figure,° il a **poussé**[46]
150 un gros soupir° et il a dit:

— Bon, ça va! j'ai compris.[47] **Il s'appelle comment
ton hôtel?**[48]

— Beau-Rivage, mon chéri, a dit Maman.

Papa a dit que bon, qu'il allait écrire pour voir s'il
155 restait encore des chambres.

— Ce n'est pas la peine,° mon chéri, a dit Maman,
c'est déjà fait. Nous avons la chambre 29, face à la mer,
avec salle de bains.

Et Maman a demandé à Papa de ne pas bouger parce
160 qu'elle voulait voir si la longueur du pull-over qu'elle
tricotait[49] était bien. Il paraît que les nuits en Bretagne
sont un peu fraîches.

[43] (*populaire*) = où

[44] Regardez la carte de la France présentée
dans l'Appendice 4.

[45] Ces mots sont _____ honnêtes / _____ ironiques.

[46] Contexte: _____

[47] Est-il content? _____

[48] Synt. norm.: _____

[49] Même fam.: _____

Les Vacances du petit Nicolas © Editions Denoël, Paris

APRES AVOIR LU   1. Complétez ces listes en y indiquant les préférences de chaque personne. Cherchez
des contradictions. NOTEZ: Il n'y a pas toujours de réponse (—).

	PAPA	NICOLAS	MAMAN
région	_____	_____	_____
habitation	_____	_ _ _ _ _	_____
activités	_____	_____	_ _ _ _ _
		_____	
genre de plage	_____	de galets	_ _ _ _ _

2. Depuis longtemps, maman tricote un pull-over pour Papa. Est-ce important dans
l'histoire? Pourquoi?

° la figure: le visage
° pousser un gros soupir: *to sigh*

° Ce n'est pas la peine: Ce n'est pas
nécessaire

3. Comment Goscinny crée-t-il le style enfantin de Nicolas? Trouvez dans l'histoire un exemple de chacun des éléments de style suivants:

ELEMENT   LIGNES

une longue phrase   _____

beaucoup d'idées dans une seule phrase   _____

une expression enfantine   _____

une expression populaire ou familière   _____

la syntaxe anormale   _____

une tendance à parler franchement   _____

4. Quel est le ton de l'histoire? Quelles sont les réactions et les émotions de:

Papa? _____

Maman? _____

Nicolas? _____

Qu'est-ce que leurs réactions révèlent sur leurs caractères?

A DISCUTER

1. Qui a gagné? Comment? A quel moment avez-vous deviné le dénouement*?
2. Que pensez-vous du titre? Que suggère-t-il? Est-il bien choisi? Pourquoi ou pourquoi pas?
3. Que pensez-vous de la situation présentée dans cette histoire? Est-elle typique? Les personnages sont-ils vraisemblables? Réalistes? Stéréotypés? Humains?

A CREER

1. Continuez les aventures de Nicolas en écrivant la suite de l'histoire. Pour garder le ton, faites attention au style enfantin de Nicolas, et employez votre imagination.
   Un début possible:

   Alors, la semaine d'après on est parti pour Bains-les-Mers et quand on y est arrivé...

2. Ecrivez une lettre de Nicolas à son ami Alceste. Nicolas décrit ses vacances à Bains-les-Mers. N'oubliez pas de recréer son style.

3. Récrivez le récit du point de vue de la mère ou du père de Nicolas. Quels sont ses sentiments et ses réactions? N'oubliez pas d'employer un style adulte.
   Débuts possibles:

   Sa mère:

   Tous les ans, il s'agit de décider où passer les vacances. Mon mari a toujours des idées très précises, mais j'ai des désirs à moi aussi...

   Son père:

   Tous les ans, en général, nous nous disputons beaucoup sur l'endroit où passer les vacances. Mais cette année, j'ai tout arrangé.

   Hier, après le dîner,...

4. Avec deux camarades, jouez une partie de la scène, ou des scènes que vous avez écrites, en simplifiant le dialogue. Imaginez d'autres activités de plage (bronzer, construire des châteaux de sable, faire de la gymnastique, etc.).

Interlude

7

RECOGNIZE STORY SETTING

Story setting is often central to plot or character development. It is easier to understand what is happening if you can recognize or visualize the scene(s) presented. How do you find out what the setting is? Ask yourself questions like these: What time of day is it? Where are we (city, country, island, etc.)? What places seem the most important? How are these places situated with respect to one another? Who are the central characters?

Read "*Partage de morts entre le Bon Dieu et Lucifer*" with these questions in mind. When you finish, you'll have a chance to re-create the scene.

IDENTIFY AUTHOR'S PERSPECTIVE

Because nonfiction often sounds objective and factual, readers must be particularly sensitive to the nonfiction author's bias or point of view. What opinion does the author present? Is the text truly objective, or is it biased? Is the author trying to convince the reader of something? If so, what?

How do you identify an author's perspective? First, form a working hypothesis from the title, the introduction, and any photos or drawings and their captions. Do they present positive or negative aspects of the topic? Then study more closely the words the author chose to use. What are the connotations of this vocabulary? What emotions do the words evoke?

The *Avant de lire, En lisant,* and *Après avoir lu* exercises accompanying "*Au commencement était la parole...*" will help you analyze Jacques Chevrier's perspective on the subject of African oral tradition.

111

Chapitre 7

LA TRADITION ORALE

Ulysse Pierre-Louis: « Partage de morts entre le Bon Dieu et Lucifer »

Ulysse Pierre-Louis (né en 1925) est un écrivain haïtien qui trouve ses contes dans les légendes afro-haïtiennes, « une mine inépuisable pour le romancier, le nouvelliste, le conteur, le poète, le peintre... » (de l'avant-propos de ses *Sortilèges afro-haïtiens: contes et légéndes*). Fasciné par le folklore haïtien, Pierre-Louis écrit en français des histoires normalement racontées oralement en créole, la langue d'Haïti. Comme il le dit: « Je professe la fidélité la plus scrupuleuse au thème populaire. Je n'invente et ne modifie rien. » « Partage de morts entre le Bon Dieu et Lucifer » est tiré de sa collection *Sortilèges afro-haïtiens*.

STRATEGIE A DEVELOPPER	Puisque la scène est essentielle à la compréhension de ce conte, il est important que vous l'imaginiez. Faites attention aux détails de l'endroit et à la position des personnages. Essayez de visualiser la scène. Le dessin de la page 118 pourra vous y aider.

AVANT DE LIRE

● **La source**

« Partage de morts... » est un conte haïtien. Que savez-vous d'Haïti? Faites le petit test ci-dessous pour déterminer les limites de votre connaissance:

Haïti fait partie _____ d'un continent / _____ d'une péninsule / _____ d'une île.

Où se trouve Haïti? _____

Quelle est la capitale d'Haïti? _____

La plupart des habitants d'Haïti sont _____ blancs / _____ noirs / _____ asiatiques.

Quelles langues parle la population? _____

Quelles sont les deux religions dominantes? _____

C'est un pays plutôt _____ riche / _____ pauvre.

De quoi dépend son économie? _____

Que savez-vous de l'histoire d'Haïti? _____

_____

Pour vérifier et compléter vos réponses, regardez la carte et lisez le sommaire présenté aux pages 116–117.

● **Expressions utiles**

Assez souvent, un mot qui se termine en *-ier* est le nom d'un arbre frui*tier*, un arbre qui donne des fruits. Voici deux exemples:

la mangue, *mango*   le manguier, *mango tree*
le citron, *lemon*   le citronnier, *lemon tree*

Un peu de pratique: Indiquez de quel fruit il s'agit et identifiez en anglais les arbres suivants:

ARBRE (*m.*)	FRUIT (*f.*)	ARBRE (EN ANGLAIS)
le bananier	la banane	banana tree
le cerisier	la _____	_____
le figuier	la _____	_____
l'olivier	la _____	_____
le pommier	la _____	_____
le poirier	la _____	_____

EN LISANT

Pendant votre première lecture, imaginez-vous la scène et suivez l'intrigue de manière générale. Relisez ensuite le texte en faisant attention aux détails.

Partage° de morts entre le Bon Dieu et Lucifer

ULYSSE PIERRE-LOUIS

C'était au temps du vieux Port-au-Prince. **Le bon vieux temps,**[1] disent certains.

Du côté du **cimetière,**[2] il faisait noir dès six heures du soir. Personne ne s'aventurait par là à partir de cette
5 heure. Car on colportait° mille histoires de zombis et de loups-garous.°

Un soir, deux mendiants° crasseux et faméliques° **s'attardèrent**[3] sous le manguier† qui se trouvait aux abords° du cimetière. Ils mangèrent **à ventre débou-**
10 **tonné,**[4] il est vrai. Mais, ils ne furent pas rassasiés.°

On décide, d'un commun accord, d'**enjamber**[5] la clôture° du cimetière pour **continuer la mangeaille.**[6] Noter que la branche du manguier qui portait les plus beaux fruits **donnait vers**[7] le cimetière dont une
15 bonne partie était **pavée**[8] de mangues mûres et, sans doute, **appétissantes.**[9]

Nos mendiants ne demandaient pas mieux. Pour **partager**[10] les mangues en toute équité, ils en prirent une **à tour de rôle°** en disant à haute voix « Moin
20 prend youn, Moin prend youn... »°

En dépit de cette aubaine,° nos **clochards**[11] n'oubliaient pas qu'ils avaient laissé **dehors**[12] deux belles mangues. En sortant, chacun d'entre eux en prendrait une.

25 Le partage était laborieux. La voix des deux **compères**[13] faisait un **vacarme**[14] terrible au cimetière.

Quelqu'un qui habitait **dans ces parages**[15] vint à passer. Les propos mystérieux et cabalistiques l'intri-
30 guèrent: « Moin prend youn, Moin prend youn. Moin prend youn, Moin prend youn. »

Et le passant de **conclure:**[16] « Pas de doute, c'est le Bon Dieu et Lucifer qui se partagent les morts. »

Il **s'empressa**[17] donc d'aller **apprendre**[18] l'éton-
35 nante nouvelle à un ami. **Celui-ci**[19] voulut entendre de ses propres oreilles et voir de ses yeux. « C'est inouï,° le Bon Dieu et Lucifer se partagent les morts. »

Les deux amis s'approchèrent donc du mur du cimetière **sur la pointe des pieds.**[20] Le vacarme
40 étrange continuait: « Moin prend youn, Moin prend youn. Moin prend youn, Moin prend youn. »

Tout à coup les voix **se turent.**[21] Le partage **prit fin.**[22] Mais, l'un des mendiants, se rappelant les deux

● En lisant

[1] Expression semblable en anglais: _____
_____

[2] Mot ap.: _____

[3] Même fam.: _____; contexte: _____
_____

[4] = _____ beaucoup / _____ peu

[5] Même fam.: _____; contexte: _____
_____

[6] = continuer à _____

[7] = était _____ près de / _____ loin de

[8] Mot ap./contexte: _____

[9] Mot ap.: _____

[10] Mot ap.: _____

[11] Synonyme: _____

[12] Où? _____
_____

[13] Qui? _____

[14] Contexte: _____

[15] = _____ près du cimetière / _____ loin du cimetière

[16] Mot ap./contexte: _____

[17] Même fam.: _____

[18] = _____ étudier / _____ raconter

[19] Qui? _____

[20] = _____ en faisant du bruit / _____ silencieusement

[21] = _____ continuèrent / _____ s'arrêtèrent

[22] = était _____

° partage: division en parts pour une distribution
° colporter: rapporter (une information) à de nombreuses personnes
° loups-garous: *werewolves*
° mendiants: personnes qui demandent la charité pour vivre

° crasseux et faméliques: très sales et maigres (qui ont très faim)
° aux abords du: aux environs du, très près du
° rassasiés: qui ont mangé à satiété, qui ont trop mangé
° clôture: la fermeture, la barrière

° à tour de rôle: l'un après l'autre
° « Moin prend youn, Moin prend youn... »: en créole haïtien: « J'en prends une, j'en prends une... »
° en dépit de cette aubaine: malgré cet avantage inattendu, inespéré
° inouï: extraordinaire, incroyable

belles mangues laissées dehors, déclara: « DEUX ça qui
45 dehors yo, youn pou ou, youn pou moin. »°

Les deux curieux, croyant leur vie en danger, **détalèrent à toutes jambes.**[23]

Le lendemain, tous les habitants des parages du cimetière s'empressèrent d'annoncer à qui pouvait l'en-
50 tendre la surprenante nouvelle: « Le Bon Dieu et Lucifer se partageaient les morts au cimetière. »

Chez nous, trop souvent, c'est ainsi que **s'écrit**[24] l'HISTOIRE.°

Sortilèges afro-haïtiens (contes et légendes),
Imprimerie de l'Etat, Port-au-Prince, 1961

[23] = sont partis _____ en courant / _____ lentement

[24] Quel est le sujet de **s'écrit?** _____
_____

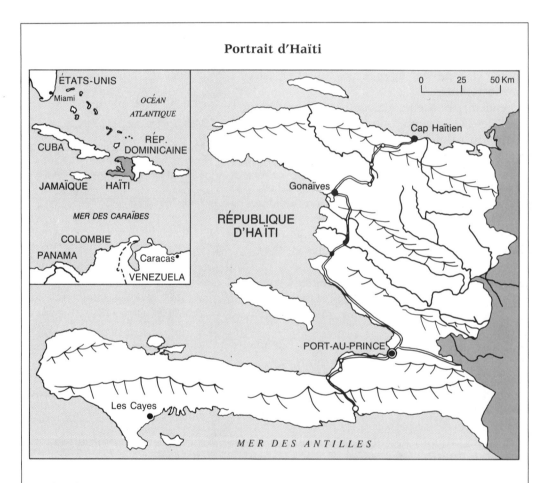

Portrait d'Haïti

Situation

Superficie de 27 750 km². (Un peu plus grand que l'état de Vermont avec une population dix fois plus grande.) Situé sur l'île montagneuse d'Haïti (ou d'Hispaniola) à l'ouest de la République dominicaine, entre l'Atlantique et la mer des Caraïbes. Le climat est tropical, tempéré par l'altitude et l'influence atlantique.

° « DEUX ça qui dehors yo, youn pou ou, youn pou moin. »: en créole haïtien: « Des deux qui sont dehors, l'une est à moi, l'autre à toi. »

° histoire: ici, *history*

Population

5 523 000 habitants dont plus de 90 pour cent sont Noirs. Principales villes: la capitale Port-au-Prince, Cap Haïtien (sur la côte nord).

Langues

Dix pour cent de la population parle le français et 100 pour cent parle le créole.

Economie

Un des plus pauvres pays d'Amérique latine. L'agriculture occupe encore 70 pour cent de la population active; les exportations principales sont le café, la canne à sucre, la banane, le cacao et le coton.

Religions

La grande majorité des Haïtiens sont catholiques, mais à peu près 80 pour cent d'entre eux adhèrent à la religion vaudou, qui mélange les pratiques magiques, la sorcellerie et certains éléments du rituel chrétien.

Histoire

Découverte par Christophe Colomb en 1492, l'île était peuplée de 300 000 Indiens, décimés et remplacés par les esclaves noirs d'Afrique au XVIe siècle. Colonisée par les Espagnols, puis par les Français, Haïti fut la scène d'une grande révolte d'esclaves en 1790. Le héros haïtien Toussaint-Louverture dirigea le pays jusqu'en 1802, année où il fut emprisonné en France sur l'ordre de Napoléon Bonaparte. Le général noir Dessalines proclama l'indépendance en 1804; après son assassinat, un autre Noir, Henri Christophe, prit le titre de roi.

Au milieu du XIXe siècle, la République dominicaine fit sécession. Haïti devint également une république, malheureusement troublée par de nombreuses guerres civiles. Les Etats-Unis intervinrent de façon économique et financière (1915–1934); la dictature succéda à la république en 1950. Le dictateur François Duvallier (« Papa-Doc ») (1957–1971) élimina toute opposition en organisant, sous son contrôle absolu, la police redoutable des « tontons macoutes », comme on les appelle en créole.

En 1986, après une série de violentes manifestations, Jean-Claude Duvallier (« Baby-Doc », le fils de François qui lui avait succédé à la tête de la dictature) fut forcé à l'exil. Depuis 1986, les Haïtiens ont subi les régimes de plusieurs chefs de gouvernement militaires, marqués par de violentes manifestations et de nombreux crimes politiques. Même après de nouvelles élections, l'agitation politique continue.

APRES AVOIR LU   1. Vous allez recréer la scène présentée par Pierre-Louis.

a. D'abord, répondez à ces questions:

A quel moment de la journée (ou de la nuit) l'histoire se déroule-t-elle? _____

Où se déroule-t-elle? _____

Quels sont les bâtiments ou les endroits les plus importants? _____

b. Puis, identifiez la position des personnages et des endroits suivants en inscrivant sur le dessin le numéro leur correspondant dans la liste.

1. le manguier
2. les bonnes mangues
3. les deux mendiants au début du conte
4. les deux mendiants au milieu du conte
5. le passant et son ami

2. Quel est le grand malentendu dans ce conte?

3. La dernière phrase est une sorte de conclusion: « Chez nous, trop souvent, c'est ainsi que s'écrit l'HISTOIRE. » Précisez ce que Pierre-Louis veut dire.

A DISCUTER

1. Le passant et son ami ne comprennent pas vraiment ce qui se passe dans le cimetière. Pourquoi? Quelle est l'importance de la scène?
2. Trouvez-vous ce conte amusant ou non? Pourquoi?
3. Voici une question qu'on a posée à Pierre-Louis: « Les écrivains haïtiens ne courent-ils pas le risque de s'isoler dans un régionalisme anachronique s'ils ne traitent que des thèmes haïtiens? » Que pensez-vous de cette idée? Quelle est l'importance de la conclusion de Pierre-Louis? Parle-t-il seulement des Haïtiens?

A CREER

1. Avec vos camarades de classe, jouez la scène du cimetière. Imaginez tout le dialogue nécessaire.
2. Ecrivez l'histoire que le passant raconte à ses amis en leur disant ce qui s'est passé ce soir-là.
3. Imaginez (par écrit ou oralement) une histoire amusante à cause d'un malentendu. Quelle est la source du malentendu? Une conversation téléphonique entendue par hasard et mal comprise? Un personnage déguisé? Une lettre qu'on intercepte?

« Au commencement était la parole... »

Pays en voie de développement, les pays francophones africains et antillais (comme Haïti et la Martinique, par exemple) deviennent de plus en plus importants pour la France et pour le monde. Depuis quelques années, les auteurs africains et antillais écrivent en français les textes de leur tradition orale. Cet article, tiré du périodique *Jeune Afrique*, s'intéresse à ce phénomène.

STRATEGIE A DEVELOPPER

Pour bien suivre un article de journal ou de magazine, il est souvent nécessaire d'analyser le point de vue de l'auteur pour décider s'il présente le sujet de façon plutôt positive ou négative. Faites surtout attention à la connotation des mots présentés par l'auteur et aux exemples qu'il utilise. Les exercices *Avant de lire* et *En lisant* vont aideront à comprendre « Au commencement était la parole... »

AVANT DE LIRE

● **Le contenu**

Cet article critique de nouveaux livres. Jetez un coup d'œil sur le texte pour trouver les

titres des deux livres: _____ et _____

_____

Quels sont les sujets de ces livres? _____ et

_____

● **Le point de vue**

A quoi servent les deux phrases qui précèdent le titre de l'article? _____

Selon ces phrases, Chevrier est-il pour ou contre la tradition orale? _____
En lisant le texte, décidez si vous avez raison.

Le titre de cet article a la même connotation en français qu'en anglais.

De quel livre vient cette phrase? _____

La connotation est-elle positive ou négative? _____

● **Expressions utiles**

celui-là / celle-là   *the former*
celui-ci / celle-ci   *the latter*

> Préférez-vous ce conte ou ce poème? **Celui-ci** est sérieux, tandis que **celui-là** est amusant.
> *. . . the former is funny, whereas the latter is serious.*

Notez que l'ordre de l'expression n'est pas le même en français qu'en anglais. L'adverbe **ci** joint à un nom ou un pronom veut dire, littéralement, *this one;* l'adverbe **là**, *that one.*

EN LISANT

Vous ne comprendrez pas tout cet article. Faites surtout attention au point de vue de l'auteur.

Pour les sociétés « orales », l'absence d'écriture ne signifie pas absence de tradition graphique, ou historique, ou idéologique. A elles de s'adapter sans renoncer à cette richesse.

Au commencement était la parole°...

JACQUES CHEVRIER

Longtemps méprisées, ou tout simplement ignorées, les sociétés sans écriture connaissent depuis l'époque romantique un intérêt qui ne s'est jamais démenti.° Cet intérêt des **chercheurs,**[1] et en particulier des folklo-
5   ristes occidentaux, ne va pourtant pas sans quelque ambiguïté, dans la mesure où le mode de communication essentiellement fondé sur l'oralité apparaît souvent comme la marque d'une infériorité.[2]

A l'expression « sociétés sans écriture », dont la con-
10 notation péjorative est évidente, L.-J. Calvet [auteur

● En lisant

Pour bien suivre, cherchez les pays mentionnés sur la carte de l'Afrique présentée dans l'Appendice 4.

[1] Même fam.: _____

[2] C'est-à-dire: Souvent les sociétés fondées

sur la tradition orale ____ sont inférieures

/ ____ sont considérées comme étant inférieures.

° parole: mot   ° se démentir: cesser

du livre *La Tradition orale*] préfère donc à juste raison celle de « sociétés de tradition orale », et sa formulation est d'autant plus justifiée que l'absence de tradition écrite ne signifie nullement absence de tradition gra-
15 phique.[3]

Dans **bien des**[4] sociétés **régies**[5] par l'oralité, particulièrement en Afrique, il existe en effet une picturalité bien vivace qui s'exprime notamment dans la décoration des **poteries**[6] et des calebasses,° le tissage° et
20 l'ornementation des bijoux et, bien entendu, dans **les tatouages et les scarifications**[7] rituelles. Les Dogons,° pour leur part, connaissent un graphisme° en forme de peigne° auquel ils attribuent une signification cosmogonique et qu'ils désignent comme le « dessin
25 trouvé par les ancêtres ». Au Bénin,° les symboles royaux représentés sur des tapisseries... renvoient° en fait à une signification bien précise...[8]

Qu'il soit° dogon, **bambara**[9] ou béninois, le graphisme apparaît donc **porteur**[10] d'une histoire ou
30 d'une cosmogonie, en un mot d'une idéologie. Mais ce graphisme n'est pas transparent, à la manière d'une écriture, et pour être compris il a encore besoin d'être explicité par le discours. On en trouve une excellente

[3] Quelle opposition se présente ici? _____
_____

Qu'est-ce que Chevrier préfère? _____

_____

[4] = ____ peu de / ____ beaucoup de

[5] = ____ régénérées / ____ réglées

[6] Mot ap.: _____

[7] Mots apparentés: _____

[8] **Résumé du paragraphe:** L'art africain est important parce qu'il _____
_____.

[9] Contexte: **bambara** se réfère à _____
_____.

[10] Même fam.: _____

A défaut d'alphabet, le graphisme, complété par les discours, était chargé d'exprimer toute une culture. Des significations bien précises.

° calebasses: *calabashes, gourds*
° tissage: *weaving*
° Dogons: peuple noir d'Afrique au Mali
° graphisme: forme d'écriture

° peigne: *comb*
° Bénin: ancien royaume d'Afrique occidentale situé à l'ouest du delta du Niger

° renvoient: font référence à
° qu'il soit: *whether*

illustration au Mali, où les Bambara utilisent pour les
35 cérémonies d'initiation une longue perche° à laquelle
sont suspendus 240 objets usuels à partir desquels l'im-
pétrant° doit tenir un discours à mi-chemin de° l'énu-
mération et de l'énonciation de la tradition.[11] Ainsi, en
désignant un morceau de calebasse, le candidat à l'ini-
40 tiation devra-t-il **enchaîner**[12] par toute une série d'associations d'idées telles que reconnaissance, respect dû
au vieillard... , le débris de calebasse renvoyant, par
métaphore, au souvenir de l'homme jeune et fort que
fut jadis° le vieillard.[13]

45 L'ouvrage de Louis-Jean Calvet **s'achève sur**[14] une
série de réflexions traitant de l'introduction récente de
l'écriture dans les sociétés de tradition orale. L'auteur
juge avec sévérité l'alphabétisation° fonctionnelle telle
qu'elle se pratique actuellement° dans certains pays en
50 développement, notamment au Mali où, écrit-il, « l'on
alphabétise d'un côté les **paysans**[15] en bambara tandis
qu'on° forme d'un autre côté la jeunesse et les futures
élites du pays en français.[16] Le passage de la tradition
orale à l'écriture s'effectue donc de façon sélective,
55 comme si au nom d'une sorte de racisme linguistique,
on considérait que les langues sans écriture pouvaient
certes[17] être **transcrites,**[18] mais ne sauraient être uti-
lisées que dans certains domaines **subalternes.** »[19]

En fait... toute société de tradition écrite a d'abord
60 été une société de tradition orale. Avant de devenir
livres, la Bible et **le Coran**[20] ont été des **recueils**[21] de
paraboles et de récits oraux. Il faut toutefois bien se
dire que l'écriture est désormais° un fait « incontour-
nable° » et que dans cette mesure il appartient aux
65 sociétés de tradition orale, et à elles seules, de déterminer le meilleur chemin vers l'écriture sans pour autant renoncer à leur spécificité et à leur originalité.[22]

De cette originalité et de cette spécificité témoigne
éloquemment un ouvrage[23] qui contribuera à une
70 meilleure connaissance des sociétés africaines tradi-
tionnelles, *La Statue du commandeur* de Denise Paulme.
D. Paulme a rassemblé une série d'essais et d'articles
qui portent sur divers aspects des contes et sur quelques
rituels communs à l'Afrique et à l'Europe. C'est ainsi
75 qu'est appréhendé le personnage bien connu du
« **décepteur**[24] », largement popularisé à travers toute
l'Afrique par les aventures du Lièvre° et de l'Araignée.°
Deux traits fondamentaux caractérisent le décepteur, la
faiblesse physique et la ruse, **celle-ci compensant**
80 **celle-là.**[25†] Ce personnage généralement marginal...
serait, selon D. Paulme, l'héritier du **héros**
civilisateur[26] autour duquel se construisent de nom-

[11] **Résumé:** Que fait l'impétrant avec ces
objets? _____
_____

[12] Même fam.: _____

[13] **Résumé:** En regardant une calebasse, le
candidat parle de _____
_____.

Quel est donc le rôle de ces objets dans la
tradition orale? _____
_____

[14] = _____ commence par / _____ finit par

[15] = _____ les riches / _____ les pauvres

[16] Selon Calvet, quel est le problème de l'alphabétisation? _____
_____

[17] Même fam.: _____

[18] Mot ap.: _____

[19] = _____ supérieurs / _____ inférieurs

[20] = le livre sacré de quelle religion? _____
_____

[21] Contexte: _____

[22] **Résumé:** Selon Chevrier, lorsqu'une société décide d'introduire l'écriture, que
faut-il faire? _____
_____

[23] Que est le sujet de cette phrase? _____
Pourquoi l'ordre de cette phrase est-il inversé? _____
_____

[24] Même fam.: _____

[25] _____ (celle-ci) compense _____
_____ (celle-là).

[26] = héros qui _____

° perche: *pole*
° à partir desquels l'impétrant: *from which the applicant*
° à mi-chemin de: entre

° jadis: dans le temps passé, il y a longtemps
° l'alphabétisation: l'enseignement de l'écriture et de la lecture
° actuellement: aujourd'hui, maintenant

° tandis que: *whereas, while*
° désormais: à partir de ce moment
° incontournable: inévitable
° Lièvre: *Rabbit* (cf. *Brer Rabbit*)
° Araignée: *Spider*

breux mythes. Voleur du feu, à la manière de Prométhée,° le décepteur introduit le désordre dans un uni-
85 vers jusque-là figé°; il est celui par qui le scandale
arrive, et il contribue par ses actes au mouvement du
monde: « S'il n'y avait que des sages, dit le proverbe
bambara, il ne se passerait rien. »[27]

Jeune Afrique, 14 novembre 1984

[27] **Résumé:** Le rôle du décepteur est de

_____

et de _____ .

APRES AVOIR LU

1. Aviez-vous raison? Chevrier est-il pour ou contre la tradition orale? Donnez au moins trois arguments du texte pour soutenir votre opinion.

_____

_____

_____

2. Même si une culture africaine n'a pas de système d'écriture, elle a un système de graphisme. Trouvez deux examples de graphisme pictural.

_____

_____

3. Le livre de Paulme présente un personnage très populaire de la littérature africaine, « le décepteur ». Qui est-il? Décrivez-le. Que fait-il?

_____

_____

_____

A DISCUTER

1. Avez-vous eu des expériences de tradition orale dans votre famille? Des histoires racontées par vos parents ou vos grands-parents? A votre avis, quelle est l'importance de la tradition orale?
2. Quelle est votre réaction au personnage du « décepteur »? Connaissez-vous des « décepteurs » populaires dans notre tradition littéraire?
3. A votre avis, Chevrier s'intéresse-t-il plus à présenter les livres dont il fait la critique ou à discuter de la question de la tradition orale? Que pensez-vous de la structure de cette critique?
4. Voyez-vous un rapport entre le point de vue de Chevrier et la conclusion du conte (oral) de Pierre-Louis: « C'est ainsi que s'écrit l'HISTOIRE »?

A CREER

1. Commencez par la description du « décepteur » et écrivez une fable. Souvenez-vous bien: les personnages sont des animaux; l'histoire est courte et se termine par une moralité. Votre fable peut être amusante ou assez sérieuse.
2. En suivant le modèle de Chevrier, écrivez la critique ou le compte rendu d'un livre qui vous intéresse. Considérez: un petit résumé du texte, le point de vue de l'auteur, le rapport entre ce livre et le monde en général.

° Prométhée: héros mythologique qui a
  volé le feu des dieux pour le donner à
  l'homme

° figé: immobilisé

Interlude

8

RECOGNIZE AND FOLLOW FLASHBACKS

As you know, many stories are not written in chronological order but contain flashbacks (references to past events) and/or flashforwards (visions into the future). The author may, for stylistic reasons, make these changes in time and perspective more or less clear. When reading in a foreign language, recognizing such shifts is harder for several reasons: unfamiliar vocabulary; a lack of skill with the forms of such key verb tenses as *passé composé, passé simple* (see Appendix 3 for the *passé simple*), *imparfait, plus-que-parfait,* and *futur;* a lack of understanding about how French verb tenses are used; and uncertainty about what is really happening in the story.

To deal with such problems and follow flashbacks and flashforwards in a French story more easily, look for these clues:

Expressions of time (*dernier, passé, avant-hier, le lendemain, après*)
Indications of moments, days, weeks (*ce soir-là, à ce moment, il y avait une semaine, dans la journée*)
Changes in verb tense
Cause and effect and logical progression. Use your common sense: Which of two actions would logically cause the other?

ANALYZE LITERARY DEVICES: IRONY*

The term *irony* (*l'ironie* [f.]) has slightly different meanings to different people in different contexts. In all its variations, however, irony refers to the technique of indicating an intention or attitude opposite to the one that is actually, sometimes ostentatiously, stated. In literature, authors may use character and plot development, as well as descriptions and atmosphere, to give their work an ironic cast. For instance, when Charles Dickens' Uriah Heep says he is a "very 'umble man," perceptive readers (and eventually David Copperfield) know that he is not humble at all but exceedingly insolent.

When you read English, irony can be hard to spot because the point of ironic writing is to communicate the opposite of what is actually said. When you read a foreign language, perceiving and understanding irony becomes even more difficult when familiar words mask what the author says, not to mention what the author means. To find the irony in "*Miss Edith mourra le 20 mai,*" look for conflicts between what characters say and what they think and do.

The irony in La Rochefoucauld's "*Maximes*" is of a somewhat different sort: the irony of cynicism and a sardonic view of life. Sardonic statements are characterized by bitter or scornful derision. The meaning of *sardonic* grows clearly from the etymology of the word: an allusion to a Sardinian plant that when eaten produced convulsive laughter ending in death. It's ironic to die laughing. To analyze La Rochefoucauld's irony, look for conflicts between what people usually think about the issues he raises and what he says about them.

A final note: Irony is popular in French literature. In *Lire avec plaisir,* you will find ironic elements in "*Un Moyen comme un autre*" (Chapter 9), "*Histoire d'un bon bramin*" (Chapter 11), and "*D'un cheveu*" (Chapter 12).

Chapitre 8

LES ILLUSIONS

MAGRITTE, René. *Portrait*. (1935). Oil on canvas, 28⅞ × 19⅞. Collection, The Museum of Modern Art, New York. Gift of Kay Sage Tanguy.

Gilbert Cesbron: « Miss Edith mourra le 20 mai »

Né à Paris en 1913 et mort en 1979, Gilbert Cesbron a connu un grand succès populaire avec ses romans et ses contes, mais il est aussi connu pour ses essais. Dans son œuvre, il s'occupe souvent de l'injustice sociale et économique, révélant ainsi son humanisme. « Miss Edith mourra le 20 mai », un conte plutôt ironique*, est tiré de son recueil intitulé *Tout dort et je veille* (1959).

Pour bien comprendre cette histoire, repérez-en les flash-backs. Faites attention aux adverbes de temps et aux conjonctions (révisez, s'il le faut, l'*Interlude 3*). Aidez-vous aussi des exercices *En lisant* pour suivre l'intrigue* et vérifiez votre compréhension en faisant le premier exercice *Après avoir lu*.

AVANT DE LIRE

• Le titre

Selon le titre, cette histoire peut être:

_____ de la science-fiction   _____ un conte de fées

_____ une histoire policière   _____ une histoire psychologique

_____ une histoire tragique   _____ une histoire comique

_____ une histoire d'amour   _____ une fable

_____ un conte africain   _____ un conte d'aventures

• La situation

Cherchez dans les trois premiers paragraphes les noms des personnages:

_____ et _____

Dans l'histoire, s'agit-il de personnages français ou anglais? _____

Quels mots anglais voyez-vous? _____

A quel genre* littéraire font-ils allusion? _____

• Expressions utiles

avant-hier   *the day before yesterday*
l'avant-veille   *two days earlier*

Avant-hier, elle est allée à la fête. **L'avant-veille,** pourtant, elle avait été malade.

n'en pouvoir plus   *to be unable to stand it any longer*

Mon ami a trop de difficultés; il **n'en peut plus.**

EN LISANT

• La chronologie

En lisant cette histoire la deuxième fois, encerclez tous les adverbes de temps, toutes les autres indications du temps et tous les changements importants dans les temps des verbes.

Miss Edith mourra le 20 mai

GILBERT CESBRON

Le billet anonyme ne contenait que **cette phrase.**[1]
    Miss Edith la lut et éclata de rire. Elle regarda l'enveloppe, **le cachet**[2] de la poste; elle employa même une loupe°: **se conduisit**[3] en parfait détective; puis se

• En lisant

[1] Quelle phrase? _____

[2] Contexte: _____

[3] Contexte: _____

° une loupe: *magnifying glass*

5   jugea ridicule et rit de nouveau, mais un peu moins.[4]

Pourtant° cette **enquête**[5] dérisoire **la**[6] mit sur la voie.° Bien sûr! Comment n'y avoir pas songé° aussitôt? Ces amis avec lesquels elle échangeait depuis plusieurs mois des romans policiers et chez quoi on avait

10 organisé, la semaine dernière, une sensationnelle *Murder-party...* Est-ce que **Ronald**[7] n'avait pas dit avant-hier†: Il faudrait que l'un de nous fût° assassiné: un beau crime sur lequel nous puissions enquêter nous-mêmes!... Ou encore un déluge de lettres ano-

15 nymes!... Eh bien, voilà: puisque cela n'**advenait**[8] pas tout seul, Ronald provoquait ce déluge... Lui répondre? — Facile! Mais cela lui causerait un trop **vif**[9] plaisir... Et puis sait-on jamais comment s'achèvent° ces plaisanteries? **Celle-ci**[10] était déjà d'assez mauvais goût°:

20 inutile de la prolonger![11]

Dans la journée, Miss Edith regarda **à plusieurs reprises**[12] le billet. Elle changeait, chaque fois, d'avis: « Ce Ronald était stupide... Ce Ronald était tordant°... » A la fin, elle déchira° la lettre et l'enveloppe, **en**[13] jeta

25 les morceaux, **le**[14] regretta aussitôt. Elle ne pensait plus qu'à **cela,**[15] désormais: « Miss Edith mourra le... Voyons, c'était bien le 20 mai? Oui, le 20 mai. Pourquoi le 20 mai?... Quel crétin,° ce Ronald! »

Miss Edith voyait ces amis-là le soir même. Elle prit

30 sur elle d'être plus gaie que d'habitude, c'est-à-dire trop gaie.

— Ah, pendant que j'y pense: êtes-vous libres, tous, le 22 mai?[16]

— A première vue... oui, Edith. Pourquoi?

35 — Pour venir à mon **enterrement.**[17]

— Votre enter... Qu'est-ce que ça veut dire?

---

[4] Pourquoi s'est-elle jugée ridicule? _____

_____

[5] Mot ap.: (ê = es): _____

[6] Qui? _____

[7] Qui est-ce? _____

[8] Forme: _____ + _____; contexte: ___

_____

[9] Même fam.: _____; = _____ grand /

_____ petit

[10] Qui/quoi? _____

[11] **Résumé:** Miss Edith imagine que _____

_____.

[12] Mot ap./ contexte: _____ avec plusieurs

amis / _____ plusieurs fois

[13] = les morceaux de _____

[14] = _____

[15] = _____

✉ Pourquoi cet espace? _____

_____

[16] Qui parle? _____

[17] Même fam./mot ap.: _____

° pourquoi: cependant
° sur la voie: sur le bon chemin
° songé: pensé

° fût = soit
° s'achèvent: finissent
° mauvais goût: *bad taste*
° tordant: (*populaire*) très amusant

° déchira: a détruit
° désormais: à partir de ce moment
° crétin: idiot

— Vous demanderez à Ronald: il est au courant...

— Je vous assure, Edith, que je ne comprends pas
— mais alors pas du tout![18]

40   Il semble sincère. Miss Edith le **dévisage**[19] longtemps et conclut:

— Bon! Mettons° que je n'aie rien dit[20]... Mais cette
société **lui**[21] pèse,° la soirée **languit;**[22] Miss Edith laisse
ses amis plus tôt que de coutume.

45   Dès qu'elle a quitté la maison, un éclat de rire général:[23]

— Ouf! Je n'en pouvais plus†... Ronald a été magnifique!... Comment as-tu réussi à garder ton sérieux?... Quand elle t'a regardé en silence, j'ai cru que
50   j'allais éclater...

⊠

Miss Edith rentre chez elle, fort préoccupée; elle dort
mal.[24] Le lendemain elle retrouve son souci° dès° le
réveil, réclame° trois fois le courrier, **le**[25] dévore enfin
avec l'espoir d'y trouver une autre lettre anonyme,
55   franchement stupide cette fois: avec une tête de mort
et des empreintes sanglantes!° Ou même franchement
inquiétante et qu'elle porterait à la police! Mais c'est
un honnête courrier: Miss Edith ne reçoit pas, ne re-
cevra plus jamais de missives anonymes.

60   Elle décide alors de n'y plus penser. Mais à peine°
s'**y**[26] est-elle résolue qu'elle se remémore sa conversation avec le docteur, avant-hier,† et ses jambes se
dérobent sous elle.° Elle doit s'asseoir; elle porte une
main glacée à ce cœur qu'elle sent battre soudain.

65   Le docteur allait quitter la ville pour trois mois.[27] Il
voulait, auparavant,° examiner Miss Edith dont les
poumons° l'avaient si longtemps inquiété. **Allons,
tout marchait bien à présent!**[28] Plus rien de suspect. **Se ménager,**[29] bien sûr... Pas d'alcool, pas de
70   tabac, de longues nuits, du repos l'après-midi. J'inter-
dis° le bord de la mer...

— Et la croisière° dont je vous avais parlé, docteur?

— **Il n'en est pas question!**[30] A mon retour, nous
verrons. Soyez sage, Miss Edith: votre vie est entre vos
75   mains. Mais je pars tranquille...

— Etes-vous bien sûr de me dire toute la vérité,
docteur?

— Parfaitement sûr, Miss Edith.

Il n'avait pas paru hésiter. Il n'avait pas osé°... Mais,
80   le soir même, pris d'un singulier **remords,**[31] il aurait
donc posté ce billet? Pensant que, tout de même, elle
avait le droit de savoir la vérité... Oui, c'était bien **son**[32]
écriture. Ah! si elle avait conservé le message, elle

---

[18] Qui parle? _____

[19] Même fam.: _____; = _____

[20] Qui parle? _____

[21] = _____

[22] Mot ap./contexte: La soirée _____ passe
vite / _____ devient ennuyeuse.

[23] Qui rit? _____

⊠ Pourquoi cet espace? _____

_____

[24] Quel est le temps des verbes? _____
Pourquoi? _____

_____

[25] Quoi? _____

[26] A quoi? _____

[27] Quel est le temps des verbes? _____
Pourquoi? _____

_____

[28] Qui parle? _____

[29] Par ex.: _____

[30] Le docteur pense que Miss Edith _____ doit
aller en vacances / _____ doit rester chez
elle.

[31] Mot ap.: _____

[32] De qui? _____

° mettons: disons, imaginons
° peser: être lourd sur
° souci: inquiétude
° dès: à partir de
° réclame: demande

° empreintes sanglantes: *bloody fingerprints*
° à peine: depuis très peu de temps (cette
expression exige l'inversion du sujet
et du verbe)
° ses jambes se dérobent sous elle: elle est
près de tomber

° auparavant = avant (de partir)
° poumons: *lungs*
° interdire: défendre
° croisière: voyage en bateau
° oser: avoir le courage ou l'audace

aurait pu comparer avec une ordonnance.° Mais il lui
85 semblait bien que les M et les T... Oui, oui! elle en était
certaine à présent... D'ailleurs, l'eût-il trouvée vraiment
guérie° qu'il n'aurait pas prescrit ces **ménagements,**[33]
ces **interdictions**[34] — Et maintenant qu'elle était con-
damnée, à quoi bon?°...

⊠

90   Miss Edith but, fuma et dansa toute cette nuit-là,
puis toutes les nuits jusqu'à son départ pour le bord de
la mer.[35] Là, elle vécut° la même existence, épuisante°
de faux plaisirs, jusqu'à son départ en croisière.
    Miss Edith — le corps de Miss Edith — fut débarqué
95 le 22 mai: elle était morte à bord, **l'avant-veille.**[†36]

Tout dort et je veille © Editions Robert Laffont, Paris.

[33] Même fam.: _____

[34] Même fam.: _____

⊠ Pourquoi cet espace? _____

_____

[35] Quel est l'état d'esprit de Miss Edith? A votre avis, que fera-t-elle? _____

_____

[36] = le _____ mai

APRES AVOIR LU

1. La chronologie de l'histoire: Comme vous le savez, l'ordre dans lequel on raconte les événements de cette aventure de Miss Edith n'est pas l'ordre original des événements. Numérotez ces événements dans l'ordre dans lequel ils se sont produits. Le premier événement sert de modèle.

_____ Miss Edith rend visite à ses amis.

_____ Miss Edith reçoit une lettre anonyme.

_____ Miss Edith part pour le bord de la mer.

_____ Miss Edith invite ses amis à son enterrement.

_1_ Miss Edith assiste à une *Murder-party*

_____ Miss Edith examine le billet.

_____ Ronald suggère un vrai crime.

_____ Miss Edith soupçonne le docteur.

_____ Miss Edith soupçonne Ronald.

_____ Miss Edith meurt.

2. Quel personnage aurait dit chaque phrase?

MODELE: « En effet, cette lettre m'ennuie un peu. »   Miss Edith _____

a. « Je ne comprends pas cette lettre. » _____

b. « Mais bien sûr que nous serons libres ce jour-là!» _____

c. « Pourquoi est-ce que le médecin ne m'a pas dit la vérité? » _____

d. « Il faut absolument cesser de fumer. Sinon, je ne répondrai pas des conséquences. » _____

e. « Pourquoi ne pas faire ce voyage? » _____

f. « Ah, que je suis content d'avoir écrit cette lettre! » _____

° ordonnance: prescription d'un médecin
° l'eût-il trouvée vraiment guérie: s'il l'avait vraiment trouvée guérie

° à qui bon?: *what's the use?*
° vécut: passé simple du verbe *vivre*

° épuisante: très fatigante

3. Les émotions de Miss Edith: Choisissez les trois adjectifs les plus appropriés pour décrire les réactions et les sentiments de Miss Edith dans chacune des situations suivantes.

QUELQUES POSSIBILITES

étonnée	perplexe	curieuse	amusée	dégoûtée
ennuyée	sincère	malade	triste	soupçonneuse
honnête	contente	craintive	gaie	bouleversée

SITUATIONS

a. En recevant la lettre _____ _____ _____

b. Le soir, chez ses amis _____ _____ _____

c. En se rappelant sa conversation avec son médecin _____ _____

_____ _____

d. En voyage _____ _____ _____

4. Est-ce que Miss Edith était un bon détective? S'est-elle fondée plus souvent sur la raison ou sur ses émotions et son imagination? Marquez chaque situation d'un R (la raison) ou d'un E (l'émotion/l'imagination).

_____ Elle a examiné le billet.

_____ Elle a déchiré le billet et l'enveloppe.

_____ Elle a considéré la *Murder-party.*

_____ Elle a soupçonné Ronald.

_____ Elle a invité ses amis à son enterrement.

_____ Elle a considéré sa conversation avec son médecin.

_____ Elle a soupçonné son médecin.

_____ Elle a décidé de faire un voyage.

5. Pourquoi Miss Edith est-elle allée en voyage?

A DISCUTER

1. En vous référant au troisième exercice de la section *Après avoir lu,* décidez pourquoi Miss Edith a ressenti toutes ces émotions...

   a. quand elle a reçu la lettre
   b. quand elle a passé la soirée avec ses amis
   c. quand elle s'est souvenue de sa conversation avec son médecin

2. Miss Edith « se conduisit en parfait détective » (ligne 4). Etes-vous d'accord? Mettez-vous en groupes de trois ou quatre pour discuter de vos décisions dans l'exercice 4 de la section *Après avoir lu.* Si vous n'avez pas choisi les mêmes réponses, expliquez vos réponses. Décidez en groupe si Miss Edith était un bon détective.

3. Pourquoi la mort de Miss Edith est-elle ironique*? (Comment est-elle morte? Qu'est-ce qu'elle avait pensé des interdictions du docteur? Pourquoi a-t-on écrit le billet anonyme?)

A CREER

1. Imaginez que vous êtes Miss Edith et que vous racontez votre expérience de la lettre à un compagnon de voyage. Employez des expressions adverbiales pour parler de vos réactions et de vos pensées (voyez quelques expressions à la page 125.)
   Un début possible:

   > Un jour j'ai reçu un billet anonyme. D'abord, j'ai été amusée...

2. Vous êtes un(e) ami(e) de Miss Edith. Vous venez de recevoir la nouvelle de sa mort et vous vous mettez en colère contre Ronald. Vous lui téléphonez ou vous lui écrivez une lettre. En quoi est-il responsable de sa mort? Que lui dites-vous? Jouez la scène avec un(e) camarade qui prendra le rôle de Ronald.

3. Rédigez un essai dans lequel vous examinez l'ironie* de « Miss Edith mourra le 20 mai ». Pour organiser vos idées, commencez par dresser la liste des illusions de Miss Edith et des réalités. Ensuite, expliquez les pensées de Miss Edith et montrez pourquoi elle a réagi comme elle l'a fait.

François VI de La Rochefoucauld: « Maximes » _____

Né à Paris en 1613 d'une famille de très vieille noblesse, le duc de La Rochefoucauld avait une place importante à la cour des rois Louis XIII et Louis XIV. Mêlé à divers complots politiques et fatigué d'une vie trop mondaine, il se retira en demi-retraite et écrivit quatre éditions (1665–1678) de ses *Réflexions ou sentences et maximes morales*. Cette œuvre, en partie le résultat d'une longue correspondance avec Mme de Sablé et Mme de La Fayette, a fait scandale par l'absence totale d'illusions qu'elle révélait et par sa vision résolument pessimiste de l'humanité. La Rochefoucauld mourut à Paris en 1680, après une longue et douloureuse maladie.

STRATEGIE A DEVELOPPER

Comme l'*Interlude 8* vous l'a annoncé, les maximes de La Rochefoucauld sont ironiques* et sardoniques. Pour les apprécier, lisez-les d'abord en ne cherchant qu'à comprendre le sens des mots. Ensuite, relisez-les plusieurs fois et analysez leur sens véritable. Comment ses perceptions diffèrent-elles de ce que les gens pensent normalement? Les activités *Après avoir lu* et *A discuter* vous aideront.

AVANT DE LIRE

• **Qu'est-ce qu'une « maxime »?**

Selon le dictionnaire Petit Robert, une maxime est « une appréciation ou un jugement d'ordre général », assimilable à *l'axiome*, à *la vérité*, à *l'aphorisme* et au *proverbe*. Par définition, une maxime exprime de grandes idées en peu de mots. Pour comprendre une maxime, il faut passer quelque temps à considérer le vrai sens des mots, puis réagir aux exprimées.

• **Le langage du XVIIᵉ siècle**

Comme la Rochefoucauld écrit de façon directe et claire, il n'y a pas d'exercices *En lisant* dans cette section. Vous comprendrez les détails des maximes en faisant les activités *Après avoir lu*. Toutefois, comme le français du XXᵉ siècle n'est plus exactement ce qu'il était au XVIIᵉ, les mots qui ont changé de sens sont précédés du symbole → lorsqu'ils sont expliqués en bas de page.

Maximes

FRANÇOIS VI DE LA ROCHEFOUCAULD

Ce que nous prenons pour des vertus n'est souvent qu'un assemblage de diverses actions et de divers intérêts, que la fortune ou notre industrie° savent arranger; et ce n'est pas toujours par valeur et par chasteté que les hommes sont vaillants, et que les femmes sont chastes. (n° 1)

Il n'y a point de déguisement qui puisse longtemps cacher l'amour où il est, ni le feindre où il n'est pas. (n° 70).

Nous ne pouvons rien aimer que par rapport à nous, et nous ne faisons que suivre notre goût et notre plaisir quand nous préférons nos amis à nous-mêmes; c'est néanmoins° par cette préférence seule que l'amitié peut être vraie et parfaite. (n° 81)

Ce que les hommes ont nommé amitié n'est qu'une société,° qu'un ménagement réciproque d'intérêts, et qu'un échange de bons offices; ce n'est enfin qu'un commerce où l'amour-propre° se propose toujours quelque chose à gagner. (n° 83)

Il est plus honteux de se défier de ses amis que d'en être trompé. (n° 84)

Les hommes ne vivraient pas longtemps en société s'ils n'étaient° les dupes les uns des autres. (n° 87)

Tout le monde se plaint de sa mémoire, et personne ne se plaint de son jugement. (n° 89)

L'esprit est toujours la dupe du cœur. (n° 102)

Pour bien savoir les choses, il faut en savoir le détail; et comme il est presque infini, nos connaissances sont toujours superficielles et imparfaites. (n° 106)

Il est aussi facile de se tromper soi-même sans s'en savoir qu'il est difficile de tromper les autres sans qu'ils s'en aperçoivent. (n° 115)

Nous sommes si accoutumés à nous déguiser aux autres qu'enfin nous nous déguisons à nous-mêmes. (n° 119)

On n'aurait guère de plaisir si on ne se flattait jamais. (n° 123)

Le vrai moyen d'être trompé, c'est de se croire plus fin que les autres. (n° 127)

On aime mieux dire du mal de soi-même que de n'en point° parler. (n° 138)

° industrie: → adresse, finesse
° néanmoins: cependant, pourtant

° société: → association, alliance
° amour-propre: fierté; sentiment vif de la dignité et de la valeur personnelle

° n'étaient: n'étaient pas
° point: pas

Une des choses qui fait que l'on trouve si peu de gens qui paraissent raisonnables et agréables dans la conversation, c'est qu'il n'y a presque personne qui ne pense plutôt à ce qu'il veut dire qu'à répondre précisément à ce qu'on lui dit. Les plus habiles° et les plus complaisants se contentent de montrer seulement une mine° attentive, au même temps que l'on voit dans leurs yeux et dans leur esprit un égarement° pour ce qu'on leur dit, et une précipitation pour retourner à ce qu'ils veulent dire; au lieu de considérer que c'est un mauvais moyen de plaire aux autres ou de les persuader, que de chercher si fort à se plaire à soi-même, et que bien écouter et bien répondre est une des plus grandes perfections qu'on puisse avoir dans la conversation. (n° 139)

Le refus des louanges° est un désir d'être loué deux fois. (n° 149)

APRES AVOIR LU

1. D'abord, vos réactions: Que pensez-vous de chacune des maximes de La Rochefoucauld? Etes-vous d'accord avec ses points de vue? Pourquoi ou pourquoi pas? Marquez chaque maxime « d'accord » ou « pas d'accord ». Ensuite, ajoutez une note pour indiquer votre raisonnement.

2. La Rouchefoucauld traite de beaucoup de sujets différents tout en restant dans le domaine des rapports personnels au sein de la société. Organisez ces maximes, selon votre opinion, dans les catégories ci-dessous. Ensuite, comparez vos choix avec ceux de vos camarades.

L'AMOUR	L'AMITIE	L'EGOISME	LA FAÇADE	LA TROMPERIE
MODELE			n° 1	

3. Pour analyser l'ironie* et le cynisme de La Rochefoucauld, trouvez-en d'abord trois exemples dans ces maximes. Pour expliquer l'ironie, notez d'abord ce que La Rochefoucauld écrit et ensuite ce qu'on croit normalement vis-à-vis la situation décrite.

MAXIME	CE QU'IL ECRIT	CE QU'ON CROIT NORMALEMENT
MODELE n° 138	On préfère dire du mal au sujet de soi-même que d'être ignoré.	On ne veut jamais entendre dire du mal de soi.
n° ____	_____	_____
n° ____	_____	_____
n° ____	_____	_____

° habile: → intelligent, capable

° mine: aspect du visage
° égarement: → éloignement

° louanges: *praise*

4. « Miss Edith mourra le 20 mai » et les « Maximes » de La Rochefoucauld sont ironiques* et assez cyniques. Quels rapports voyez-vous entre les deux? Trouvez trois maximes qu'on pourrait utiliser pour expliquer les expériences de Miss Edith. Etudiez le modèle ci-dessous.

MAXIME   RAPPORT AVEC « MISS EDITH... »

MODELE   Résume le point de vue de Miss Edith, qui reste dans la confusion parce
n° 127   qu'elle se croit très intelligente et rusée.

n° _____   _____

                _____

                _____

n° _____   _____

                _____

                _____

n° _____   _____

                _____

                _____

A DISCUTER

1. Partagez avec vos camarades de classe vos opinions au sujet des pensées de La Rochefoucauld. Lorsque vous pensez que La Rochefoucauld a tort, soyez prêt(e) à expliquer pourquoi.
2. Comment avez-vous compris ces maximes? Comparez votre organisation des maximes avec celles de vos camarades. Par exemple, est-ce que tout le monde a décidé que la maxime n° 81 traite de l'égoïsme — ou de l'amitié? Comparez vos points de vue.
3. Que pensez-vous de l'esprit ironique* de La Rochefoucauld et de sa vision cynique du monde?

A CREER

1. Ecrivez des maximes qui présentent votre philosphie de la vie, de l'amitié, de l'amour ou de la société. Essayez de préciser vos idées en peu de mots. Ensuite, échangez vos maximes avec celles de vos camarades de classe et comparez-les. Avez-vous les mêmes points de vue? Les mêmes tendances optimistes ou pessimistes?
2. Résumez, par écrit ou à l'oral, le point de vue de La Rochefoucauld. Comment voit-il les êtres humains? Quel serait, à son avis, le meilleur moyen de réussir dans la vie?

Interlude

9

READ FOR DIFFERENT PURPOSES

Think for a moment about why you read a novel. What about reading a road map or a guidebook? Why do you read a history textbook? Of course, different types of texts fulfill different purposes and require us to read in different ways. When reading a novel for pleasure, you might read quickly, focusing on plot development. Someone with other interests might read more carefully, analyzing the characters. But a map usually requires looking for details, and guidebooks give necessary tourist information. So we use various strategies to understand these texts, including perhaps outlining the history textbook chapters. As you approach the remaining texts in *Lire avec plaisir,* consider why you would read them if you came across them outside a textbook. And decide which strategies will best help you understand.

FIND FACTS AND SUMMARIZE

When you read for information, you typically want to discover the important facts (*les faits importants*). What do facts look like? In their simplest form, these statements consist of nouns and verbs; descriptions, including adjectives and adverbs, embellish basic facts. Sometimes, the first sentence in a paragraph presents a central fact; the rest of the paragraph then describes or explains this fact. But writers may also offer examples first, leading up to the main point. Illustrations can also serve to point out the essence of a text (review *Interlude 5,* if necessary).

As you know, because main points don't always appear clearly in topic sentences, often you can summarize them only by rewording or combining ideas from several sentences. Summarizing well is an art; use the following exercise and *"Monsieur 'LU,' le génie de la pub"* for practice.

Exercice Z Trouvez le meilleur résumé pour chaque paragraphe.

1. L'abondance des informations diffusées dans les journaux, à la radio et à la télévision, sans oublier les nouveaux systèmes de diffusion à domicile, n'a pas, semble-t-il, stimulé la curiosité des jeunes générations d'Américains. Ce serait

même l'inverse, si l'on en croit une étude récente publiée par le *Times Mirror Center* sous le titre « L'âge de l'indifférence ». En effet, selon cette étude, les jeunes Américains « *connaissent moins les problèmes de l'actualité, s'y intéressent moins et lisent moins de journaux que les générations des cinq dernières décennies* ».

_____ a. Les informations télévisées sont abondantes aux Etats-Unis.

_____ b. Les jeunes Américains sont indifférents à tout.

_____ c. Les jeunes Américains s'intéressent de moins en moins aux informations.

_____ d. Les jeunes Américains lisent moins de journaux que leurs parents.

2. L'arrivée massive de Juifs soviétiques en Israël a entraîné une hausse vertigineuse des loyers dans certains centres urbains, provoquant une grave crise du logement. Du jour au lendemain, des centaines de familles vivant dans des quartiers déshérités se sont retrouvées à la rue. Les autorités tentent de parer au plus pressé en attendant la réalisation d'un programme de construction, confié à M. Ariel Sharon, qui vient de se voir doté de « pouvoirs d'urgence » pour « loger les Russes ».

_____ a. L'Israël n'a pas assez de logements pour les immigrés juifs soviétiques.

_____ b. Les immigrés juifs soviétiques ne peuvent pas payer les loyers israéliens.

_____ c. Les autorités israéliennes commencent un programme de construction.

_____ d. L'Israël connaît une crise du logement à cause des familles déshéritées.

IDENTIFY TEXT FORMAT

The form of a text (essay, play, dialogue, monologue, letter, advertisement, etc.) influences the way in which you read and understand it. Often you can recognize the form of a particular text as soon as you begin it, and you unconsciously adjust your reading speed, attention to details and vocabulary, and expectations. Remember to consider the form of French texts as you begin them (see *Interlude 1* for more information about predicting).

Chapitre 9

LA BELLE EPOQUE

Journal français d'Amérique

« Monsieur « LU », le génie de la pub »

Cet article tiré du *Journal français d'Amérique* vous présente un aspect de la Belle Epoque, les premières années du XXe siècle, une période très artistique à Paris où régnaient la gaieté et la joie de vivre. Les artistes comme Toulouse-Lautrec travaillaient dans le quartier nord de Paris, à Montmartre; les peintres impressionnistes (par example, Monet et Renoir) commençaient à changer l'art; les journalistes et les conteurs étaient prolifiques.

C'est aussi à ce moment que l'affiche moderne est née en France et qu'elle a changé la publicité. L'affiche était à cette époque l'instrument le plus puissant de la vente de bicyclettes, de papier à cigarettes, d'apéritifs et de nombreux autres produits. Qui était Monsieur « LU », et quel a été son rôle dans cette nouvelle publicité?

STRATEGIE A DEVELOPPER	Comme l'article suivant vous présente un aspect de la Belle Epoque, il est plein de faits. Les exercices *En lisant* vous aideront à identifier ces faits et la section *Après avoir lu* cherchera à vérifier si vous les avez assez bien absorbés pour les résumer. Si vous trouvez les faits principaux, vous comprendrez l'article.

AVANT DE LIRE

● **Les illustrations**

Regardez la photo ci-dessous, reproduite de l'article « Monsieur « LU », le génie de la pub ». Quels faits savez-vous déjà au sujet de cet article?

Que mange la jeune fille? _____

Donc, c'est de la publicité pour _____

Imaginez: Quelle était la profession de Monsieur « LU »?

_____

Journal français d'Amérique

Panneau-affiche pour les « Gaufrettes vanille » LU dans le style Belle Epoque.

Quelle sorte de publicité est-ce? _____

a. télévisée   b. radiophonique   c. affichée

A quelle époque? _____

a. vers 1985   b. vers 1955   c. vers 1935   d. vers 1905

● **Expressions utiles**

place à   *make way for*

Place à cette nouvelle exposition!

ne... personne/rien de meilleur que *no one/nothing better than*
ne... personne/rien de plus + adj. + **que** *no one/nothing more (adj.) than*

Il **n'y** a **rien de meilleur que** cette affiche. Et il **n'y** a **personne de plus malin que** son créateur!

si *yes (in response to a negative question; sometimes emphatic)*

Tu n'as pas vu cette exposition?

—- Mais **si,** je l'ai vue, même deux fois!

Monsieur « LU », le génie de la pub°

VERONIQUE MISTIAEN

Place au† quotidien, à l'imagination, au savoir-faire! « Art et Biscuits° », une **exposition**[1] *tout à fait originale venue de France, nous propose une autre forme de culture: des* **affiches,** *cartes postales,* **boîtes en fer-blanc**[2] *et autres*

5 *supports publicitaires, créés entre 1887 et 1914 par la firme Lefèvre-Utile (LU),* **mondialement**[3] *connue pour son célèbre « **Petit-Beurre**[4] ».*

Journal français d'Amérique

Cette exposition qui rendra nostalgiques bien des Français sera présentée pour la première fois sur la Côte
10 Ouest des Etats-Unis entre février et juin.

L'exposition rend hommage au génie et à l'inventi-vité de Louis Lefèvre-Utile, **biscuitier**[5] français du XIXe siècle qui découvrit l'art de la publicité.

° pub: publicité   ° biscuits: petits gâteaux (*cookies*)   ° fer-blanc: *tin*

Louis Lefèvre-Utile avait transformé la **biscuiterie**[6]
15 **nantaise**[7] LU, petite affaire familiale fondée par ses
parents (Monsieur Lefèvre et Mademoiselle Utile), en
une véritable industrie moderne.

Homme d'affaires **avisé**[8] à l'imagination fertile, il
comprit, **avant l'heure,**[9] l'importance de la publicité.
20 Affiches, calendriers, cartes postales, menus, assiettes,
boîtes en fer-blanc aux formes originales... tous les
moyens possibles de promotion furent utilisés ou découverts par lui.

Pour la publicité de la firme Lefèvre-Utile, il fit appel
25 à de nombreux artistes déjà renommés,° ou **près de
l'être,**[10] comme Mucha, Luigi Loir, Benjamin Rabier
et Cappiello. Mais celui qu'on s'accorde à reconnaître
comme l'inventeur de l'art publicitaire contemporain[11]
ne s'arrêta pas là. Il exploitait systématiquement **l'ac-
30 tualité,**[12] sous toutes ses formes, aussi bien la visite
du Tsar que les exploits des **pionniers**[13] de l'aviation.
Aux célébrités de l'époque il demandait de vanter° les
mérites des biscuits LU, par quelques **vers**[14] ou par une
dédicace. Ainsi **Sarah Bernhardt**[15] s'est exclamée:
35 « Je ne trouve rien de meilleur† qu'un Petit LU. Oh,
si†! Deux Petits LU! »

Tous ces documents originaux et objets furent soigneusement conservés par la famille Lefèvre-Utile. La
société Générale Biscuit, société mère de la biscuiterie
40 LU, les a recueillis° et **valorisés.**[16] C'est cette collection, **amenée**[17] par Mother's Cake and Cookie, une
société membre de Générale Biscuit, qui est maintenant
présentée en Californie.

Journal français d'Amérique, vol. 8, no. 4 (1986)

---

[6] Même fam.: _____; c'est une personne ou une chose? _____; alors,
c'est _____.

[7] = de la ville de _____

[8] = _____ sans opinion / _____ intelligent

[9] Contexte: _____

[10] = _____ presque renommés / _____ jamais
renommés

[11] De qui parle-t-on ici? _____ Lefèvre-Utile /
_____ Cappiello

[12] Marquez deux exemples de *l'actualité* dans
le texte.

[13] Mot ap.: _____

[14] Mot ap./contexte: _____

[15] Pourquoi était-elle célèbre? _____
_____

[16] Même fam.: _____

[17] Contexte: _____

APRES AVOIR LU   1. Maintenant, revoyez rapidement l'article et soulignez les faits les plus importants du
texte.

2. Complétez ces phrases pour créer un résumé de cet article. Relisez l'article, si nécessaire, mais ne copiez pas les faits directement du texte. Ensuite, lisez ce résumé et
achevez-le en y ajoutant les faits que vous vous rappelez.

Entre février et juin (où?) _____, on présente _____

_____, qui _____

_____ (sujet de l'exposition).

Cette exposition est possible parce que _____.

Louis Lefèvre-Utile a gagné sa vie en vendant _____.

Il a été un des premiers à _____.

Pour faire sa publicité, il _____;

en effet, sa publicité était très variée; par exemple, _____

_____.

° renommés: célèbres   ° vanter: en parler très favorablement   ° recueillir: réunir pour conserver

A DISCUTER

1. Comparez votre résumé avec celui de quelques-un(e)s de vos camarades. Vous êtes-vous tous rappelé les mêmes faits? Si vous avez des résumés un peu différents, en quoi diffèrent-ils?

2. A votre avis, pourquoi la publicité de Monsieur « LU » a-t-elle connu un si grand succès?

3. Comment sont les affiches publicitaires d'aujourd'hui? Quelles ressemblances et quelles différences voyez-vous entre la publicité actuelle et celle de la Belle Epoque? Quelle est l'importance de la publicité à la télévision et à la radio?

A CREER

1. Après avoir lu les légendes des photos d'affiches, créez une légende pour la photo de la boîte en fer-blanc. Quels faits avez-vous appris de l'article et pourriez-vous introduire dans cette légende?

2. Choisissez un produit qui vous intéresse et créez une affiche publicitaire pour ce produit. A votre choix: Faites de la publicité du style Belle Epoque ou du style de la fin du XXᵉ siècle.

3. Avec au moins un(e) camarade de classe, imaginez que vous assistez à cette exposition « Art et Biscuits ». L'un(e) d'entre vous est expert(e) en matière de publicité Belle Epoque et raconte les faits de l'article. Quelles questions lui posez-vous?

Alphonse Allais: « Un Moyen comme un autre »

Alphonse Allais (1855–1905) était journaliste et écrivain humoristique pendant la Belle Epoque. C'était le moment où Paris était la capitale mondiale des plaisirs, « ville lumière » où les cours d'Europe et les premiers milliardaires américains sont venus chercher champagne, petites femmes et spectacles. Allais faisait partie de ce milieu: il était rédacteur d'une revue publiée par le Chat noir, un cabaret littéraire et bohème de Montmartre. « Un Moyen comme un autre » a d'abord paru dans cette revue. La version reprise ici date de 1891 et est extraite du recueil intitulé *A se tordre*.

STRATEGIE A DEVELOPPER

Comme vous le verrez bientôt, Allais a choisi une forme unique pour « Un Moyen comme un autre ». Pour identifier cette forme, faites les exercices *Avant de lire*. Les exercices *En lisant* vous aideront à suivre la structure et les événements de l'histoire. En lisant, décidez si la forme choisie par Allais pour raconter son histoire est la meilleure et s'il la présente bien.

AVANT DE LIRE

Lisez les questions ci-dessous. Ensuite, lisez les lignes 1 à 19 de l'histoire et faites ces exercices:

● **La forme**

Cette histoire est probablement:

_____ une narration ou un récit   _____ une pièce de théâtre

_____ un dialogue   _____ une lettre

_____ un essai   _____ un monologue

● **Les personnages**

Combien de personnes parlent? _____

N.B. En français il y a typiquement deux façons d'indiquer le dialogue: ou on ajoute un tiret (—) quand il y a un changement d'interlocuteur, ou on met des guillemets (« ... ») autour de chaque morceau de dialogue.

Imaginez: Quel âge ont ces personnages? _____

    De quel sexe sont-ils? _____

    Pouvez-vous être sûr(e) de vos réponses? _____

ATTENTION! Pendant que vous lisez, vous devez savoir qui dit chaque phrase.

● **Le ton**

Imaginez: Quelle sorte de conte allez-vous lire? (Marquez toutes les possibilités.)

_____ triste   _____ amusant   _____ logique

_____ enfantin   _____ absurde   _____ familial

● **Expressions utiles**

rendre quelqu'un + adj.   *to make someone (happy, sad, etc.)*

    Anne lit une histoire qui la rend heureuse.

faillir + inf.   *to almost (die, fall, etc.)*

    L'année dernière, j'ai été très, très malade. En fait, j'**ai failli mourir.**

EN LISANT   1. Comme vous le voyez, la structure de ce texte suit la direction du dialogue. Cette direction change souvent. *La deuxième fois* que vous lisez l'histoire, montrez ces changements de direction en complétant le schéma ci-dessous.

LIGNES	SUJET D'ORIGINE	NOUVEAU SUJET
1 à 9	oncle et neveu	gros oncles
	gros oncles	_____
	oncle Henri	les artistes
13 à 27	l'oncle était riche	_____
	les possessions de l'oncle	_____
35 à 50	héritier	il ne faut pas tuer son oncle
	il ne faut pas tuer son oncle	_____
53 à 77	son oncle était apoplectique	_____
	la définition d'apoplexie	_____
	les symptômes de l'apoplexie	_____

2. Soyez certain(e) de toujours savoir qui parle. Si nécessaire, marquez-le dans le texte.

Un Moyen comme un autre

ALPHONSE ALLAIS

— Il y avait une fois° un oncle et un neveu.[1]

— **Lequel qu'était l'oncle?**[2]

— Comment lequel? C'était le plus gros, parbleu!

— **C'est donc gros, les oncles?**[3]

5 — Souvent.

— Pourtant, mon oncle Henri n'est pas gros.

— **Ton**[4] oncle Henri n'est pas gros parce qu'il est artiste.

— C'est donc pas gros, les artistes?

10 — **Tu m'embêtes**[5]... Si tu m'interromps tout le temps, je ne pourrai pas continuer mon histoire.

— Je ne vais plus t'interrompre, va.

— Il y avait une fois un oncle et un neveu. L'oncle était très riche, très riche...[6]

15 — **Combien qu'il avait d'argent?**[7]

— Dix-sept cents milliards de rente,° et puis des maisons, des voitures, des campagnes°...

— Et des chevaux?

— Parbleu! puisqu'il avait des voitures.°

20 — Des bateaux? Est-ce qu'il avait des bateaux?

— Oui, quatorze.[8]

— A vapeur!°

— Il y en avait trois à vapeur, les autres étaient à voiles.°

25 — Et son neveu, est-ce qu'il allait sur les bateaux?

— **Fiche-moi la paix!**[9] Tu m'**empêches**[10] de te raconter l'histoire.

— Raconte-la, va, je ne vais plus t'empêcher.

— Le neveu, lui, n'avait pas le sou,° et ça l'embêtait 30 énormément...

— Pourquoi que son oncle lui en donnait pas?

— Parce que son oncle était un vieil **avare**[11] qui aimait garder tout son argent pour lui. Seulement, comme le neveu était le seul **héritier**[12] du bon-35 homme...

— Qu'est-ce que c'est « héritier »?

— Ce sont les gens qui **vous prennent votre argent,**[13] vos meubles, tout ce que vous avez, quand vous êtes mort...

40 — Alors, pourquoi qu'il ne tuait pas son oncle, le neveu?

— **Eh bien! tu es joli, toi!**[14] Il ne tuait pas son oncle parce qu'il ne faut pas tuer son oncle, dans aucune circonstance, même pour en hériter.

45 — Pourquoi qu'il ne faut pas tuer son oncle?

— A cause des gendarmes.

— Mais si les gendarmes **le**[15] savent pas?

° Il y avait une fois: façon traditionnelle de commencer un conte

° de rente: de revenu

° des campagnes: des terrains, des propriétés à la campagne

° des voitures: à l'époque, les voitures étaient tirées par des chevaux

° (des bateaux) à vapeur: *steamboats*

° (des bateaux) à voile: *sailboats*

° n'avait pas le sou: manquait d'argent

● **En lisant**

[1] Qui parle? _____

[2] Synt. norm.: Lequel des deux était l'oncle?

[3] Synt. norm.: Est-ce que les oncles _____ _____?

[4] Pourquoi **ton**? A qui parle-t-on? _____ _____

[5] Contexte: _____

[6] Les points de suspension (...) indiquent que le narrateur _____.

[7] Synt. norm.: Combien _____ _____

[8] Qui parle? _____

[9] Contexte: Que désire le narrateur? _____ Alors, « *Fiche-moi la paix!* » = _____

[10] Contexte: _____

[11] Soulignez la définition dans le texte.

[12] Mot ap.: _____

[13] Contexte: *take your money* _____ *you*

[14] Le narrateur est-il content? _____

[15] Quoi? _____

— Les gendarmes le savent toujours, le concierge va les **prévenir.**[16] Et puis, du reste, tu vas voir que le
50   neveu a été plus malin° que ça. Il avait remarqué que son oncle, après chaque repas, était rouge...

— Peut-être qu'il était saoul.°

— Non, c'était son tempérament comme ça. Il était **apoplectique**[17]...

55   — Qu'est-ce que c'est « *aplopecpite* »?

— Apoplectique... Ce sont des gens qui ont **le sang**[18] à la tête et qui peuvent mourir d'une forte émotion...

— Moi, je suis-t-y apoplectique?[19]

— Non, et tu ne le seras jamais. Tu n'as pas une
60   nature à ça. Alors le neveu avait remarqué que surtout les grandes rigolades° rendaient son oncle malade,[†] et même une fois il avait failli mourir[†] à la suite° d'un éclat de rire trop prolongé.

— Ça fait donc mourir, de rire?

65   — Oui, quand on est apoplectique... Un beau jour, voilà le neveu qui arrive chez son oncle, juste au moment où **il**[20] sortait de table. Jamais il n'avait si bien dîné. Il était rouge comme un coq et soufflait comme un phoque°...

70   — Comme les phoques du **Jardin d'acclimatation?**[21]

— Ce ne sont pas des phoques, d'abord, ce sont des otaries.° Le neveu se dit: « Voilà le bon moment », et il se met à raconter une histoire drôle, drôle...

75   — Raconte-la-moi, dis?

— Attends un instant, je vais te la dire à la fin... L'oncle écoutait l'histoire, et il riait, il riait à se tordre,° si bien qu'il° était mort de rire avant que l'histoire fût complètement terminée.

80   — Quelle histoire donc qu'**il**[22] lui a racontée?

— Attends une minute... Alors, quand l'oncle a été mort, on l'a enterré, et le neveu a hérité.

— Il a pris aussi les bateaux?

— Il a tout pris, puisqu'il était seul héritier.

85   — Mais quelle histoire qu'il lui avait racontée, à son oncle?

— Eh,bien!... **celle**[23] que je viens de te raconter.

— Laquelle?

— Celle de l'oncle et du neveu.

90   — Fumiste, va!°

— Et toi, donc!°

A se tordre © Editions Albin Michel, Paris

[16] Contexte: _____

[17] Mot ap.: _____
Les caractéristiques d'une personne apoplectique (cherchez dans un dictionnaire):

_____

_____

[18] = _____

[19] Synt. norm.: _____

_____

[20] Qui? _____

[21] Où se trouvent les phoques? _____

_____

[22] Qui? _____

[23] Quoi? _____

° malin: rusé
° saoul: ivre, éprouvant les effets de l'alcool
° une rigolade: un rire

° à la suite de: après
° soufflait comme un phoque: *wheezed like a seal*
° une otarie: *sea lion*
° se tordre: *to be doubled up*

° si bien qu'il: de sorte qu'il
° Fumiste, va!: *You old joker* (Allais était le chef de « l'école fumiste ».)
° Et toi, donc!: *Look who's talking!*

APRES AVOIR LU   1. Quelle est la signification du titre? A quoi fait-on allusion?

2. Quel est l'effet de la forme du dialogue? Et celui des interruptions?

3. Allais a écrit une histoire à l'intérieur d'une autre histoire. Quelles sont les deux histoires?

   a. _____

   b. _____

A DISCUTER   1. Le ton est-il naturel? Donnez des exemples pour soutenir votre opinion.
2. En quel sens le neveu de la deuxième histoire était-il malin?
3. Où se trouve le suspens dans ce texte? Avez-vous trouvé la fin amusante? Pourquoi ou pourquoi pas?
4. A votre avis, est-ce que le dialogue réussit comme forme narrative de cette histoire? Pourquoi ou pourquoi pas?

A CREER   1. Ecrivez un dialogue entre un adulte et un enfant dans lequel l'enfant interrompt souvent l'histoire de l'adulte.
2. Ecrivez l'histoire du narrateur (la deuxième histoire) comme si l'enfant la racontait. Attention au style familier.
3. Par groupes de deux, jouez le rôle de l'adulte qui voudrait expliquer quelque chose à un enfant et le rôle de l'enfant qui pose beaucoup de questions. Sujets possibles: la vie d'il y a vingt ans, la rentrée des classes, comment répondre poliment au téléphone.

Interlude
10

PREDICT TEXT STRUCTURE AND CONTENT FROM GENRE*

Many literary genres* have a predictable structure and, sometimes, content. Which genres are familiar to you? What do you expect when you read a traditional British detective story, featuring Sherlock Holmes or Hercule Poirot, for instance? What about stock characters (did the butler *really* do it?), plot development (only three murders in this novel?), and denouement* (the detective outwits the murderer yet again). What sorts of events take place in almost any fairy tale? What about villains and happy endings, exaggeration and magical happenings? What do you already know about an epistolary novel or story, written in the form of letters? Or suspense stories? Or science fiction? Knowing what to anticipate helps you read more easily, with better comprehension.

The stories in Chapters 10 and 12 fit into established genres. Use the accompanying exercises to review what you know about standard features of the genre before you read.

Chapitre 10

LA MAGIE ET LE SURNATUREL

Bernard Dadié: « Le Pagne noir » _____

Né en 1916 en Côte d'Ivoire (regardez la carte de l'Afrique dans l'Appendice 4), Bernard Dadié est instituteur, dramaturge, poète et conteur de la vie africaine. « Le Pagne noir » est le conte qui a donné son nom à la collection de contes et de légendes parce que c'est celui que Dadié préfère. Vous y trouverez poésie, symbolisme* et couleur locale africaine.

STRATEGIE A DEVELOPPER

« Le Pagne noir » est un conte africain et, par conséquent, fort étranger à vos expériences personnelles. Mais ne vous inquiétez pas: c'est aussi un conte de fées.* La structure du conte vous est donc probablement très familière. Les exercices *Avant de lire* et *Après avoir lu* vous aideront à analyser cette histoire selon ce que vous savez de son genre.*

AVANT DE LIRE

● **Le genre**

Quelles sont les caractéristiques générales propres au conte de fées*?

Les événements se passent à un moment _____ historique / _____ non historique.

La suite d'actions est _____ chronologique / _____ non chronologique.

Les personnages sont _____ présentés simplement / _____ bien développés.

Y a-t-il un héros ou une héroïne? _____

    Comment est sa personnalité? _____.

Les animaux sont _____.

Qui est récompensé? _____ Qui est puni? _____

Y a-t-il des éléments magiques? _____

Les événements _____ se répètent / _____ se passent seulement une fois.

La fin est _____ heureuse / _____ triste.

Qu'est-ce que le lecteur apprend à la fin? _____.

● **Expressions utiles**

plus... plus   *the more . . . , the more*

    Plus je lui parle, **plus** elle se moque de moi.

entendre quelqu'un + inf.   *to hear (someone) do something*

    Quand je **l'entendais chanter,** j'étais ravi.

mettre du temps **à** + inf.   *to spend (time) doing*

    Elle **a mis trois ans à** étudier cette chanson.

à peine   *scarcely, hardly*

    J'avais **à peine** terminé mon repas que le téléphone a sonné.
    A peine avait-elle fini que sa mère lui a redonné du travail.

N.B.: Lorsqu'une phrase commence par l'expression **à peine,** l'ordre du sujet et du verbe suivant est inversé.

EN LISANT

Le genre « conte de fées »*: vous trouverez dans ce chapitre deux contes de fées différents: « Le Pagne noir », un conte ivoirien publié au XXe siècle, et « Le Chat botté », un conte français du XVIIe siècle. Pour les comprendre et pour les comparer, trouvez des exemples des caractéristiques propres au conte de fées. (Voyez la première question posée dans la section *Après avoir lu.*) Quand vous lirez « Le Chat botté » vous ferez le même exercice.

Le Pagne° noir

BERNARD DADIE

Il était une fois° une jeune fille qui avait perdu sa mère. Elle l'avait perdue, **le jour même où elle venait au monde.**[1]

Depuis une semaine, l'accouchement° durait. Plu-
5 sieurs matrones° avaient **accouru.**[2] L'accouchement durait.

Le premier cri de la fille coïncida avec le dernier **soupir**[3] de la mère.

Le mari, à sa femme, fit des funérailles grandioses.
10 Puis le temps passa et l'homme se remaria. De ce jour commence le calvaire° de la petite **Aïwa.**[4] **Pas de privations et d'affronts qu'elle ne subisse;**[5] pas de travaux pénibles qu'elle ne fasse! Elle souriait tout le temps. Et son sourire irritait **la marâtre**[6] qui l'acca-
15 blait° de quolibets.°

Elle était belle, la petite Aïwa, plus belle que toutes les jeunes filles du village. Et cela encore irritait la marâtre qui enviait cette beauté **resplendissante,**[7] captivante.
20 Plus† elle multipliait les affronts, les humiliations, les corvées,° les privations, plus Aïwa souriait, **embellis-sait,**[8] chantait — et elle chantait à ravir,° cette **orphe-line.**[9] Et elle était battue à cause de sa bonne humeur, à cause de sa gentillesse. Elle était battue parce que
25 courageuse, la première à se lever, la dernière à se coucher. Elle se levait **avant les coqs,**[10] et se couchait lorsque les chiens eux-mêmes s'étaient endormis.

La marâtre ne savait vraiment plus que faire pour **vaincre**[11] cette jeune fille. Elle cherchait ce qu'il fallait
30 faire, le matin, lorsqu'elle se levait, à midi, lorsqu'elle mangeait, le soir, lorsqu'elle **somnolait.**[12] Et ces pen-sées, par ses yeux, jetaient des lueurs fauves.° Elle cher-chait le moyen de ne plus faire sourire la jeune fille, de ne plus l'entendre chanter,† de **freiner**[13] la splen-
35 deur de cette beauté.[14]

Elle chercha ce moyen avec tant de patience, tant d'ardeur, qu'un matin, sortant de sa case,° elle dit à l'orpheline:

— Tiens! **va me laver**[15] ce pagne noir où tu voudras.
40 Me le laver de telle sorte qu'il devienne aussi blanc que le kaolin.°

Aïwa prit le pagne noir qui était à ses pieds et sourit. Le sourire, pour elle, remplaçait les murmures, les **plaintes,**[16] les larmes,° les sanglots.°

● **En lisant**

[1] = _____ le jour où la fille était née / _____ le jour où la mère était née

[2] Forme: _____ + _____

[3] Contexte: _____

[4] Aïwa, c'est qui? _____

[5] = _____ elle n'a pas subi de privations / _____ elle a subi beaucoup de privations

[6] Qui? _____

[7] Mot ap.: _____

[8] = _____ devenait plus belle / _____ déco-rait

[9] Mot ap.: _____.

[10] = _____ tôt / _____ tard

[11] Mot ap./contexte: _____

[12] Mot ap./contexte: _____

[13] = _____ encourager / _____ arrêter

[14] Est-elle contente qu'Aïwa sourie? _____

[15] = _____ lave-moi / _____ lave pour moi

[16] Mot ap.: _com_ _____; même fam.:
_____

° pagne: jupe africaine
° il était une fois: _once upon a time there was_
° accouchement: naissance d'un enfant
° matrones: sages-femmes, celles qui aident les femmes à accoucher

° calvaire: longue souffrance
° subisse: subjonctif de _subir,_ endurer
° accablait: humiliait par ses mots
° quolibets: mots moqueurs et injurieux
° corvées: travaux difficiles
° ravir: plaire beaucoup
° lueurs fauves: lumières sauvages

° case: petite maison en paille, habitation africaine
° kaolin: porcelaine
° larmes: _tears_
° sanglots: le bruit qu'on fait lorsqu'on pleure

45   Et ce sourire magnifique qui charmait tout, à l'entour,° au cœur de la marâtre, sema des braises.° A bras
raccourcis,° elle tomba sur l'orpheline qui souriait toujours.

      Enfin, Aïwa prit **le linge noir**[17] et partit. Après avoir
50 marché pendant **une lune,**[18] elle arriva au bord d'un
ruisseau.° Elle y **plongea**[19] le pagne. Le pagne ne fut
point mouillé.° Or° l'eau coulait bien, avec dans son
lit, des petits poissons, des nénuphars.° Sur ses berges,°
les crapauds° **enflaient leur voix**[20] comme pour ef-
55 frayer° l'orpheline qui souriait toujours. Aïwa replon-
gea le linge noir dans l'eau et l'eau refusa de le
mouiller. Alors elle reprit sa route en chantant.

            Ma mère, si tu me voyais sur la route,
                    Aïwa-ô! Aïwa![21]
60   *Sur la route qui mène au fleuve,*
                    Aïwa-ô! Aïwa!
            Le pagne noir doit devenir blanc
            Et le ruisseau refuse de le mouiller,
                    Aïwa-ô! Aïwa!
65   *L'eau glisse comme le jour,*
            L'eau glisse comme le bonheur,
            O ma mère, si tu me voyais sur la route,
                    Aïwa-ô! Aïwa!

      Elle repartit. Elle marcha pendant six autres lunes.
70   Devant elle, un gros fromager° couché en travers de
la route et dans un creux° du **tronc,**[22] de l'eau, de
l'eau toute jaune et bien limpide, de l'eau qui dormait
sous la **brise**[23] et tout autour de cette eau de gigantesques fourmis aux pinces énormes,° montaient la
75 garde. Et ces fourmis se parlaient. Elles allaient, elles
venaient, **se croisaient,**[24] se passaient la consigne.°
Sur **la maîtresse branche**[25] qui pointait un doigt vers
le ciel, un doigt blanchi, mort, était posé un **vautour**[26]
phénoménal dont les ailes,° sur des lieues° et des lieues,
80 **voilaient**[27] le soleil. Ses yeux jetaient des flammes,
des éclairs,° et les serres,° pareilles° à de puissantes
racines° aériennes, traînaient° à terre. Et il avait un de
ces becs!

      Dans cette eau jaune et limpide, l'orpheline plongea
85 son linge noir que l'eau refusa de mouiller.[28]

            Ma mère, si tu me voyais sur la route,
                    Aïwa-ô! Aïwa![29]
            La route de la source qui mouillera le pagne noir,
                    Aïwa-ô! Aïwa!

---

[17] = _____

[18] = _____ un mois / _____ un jour / _____
un an

[19] Mot ap.: _____

[20] = parlaient _____ plus fort / _____ moins
fort

[21] A qui chante-t-elle? _____

[22] Mot ap.: _____

[23] Mot ap./contexte: _____

[24] Contexte: _____

[25] = la branche de quoi? _____; = une
_____ grande / _____ petite branche

[26] Mot ap. (au = *ul*): _____

[27] Mot ap./contexte: _____

[28] Ce paragraphe et le précédent décrivent
quelle sorte de scène? _____

[29] Pourquoi chante-t-elle? _____

° à l'entour: dans les environs
° sema des braises: a renforcé sa colère
     (littéralement, a répandu du charbon)
° à bras raccourcis: de toutes ses forces
° ruisseau: petite rivière
° ne fut point mouillé: n'a pas été trempé
     de l'eau
° or: pourtant
° nénuphars: *water lilies*

° berges: rives, bords d'une rivière
° crapauds: *toads*
° effrayer: faire peur à
° fromager: très grand arbre africain, à
     bois tendre et blanc
° creux: trou, vide à l'intérieur d'un arbre
° fourmis aux pinces énormes: *ants with
     enormous pincers*
° consigne: ordre

° ailes: *wings*
° lieue: distance d'à peu près 4 kilomètres
° éclair: lumière intense et brève
° serres: griffes
° pareilles: semblables
° racines: *roots*
° traînaient: *dragged*

90 *Le pagne noir que l'eau du fromager refuse de mouiller,*
Aïwa-ô! Aïwa!

Et toujours souriante, elle poursuivit son chemin.

Elle marcha pendant des lunes et des lunes, tant de lunes qu'on ne s'en souvient plus. Elle allait le jour et 95 la nuit, sans jamais se reposer, se nourrissant de fruits cueillis° au bord du chemin, buvant la rosée **déposée**[30] sur les feuilles.

Elle **atteignit**[31] un village de chimpanzés, **auxquels**[32] elle conta son aventure. Les chimpanzés, 100 après s'être tous et longtemps frappé la poitrine° des deux mains en signe d'indignation, l'autorisèrent à laver le pagne noir dans **la source**[33] qui passait dans le village. Mais l'eau de la source, elle **aussi,**[34] refusa de mouiller le pagne noir.

105 Et l'orpheline reprit sa route. Elle était maintenant dans un lieu vraiment étrange. **La voie**[35] devant elle s'ouvrait pour se refermer derrière elle. Les arbres, les oiseaux, les insectes, la terre, les feuilles mortes, les feuilles sèches, les lianes,° les fruits, tout parlait. Et dans 110 ce lieu, **nulle trace de créature humaine.**[36] Elle était bousculée,° hélée,° la petite Aïwa! qui marchait, marchait et voyait qu'elle n'avait pas bougé depuis qu'elle marchait. Et puis, tout d'un coup, comme poussée par une force prodigieuse, elle franchissait des 115 étapes° et des étapes qui la faisaient s'enfoncer davantage dans la forêt où régnait un silence **angoissant.**[37]

Devant elle, une **clairière**[38] et au pied d'un **bananier,**[39] une eau qui sourd.° Elle s'agenouille,° sourit. 120 L'eau frissonne.° Et **elle**[40] était si claire, cette eau, que là-dedans se miraient le ciel, les nuages, les arbres.

Aïwa prit de cette eau, la jeta sur le pagne noir. Le pagne noir se mouilla. Agenouillée sur le bord de la source, elle mit deux lunes à[†] laver le pagne noir qui 125 restait noir. Elle regardait ses mains pleines d'ampoules° et **se remettait à**[41] l'ouvrage.

Ma mère, viens me voir!
Aïwa-ô! Aïwa!
Me voir au bord de la source,
130 *Aïwa-ô! Aïwa!*
Le pagne noir sera blanc comme kaolin,
Aïwa-ô! Aïwa!
Viens voir ma main, viens voir ta fille!
Aïwa-ô! Aïwa!

135 A peine[†] avait-elle fini de chanter que voilà sa mère qui lui **tend**[42] un pagne blanc, plus blanc que le kaolin. Elle **lui**[43] prend le linge noir et sans rien dire, **fond**[44] dans l'air.

---

[30] Mot ap./contexte: _____

[31] = _____ est arrivée à / _____ a ignoré

[32] A qui? _____

[33] Contexte (où a-t-elle déjà lavé le pagne noir?): _____

[34] Pourquoi **aussi**? _____
_____

[35] = _____ la route / _____ le regard

[36] Y avait-il des êtres humains? _____

[37] Mot ap.: _____

[38] Même fam.: _____

[39] = l'arbre qui porte des _____

[40] = _____ Aïwa / _____ l'eau

[41] = recommençait / _____ terminait

[42] = _____ donne / _____ prend

[43] A qui? _____

[44] Contexte: _____

° cueillis: *picked*
° rosée: fines gouttelettes d'eau
° poitrine: *chest*
° lianes: *hanging vines*

° bousculée: poussée (on la fait tomber)
° hélée: appelée
° étape: distance parcourue
° sourd: sort de la terre

° s'agenouille: se met à genoux
° frissonne: tremble légèrement
° se miraient: se reflétaient
° ampoules: *blisters*

Lorsque la marâtre vit le pagne blanc, elle ouvrit des
140 yeux stupéfaits.[45] Elle trembla, non de colère cette fois,
mais de peur; car elle venait de reconnaître l'un des
pagnes blancs qui avait servi à enterrer la première
femme de son mari.

Mais Aïwa, elle, souriait. Elle souriait toujours.
145 Elle sourit encore du sourire qu'on retrouve sur les
lèvres des jeunes filles.

Le Pagne noir © Présence Africaine, Paris, 1955

[45] Où se trouve Aïwa, maintenant? _____
_____

APRES AVOIR LU

1. En quoi « Le Pagne noir » constitue-t-il un conte de fées*? Trouvez un exemple précis de chaque caractéristique propre au conte de fées. (Vous compléterez plus tard la colonne se rapportant au « Chat botté ».)

CARACTERISTIQUE	« LE PAGNE NOIR »	« LE CHAT BOTTE »
Un héros ou une héroïne	Aïwa	
Beau/belle?		
Courageux(-se)?		
Un moment non historique		
Un travail difficile à accomplir		
Un ordre chronologique		
Des personnages tout à fait bons		
Des personnages tout à fait mauvais		
Des événements qui se répètent		
De l'exagération		
Des éléments magiques		
Des animaux personnifiés		
Une morale		
Une fin heureuse		

2. On dit que Dadié crée un monde de rêves dans ce conte. Donnez au moins trois exemples de scènes de l'histoire qui ressemblent à des rêves.

_____
_____
_____

A DISCUTER

1. Trouvez-vous des ressemblances entre « Le Pagne noir » et les contes de fées que vous connaissez (par exemple, « La Belle et la bête », « Cendrillon », « Le Petit Chaperon rouge »)? Des différences? Lesquelles?

2. Avec un(e) ou plusieurs camarade(s), comparez vos réponses à la question n° 2 de la section *Après avoir lu*. Quel est l'effet de cette irréalité dans « Le Pagne noir »?

A CREER

1. Avec un(e) camarade, présentez une scène entre Aïwa et sa marâtre.
2. Continuez l'histoire d'Aïwa. Quels sont ses rapports avec sa marâtre maintenant? Sa vie a-t-elle changé? Qu'est-ce qu'elle devient?
3. Comparez les histoires d'Aïwa et de Cendrillon. En quoi les deux jeunes filles et leurs histoires sont-elles semblables? Différentes? (Travaillez par écrit ou oralement.)
4. « Le Pagne noir » est un vrai conte africain. Précisez les éléments africains et détaillez ce qu'ils contribuent au conte.

Charles Perrault: « Le Maître chat ou le Chat botté » _____

Charles Perrault (1628–1703), une figure littéraire importante de la cour de Louis XIV, est peut-être le plus connu aujourd'hui pour ses *Histoires ou Contes du temps passé* (1697, 1715). Connus aussi sous le titre *Contes de ma mère l'Oye (Tales of Mother Goose)*, ces récits* proviennent de la tradition mythique populaire. Perrault les a écrits en vers* — par exemple, « Grisélidis » — ou en prose — par exemple, « La Belle au bois dormant », « Barbe-Bleue » et celui qui vous est présenté ci-dessous, « Le Maître chat ou le Chat botté ».

STRATEGIE A DEVELOPPER

Voici un autre conte de fées* classique et traditionnel. Ecrit au XVIIᵉ siècle, « le Maître chat ou le Chat botté » contient quelques allusions culturelles qui vous seront peu familières. En vous référant toutefois aux caractéristiques du conte de fées (voir page 156) et en vous rappelant l'histoire générale du Chat botté, vous comprendrez ce qui se passe dans ce conte. Si vous pouvez répondre aux questions *Après avoir lu*, vous avez bien compris l'histoire. Les dessins et les questions des résumés parmi les exercices *En lisant* vous aideront.

AVANT DE LIRE

● **L'histoire**

Regardez la gravure présentée à la page 159. Que porte ce chat? Connaissez-vous déjà un conte de fées dont le héros est un chat? _____

Quelle en est l'intrigue*? Est-ce qu'un(e) de vos camarades la connaît? Si vous ne connaissez pas l'intrigue, votre professeur vous la racontera brièvement.

● **Expressions utiles**

faire + inf.   *to have made or done*

Avant de partir en vacances, je compte me **faire faire** des bottes confortables.

n'avoir qu'à + inf.   *to have only to*

Pour réussir, vous **n'avez qu'à suivre** mes ordres.

● **Notes sur le texte**

1. Comme on a vu en lisant les « Maximes » de la Rochefoucauld (Ch. 8), depuis le XVIIᵉ siècle, le sens de plusieurs mots a changé. Les mots modernes correspondant à ces termes sont indiqués dans les notes par une flèche (par exemple: procureur: → avocat).
2. Vous trouverez dans le style du XVIIᵉ siècle beaucoup de noms commençant par une majuscule (par exemple, *le Chat, le Moulin, un Sac*).
3. Pour clarifier le sens de l'histoire, le texte original a été divisé en paragraphes.

Le Maître chat ou le Chat botté

CHARLES PERRAULT

Un Meunier° ne laissa pour tous biens à trois enfants qu'il avait, que son **Moulin,**[1] son Ane, et son Chat. Les partages furent bientôt faits, ni le **Notaire,**[2] ni le Procureur° n'y furent point° appelés. Ils auraient eu
5 bientôt mangé tout le pauvre patrimoine.° **L'aîné** eut le Moulin, **le second** eut l'Ane, et **le plus jeune** n'eut que le Chat.[3]

Ce dernier[4] ne pouvait se consoler d'avoir un si pauvre lot: Mes frères, disait-il, pourront gagner leur
10 vie honnêtement° en se mettant ensemble; pour moi, lorsque j'aurai mangé mon chat, et que je me serai fait un **manchon**[5] de sa peau, il faudra que je meure de faim.

Le Chat qui entendait ce discours, mais qui n'en fait
15 pas semblant, lui dit d'un air posé et sérieux: « Ne **vous affligez**[6] point, mon maître, vous n'avez qu'à† me donner un Sac, et me faire faire† une paire de Bottes pour aller dans les broussailles,° et vous verrez que vous n'êtes pas si mal partagé que vous croyez. »[7]
20 Quoique le maître du chat ne fît pas grand fond là-dessus,° il **lui**[8] avait vu faire tant de tours de souplesse, pour prendre des Rats et des Souris, comme quand il se pendait° par les pieds, ou qu'il se cachait dans la farine pour faire le mort, qu'il ne désespéra pas d'en
25 être secouru° dans sa misère.[9]

Lorsque le Chat eut ce qu'il avait demandé, il **se botta**[10] bravement, et mettant son sac à son cou, il en prit les **cordons**[11] avec ses deux pattes de devant, et s'en alla dans une garenne° où il y avait grand nombre
30 de lapins.° Il mit du son et des lasserons° dans son sac, et **s'étendant**[12] comme s'il eût été mort, il attendit que quelque jeune lapin, peu instruit encore des ruses de ce monde, vînt° **se fourrer**[13] dans son sac pour manger ce qu'il y avait mis. A peine fut-il couché, qu'**il**
35 **eut contentement;**[14] un jeune étourdi de lapin entra dans son sac, et le maître chat tirant aussitôt les cordons le prit et **le**[15] tua sans miséricorde.

Tout glorieux° de **sa proie,**[16] il s'en alla chez le Roi et demanda à lui parler. On le fit monter† à l'Apparte-
40 ment de sa Majesté, où étant entré il fait une grande révérence° au Roi, et lui dit « Voilà, Sire, un Lapin de Garenne que **Monsieur le Marquis de Carabas**[17] (c'était le nom qu'il lui prit en gré° de donner à son Maître) m'a chargé de vous présenter de sa part.[18]

● En lisant

[1] Où travaillent les meuniers? _____

[2] Mot ap.: _____

[3] Ce sont les trois _____. L'aîné est le plus _____ intelligent / _____ âgé.

[4] Quel fils? _____

[5] = quelque chose à _____ manger / _____ porter

[6] Mot ap. (g = ct): _____

[7] **Résumé:** De manière générale, que va faire le Chat? _____
_____
_____

[8] Qui? _____

[9] **Résumé:** Quelle est la réaction du maître?
_____

[10] = mit ses _____

[11] Mot ap./contexte: les _____ du sac

[12] Mot ap. (é = ex): _____

[13] Contexte: Pourquoi un lapin entrerait-il dans le sac? _____
_____

[14] Le chat a-t-il réussi? _____

[15] Qui/quoi? _____

[16] = _____

[17] Qui est-ce? _____

[18] **Résumé:** Pourquoi le Chat a-t-il donné un lapin au Roi? _____

° meunier: celui qui transforme les céréales en farine (*flour*)
° procureur: → avoué, avocat
° ne... point: ne... pas
° patrimoine: héritage, propriété
° honnêtement: → de façon satisfaisante
° broussailles: végétation épaisse et dense, composée d'arbustes

° ne fît pas grand fond là-dessus: n'avait pas grande confiance en lui
° se pendre: *to hang (oneself)*
° secouru: aidé
° une garenne: domaine de chasse réservée; bois où les lapins vivent à l'état sauvage
° lapin: *rabbit*

° du son et des lasserons (→ laiterons): de la nourriture bonne pour les lapins
° vînt: imparfait du subjonctif du verbe *venir*
° glorieux: → fier
° révérence: salut cérémonieux
° il lui prit en gré: il lui plaît

45   — Dis à ton Maître, répondit le Roi, que je le re-
mercie, et qu'il me fait plaisir. »
        Une autre fois, **il**[19] alla se cacher dans un blé,° tenant
toujours son sac ouvert; et lorsque deux Perdrix y furent entrées, il tira les cordons, et les prit toutes deux.
50 Il alla ensuite les présenter au Roi, comme il avait fait
le Lapin de Garenne. Le Roi reçut encore avec plaisir
les deux Perdrix, et **lui**[20] fit donner† pour boire.
        Le Chat continua ainsi pendant deux ou trois mois
à porter de temps en temps au Roi **du Gibier de la**
55 **chasse**[21] de son Maître. Un jour qu'il sut que le Roi
devait aller à la promenade sur le bord de la rivière
avec sa fille, **la plus belle Princesse du monde,**[22] il
dit à son Maître: « Si vous voulez suivre mon conseil,
votre fortune est faite: vous n'avez qu'à† vous baigner
60 dans la rivière à l'endroit que je vous montrerai, et
ensuite me laisser faire.° »

[19] Qui? _____

[20] A qui? _____

[21] Quel gibier a-t-il déjà apporté au roi? ____
_____

[22] Imaginez: Qu'est-ce qui va se passer? ____
_____

        Le Marquis de Carabas fit ce que son Chat lui con-
seillait, **sans savoir à quoi cela serait bon.**[23] Dans
le temps qu'il se baignait, le Roi vint à passer, et le
65 Chat se mit à crier de toute sa force: « Au secours, au
secours, voilà Monsieur le Marquis de Carabas qui se
noie!° »[24]
        A ce cri le Roi mit la tête à **la portière,**[25] et recon-
naissant le Chat qui lui avait apporté tant de fois du
70 Gibier, il ordonna à ses Gardes qu'on allât° vite au

[23] Le maître ____ comprend / ____ ne comprend pas l'idée de son chat.

[24] Regardez le dessin ci-dessus.

[25] Même fam.: _____

° blé: champ de blé

° laisser faire: laisser agir comme on veut
° se noie: *is drowning*

° allât: imparfait du subjonctif du verbe
   aller

secours de Monsieur le Marquis de Carabas. Pendant qu'on retirait le pauvre Marquis de la rivière, le Chat s'approcha du **Carrosse,** [26] et dit au Roi que **dans le temps que**[27] son Maître se baignait, il était venu des
75   Voleurs qui avaient emporté ses habits, quoiqu'**il eût crié au voleur**[28] de toute sa force; le drôle° les avait cachés sous une grosse pierre.

Le Roi ordonna aussitôt aux Officiers de sa Garde-robe d'aller quérir° un de ses plus beaux habits pour
80   Monsieur le Marquis de Carabas. Le Roi **lui**[29] fit mille caresses,° et comme les beaux habits qu'on venait de lui donner relevaient **sa bonne mine**[30] (car **il**[31] était beau, et bien fait de sa personne), la fille du Roi le trouva fort à son gré,° et le Marquis de Carabas ne **lui**[32]
85   eut pas jeté deux ou trois regards fort respectueux, et un peu tendres, qu'elle en devint amoureuse à la folie. Le Roi voulut qu'il montât dans son Carrosse, et qu'il fût de la promenade.

[26] Où se trouve le Roi? Dans son _____

[27] = _____

[28] = _____ Le Maître a parlé aux voleurs. / _____ Le Maître a demandé de l'aide.

[29] A qui? _____

[30] C'est-à-dire qu'il est _____.

[31] Qui? _____

[32] A qui? _____

Le Chat, ravi de voir que son dessein commençait à
90   réussir, **prit les devants,**[33] et ayant rencontré des Pay-sans qui fauchaient un Pré,° il leur dit: « *Bonnes gens qui fauchez, si vous ne dites au Roi que le pré que vous fauchez appartient à Monsieur le Marquis de Carabas, vous serez tous hachés menu comme chair à pâté.*° »[34]

[33] Quel adverbe voyez-vous? _____

Alors, le chat est parti _____ les autres.

[34] **Résumé:** Quel est « le dessein » (ligne 89) du Chat? _____

° drôle: chat astucieux
° quérir: chercher
° caresses: → démonstrations d'amitié

° à son gré: selon son goût
° fauchaient un Pré: *were harvesting a pasture*

° hachés menu comme chair à pâte: (*locution provençale*) coupés en petits morceaux

95   Le Roi ne manqua pas à demander aux Faucheux°
        à qui était ce Pré qu'ils fauchaient.

        « C'est à Monsieur le Marquis de Carabas », dirent-
        ils tous ensemble, car la menace du Chat leur avait fait
        peur.

100   « Vous avez là un bel héritage,° dit le Roi au Marquis
        de Carabas.

        — Vous voyez, Sire, répondit le Marquis, c'est un
        pré qui ne manque point de rapporter abondamment
        toutes les années. »

105   Le maître Chat, qui allait toujours devant, rencontra
        des Moissonneurs,° et leur dit: « Bonnes gens qui mois-
        sonnez, si vous ne dites que tous ces blés appartiennent à

° faucheux: → faucheurs   ° héritage: → domaine, fonds de terre   ° moissonneurs: faucheurs

Monsieur le Marquis de Carabas, vous serez tous hachés menu comme chair à pâté. »

110   Le Roi, qui passa un moment après, voulut savoir à qui appartenaient tous les blés qu'il voyait. « C'est à Monsieur le Marquis de Carabas », répondirent les Moissonneurs, et le Roi s'en réjouit encore avec le Marquis.[35]

115   Le Chat, qui allait devant le Carrosse, disait toujours la même chose à tous ceux qu'il rencontrait; et le Roi était étonné des **grand biens**[36] de Monsieur le Marquis de Carabas.

Le maître Chat arriva enfin dans un beau Château
120   dont le Maître était un Ogre, le plus riche qu'on ait jamais vu, car toutes les terres par où le Roi avait passé étaient **de la dépendance de ce Château.**[37] Le Chat, qui eut soin de s'informer qui était cet Ogre, et ce qu'il savait faire, demanda à lui parler,[38] disant qu'il n'avait
125   pas voulu passer si près de son Château, sans avoir l'honneur de lui **faire la révérence.**[39] L'Ogre le reçut aussi civilement que le peut un Ogre, et le fit reposer.†

« On m'a assuré, dit le Chat, que vous aviez le don° de vous changer en toute sorte d'Animaux, que vous
130   pouviez par exemple vous transformer en Lion, en Eléphant?

— Cela est vrai, répondit l'Ogre brusquement, et pour vous le montrer, vous m'allez voir devenir Lion. »[40]

[35] Quelle caractéristique du conte de fées apparaît dans ces paragraphes? _____ _____

[36] Par ex.: _____

[37] A qui appartenaient les terres? _____ _____

[38] Le Chat s'est-il préparé à rencontrer l'Ogre? _____

[39] = _____

[40] Synt. norm.: vous allez me voir devenir.

° le don: le talent

135 Le Chat fut si **effrayé**[41] de voir un Lion devant lui, qu'il gagna aussitôt les gouttières,° non sans peine et sans péril, à cause de ses bottes qui ne valaient rien pour marcher sur les tuiles.° Quelques temps après, le Chat, ayant vu que l'Ogre avait quitté **sa première**
140 **forme,**[42] descendit, et avoua qu'il avait eu bien peur.

« On m'a assuré encore, dit le Chat, mais je ne saurais le croire, que vous aviez aussi le pouvoir de prendre la forme des plus petits Animaux, par exemple, de vous changer en un Rat, en une Souris; je vous avoue que
145 je tiens cela tout à fait impossible.[43]

— Impossible? reprit l'Ogre, vous allez voir », et en même temps il se changea en une Souris, qui se mit à courir sur le plancher. Le Chat ne l'eut pas plus tôt aperçue qu'il se jeta dessus, et **la**[44] mangea.

150 Cependant le Roi, qui vit en passant le beau Château de l'Ogre, voulut entrer dedans. Le Chat, qui entendit le bruit du Carrosse qui passait sur le **pont-levis,**[45] courut au-devant, et dit au Roi: « Votre Majesté soit la bienvenue dans le Château de Monsieur le Marquis de
155 Carabas.

— Comment, Monsieur le Marquis, s'écria le Roi, ce Château est encore à vous! Il ne se peut rien de plus beau que cette cour et que tous ces Bâtiments qui l'environnent; voyons les dedans,° s'il vous plaît. »

160 Le Marquis donna la main à la jeune Princesse, et suivant le Roi qui montait le premier, ils entrèrent dans une grande Salle où ils trouvèrent une magnifique collation° que l'Ogre avait fait préparer† pour ses amis **qui le devaient venir voir**[46] ce même jour-là, mais qui
165 **n'avaient pas osé**[47] entrer, sachant que le Roi y était.

Le Roi, charmé des bonnes qualités de Monsieur le Marquis de Carabas, de même que sa fille qui **en**[48] était folle, et voyant les grands bien qu'il possédait, lui dit, après avoir bu cinq ou six coups: « Il ne tiendra qu'à
170 vous, Monsieur le Marquis, que vous ne soyez mon gendre.° »

Le Marquis, faisant de grandes révérences, accepta l'honneur que lui faisait le Roi; et dès le même jour épousa la Princesse.[49]
175 Le Chat devint grand Seigneur, et ne courut plus après les souris, que pour se divertir.[50]

Moralité

180
Quelque grand que soit l'avantage
De jouir d'un° riche héritage
Venant à nous de père en fils,
Aux jeunes gens pour l'ordinaire,
L'industrie et le savoir-faire
Valent mieux que des biens acquis.[51]

[41] Contexte: _____

[42] = _____

[43] **Résumé:** A votre avis, quel est le dessein du Chat? _____
_____

[44] Qui?/Quoi? _____

[45] pont = _____; lever = _____; donc, pont-levis = _____

[46] Synt. norm.: qui devaient venir le voir

[47] Contexte: _____

[48] De quoi? _____

[49] **Résumé:** Quelle est la destinée du maître du Chat? _____

[50] **Résumé:** Quelle est la destinée du Chat? _____

[51] Soulignez les deux vers* qui résument cette moralité.

° gagna aussitôt les gouttières: grimpa pour s'échapper
° les tuiles: *roof tiles*

° les dedans: → intérieur d'une maison
° collation: → grand repas
° gendre: beau-fils

° jouir de: profiter de

[185] **Autre moralité**

> *Si le fils d'un Meunier, avec tant de vitesse*
> > *Gagne le cœur d'une Princesse,*
> *Et s'en fait regarder[†] avec des yeux mourants,*
[190] > *C'est que l'habit, la mine et la jeunesse,*
> > *Pour inspirer de la tendresse,*
> *N'en sont pas des moyens toujours indifférents.*[52]

[52] Quel est le sujet du verbe *sont*? _____

Contes, Editions Gallimard, Paris

APRES AVOIR LU

1. Analysez « Le Chat botté » comme conte de fées* en faisant le premier exercice de la page 156.

2. En quoi le chat est-il rusé? Donnez au moins trois exemples.

_____

_____

_____

3. Décrivez le maître du chat (son physique, son intelligence, etc.). Que pensez-vous de lui?

4. Relisez les deux morales (« moralités »). A votre avis, résument-elles bien le thème du conte? Pouvez-vous imaginer une autre moralité (en vers ou en prose)?

A DISCUTER

1. Qui est le héros du conte? Pourquoi?
2. Trouvez-vous ce conte humoristique? Pourquoi ou pourquoi pas?
3. Comment les caractéristiques du conte de fées vous aident-elles à comprendre cette histoire?

A CREER

1. Choisissez une des scènes du conte (par exemple, la scène où le marquis « se noie » ou la rencontre entre le chat et l'ogre). Récrivez cette scène en employant un style moderne et des dialogues.

   MODELE:

   Le maître du chat était en train de se baigner lorsque le roi s'est approché de la rivière.

   A ce moment, le chat s'est mis à crier: « Au secours! au secours! Monsieur le Marquis de Carabas se noie! »

2. Ecrivez un conte de fées en employant au moins quatre des caractéristiques propres aux contes de fées (page 156). Vous pouvez imaginer une histoire originale ou raconter un conte traditionnel (par exemple, « Cendrillon », « Barbe-Bleue » ou « Le Petit Chaperon rouge »).

3. Avec un(e) camarade, imaginez que vous êtes le maître du chat. Vous racontez votre histoire à vos petits-enfants. Votre camarade vous posera des questions (« Qu'avez-vous fait à ce moment? Pourquoi? Et ensuite? » etc.). Après quelques minutes de pratique, présentez votre dialogue au reste de la classe.

Interlude
11

ANALYZE TEXT STRUCTURE

Comparisons and contrasts   As explained in *Interlude 2,* several standard types
of textual organization exist. A text structured with comparisons and contrasts contains a good deal of description. To read it efficiently, ask yourself questions like
these:

What is being described?
What is being compared or contrasted?
Are the comparisons explicit or implicit?
Can you list the similarities and differences?
Are there more similarities or more differences?
What do these comparisons and contrasts show?

Arguments and counterarguments   Like texts based on comparisons and contrasts, texts structured around pro and con arguments (*le pour et le contre*) present
information in a rather balanced fashion. But they are tricky because you need to
decide whether different sides of a question are presented objectively or subjec-
tively. As you read, look for diverse points of view; decide whether the author weighs
them equally, openly argues a certain position, or subtly supports one point of view.
Effective arguments follow a logical progression of thought. (For useful function
words, see *Interlude 3.*)

ANALYZE LITERARY DEVICES: PARADOX

Similar to irony* (see *Interlude 8*), paradox* (*le paradoxe*) brings together opposites
and has a variety of meanings. In some cases, a paradox can be a statement that
is at once true and false or a situation in which incompatibles coexist: for example,
"Death is an integral part of life." At other times, a paradox can be a fact, person,
or thing that runs contrary to common sense or general opinion: for instance, "A
rich man does not necessarily have all he wants." The term comes from the Greek

paradoxos, meaning literally "beyond what is thought." Thus paradox and irony similarly highlight contradictions. Yet whereas authors create irony by concealing truth or reality beneath a contrary point of view, they reveal paradox by noting a contradiction that exists in reality.

When an author cites paradoxes, characters—and readers—are likely to feel a lack of resolution or an irreconcilable conflict. Thus authors can effectively use paradox to provoke readers to consider familiar events or perceptions from a new perspective. What paradoxes does Voltaire offer, and why?

GET THE GIST OF A COMPLICATED, UNFAMILIAR TEXT

When a text contains unfamiliar cultural allusions or a particularly complex structure, you may choose to read it for only the gist, to learn as much as possible. In this case, you accept the fact that you will not understand all the author's ideas (think of reading a philosophical treatise or a scientific article about heart transplants). To get the gist, focus first on what you do understand. Then look for what seem to be key words, and make sure you know what they mean. Find the basic relationships between what you identify as the main ideas. It is most important not to get frustrated.

Whereas Voltaire's "*Histoire d'un bon bramin*" demands careful and detailed reading, both to get the point and to appreciate Voltaire's style, "*La Grande Lessive des intellectuels*" can usefully be read for general understanding. For "*La Grande Lessive des intellectuels,*" then, accompanying questions indicate what you need to glean from your reading. If you can answer them, you have read successfully.

Chapitre 11

L'ESPRIT PHILOSOPHIQUE

Voltaire: « Histoire d'un bon bramin »

François Marie Arouet, dit Voltaire (1694–1778), est le plus célèbre des philosophes du XVIIIe siècle, la période qu'on appelle « le Siècle des lumières ». Voltaire a écrit de nombreux contes, romans et essais pour défendre la liberté contre l'injustice politique et l'intolérance religieuse.

Publiée en 1761, deux ans après son célèbre conte satirique, *Candide,* « Histoire d'un bon bramin » a un ton plus sérieux qu'ironique. Voltaire a appelé cette histoire une « parabole ». Quelle est la question philosophique qu'elle soulève?

STRATEGIE A DEVELOPPER	Pour présenter et examiner sa question philosophique, Voltaire se sert de deux structures textuelles différentes et des paradoxes.* Répondez aux questions *En lisant* et *Après avoir lu* pour reconnaître et suivre ces structures.

AVANT DE LIRE

● **Le titre**

Qu'est-ce qu'un bramin (aujourd'hui: un brahmane)? (Cherchez dans un dictionnaire français ou anglais si nécessaire.) _____

Alors, où l'histoire va-t-elle avoir lieu? _____

● **L'auteur**

Vous savez que Voltaire était philosophe; alors, quelle est probablement la partie du conte la plus importante?

_____ la scène   _____ les personnages   _____ les symboles

_____ les images   _____ les descriptions   _____ les idées

● **Expressions utiles**

accablé de   *overwhelmed by*

> Le pauvre homme, il a perdu sa femme, son fils, sa maison. Il était **accablé de** douleur.

sensible   *sensitive*

> Voilà un enfant vraiment **sensible;** il pleure à toute occasion.

tel, telle, tels, telles   *such (a)*

> Quand je l'ai vu, j'ai été horrifié — je n'avais jamais eu une **telle** peur.

EN LISANT

1. D'abord, lisez « Histoire d'un bon bramin » assez vite; cherchez simplement la structure du texte. Faites le premier exercice de la section *Après avoir lu*.
2. La deuxième fois que vous lisez cette histoire, marquez les parties qui indiquent que:
   a. le brahmane avait une vie facile (modèle: « *il était riche* »)
   b. le brahmane n'était pas heureux (modèle: « *Le bramin me dit un jour: « Je voudrais n'être jamais né.* »

Histoire d'un bon bramin

VOLTAIRE

Je rencontrai dens mes voyages un vieux bramin, homme fort **sage,**[1] plein d'esprit, et très savant; de plus, il était riche, et, partant,° il en était plus sage encore: car, ne manquant de rien, il n'avait besoin de tromper personne. Sa famille était très bien gouvernée par trois belles femmes qui s'étudiaient à **lui**[2] plaire; et, quand il ne s'amusait pas avec ses femmes, il s'occupait a philosopher.

5

° partant: donc

● **En lisant**

[1] Trouvez deux synonymes dans le texte:

_____, _____

[2] A qui? _____

Près de sa maison, qui était belle, **ornée**[3] et accom-
10 pagnée de jardins charmants, demeurait une vieille Indienne, **bigote,**[4] imbécile, et assez pauvre.

Le bramin me dit un jour: « Je voudrais n'être jamais
né ». Je lui demandai pourquoi. Il me répondit: « J'é-
tudie depuis quarante ans, ce sont quarante années **de**
15 **perdues;**[5] j'enseigne les autres, et j'ignore tout: **cet**
état[6] porte dans mon âme tant d'humiliation et de
dégoût que la vie m'est insupportable; je suis né, je vis°
dans le temps, et je ne sais pas ce que c'est que le
temps; je me trouve dans un point entre deux éternités,
20 comme disent nos sages,° et je n'ai **nulle**[7] idée de
l'éternité; je suis composé de matière; je pense, je n'ai
jamais pu m'instruire de ce qui produit la pensée; j'ignore si mon entendement° est en moi une simple faculté, comme celle de marcher, de digérer, et si je pense
25 avec ma tête comme je prends avec mes mains. Non
seulement le principe de ma pensée m'est inconnu,
mais le principe de mes mouvements m'est également
caché; **je ne sais**[8] pourquoi j'existe; cependant on me
fait chaque jour des questions sur tous ces points: il
30 faut répondre; je n'ai rien de bon à dire; je parle beaucoup, et je demeure confus et honteux de moi-même
après avoir parlé.[9]

« C'est bien pis° quand on me demande si Brama a
été produit par Vitsnou,° ou s'ils sont tous deux éter-
35 nels. Dieu m'est témoin que je n'en sais pas un mot,
et il y paraît bien à mes réponses.[10] Ah! mon ré-
vérend père, me dit-on, apprenez-nous comment le
mal **inonde**[11] toute la terre. Je suis aussi en peine que
ceux qui me font cette question: je leur dis quelquefois
40 que tout est le mieux du monde,° mais ceux qui ont
été ruinés et mutilés à la guerre n'en croient rien, ni
moi non plus; je me retire chez moi accablé† de ma
curiosité et de mon ignorance. Je lis nos anciens livres,
et ils **redoublent**[12] mes ténèbres. Je parle à mes
45 compagnons:[13] les uns me répondent qu'il faut jouir
de la vie, et se moquer des hommes; les autres croient
savoir quelque chose, et se perdent dans des idées
extravagantes; tout augmente le sentiment
douloureux[14] que j'**éprouve.**[15] Je suis prêt quelque-
50 fois de tomber dans le désespoir, quand je songe
qu'après toutes mes recherches je ne sais ni d'où je
viens, ni ce que je suis, ni où j'irai, ni ce que je de-
viendrai. »[16]

L'état de ce bon homme me fit une vraie peine:
55 personne n'était ni plus raisonnable ni de meilleure foi°
que lui. Je **conçus**[17] que plus il avait de lumières dans
son entendement et de sensibilité† dans son cœur, plus
il était malheureux.[18]

---

[3] Mot ap.: _____

[4] Mot ap.: _____

[5] A-t-il profité de ces 40 ans? _____

[6] Quel état? Le fait qu'il est _____
_____

[7] = _____ une / _____ aucune

[8] = je ne sais pas

[9] **Résumé:** Le brahmane se plaint parce
qu'il ne _____ pas _____
_____ mais on pense qu'il _____
_____.

[10] Les réponses du brahmane indiquent qu'il
ne _____

[11] Y a-t-il beaucoup de mal ici-bas? _____

[12] Forme: _____ + _____

[13] Où cherche-t-il des explications?
1. _____
2. _____

[14] = _____ joyeux / _____ triste

[15] Contexte: _____

[16] Soulignez, dans ce paragraphe, la phrase
qui résume la situation du brahmane.

[17] Contexte: _____

[18] = On est malheureux si l'on _____
_____ et _____.

° je vis: j'existe
° comme disent nos sages: allusion au
   philosophe Blaise Pascal (1623–1662)
   et à ses *Pensées*

° entendement: faculté de compréhension
° bien pis: « plus mauvais »
° Brama, Vitsnou: *Brahmâ, Vishnu,* deux
   des trois dieux principaux hindous

° le mieux du monde: *everything is for the
   best,* allusion à la philosophie
   optimiste de Leibniz (1646–1716)
° de meilleure foi: plus sincère

Je vis° le même jour la vieille femme qui demeurait
60 dans son voisinage:[19] je lui demandai si elle avait jamais été affligée de ne savoir pas comment son âme
était faite. Elle ne comprit seulement pas ma question:[20] elle n'avait jamais réfléchi un seul moment de
sa vie sur un seul des points qui tourmentaient le bra-
65 min; elle croyait aux métamorphoses de Vitsnou de
tout son cœur, et pourvu qu'elle pût° avoir quelquefois
de l'eau du Gange pour se laver, elle se croyait la plus
heureuse des femmes.[21]

Frappé du bonheur de cette pauvre créature, je revins
70 à mon philosophe, et je lui dis: « N'êtes-vous pas honteux d'être malheureux, dans le temps qu'à votre porte
il y a **un vieil automate**[22] qui ne pense à rien, et qui
vit content? — Vous avez raison, me répondit-il; je me
suis dit cent fois que je serais heureux si j'étais aussi
75 sot° que ma voisine, et cependant je ne voudrais pas
d'**un tel bonheur.**[23] »[24]

Cette réponse de mon bramin me fit une plus grande
impression que tout le reste; je m'examinai moi-même,
et je vis qu'en effet je n'aurais pas voulu être heureux
80 à condition d'être imbécile.[25]

Je proposai la chose à des philosophes, et ils furent
de mon avis. « Il y a pourtant, disais-je, une furieuse
contradiction dans cette manière de penser: car enfin
de quoi s'agit-il? d'être heureux. Qu'importe d'avoir
85 de l'esprit ou d'être sot? Il y a bien plus: ceux qui sont
contents de leur être sont bien sûrs d'être contents;
ceux qui raisonnent ne sont pas si sûrs de bien raison-
ner. Il est donc clair, disais-je, qu'il faudrait choisir de
n'avoir pas le sens commun, pour peu que° ce sens
90 commun contribue à notre mal-être. »[26] Tout le monde
fut de mon avis, et cependant je ne trouvai personne
qui voulût° accepter le marché° de devenir imbécile
pour devenir content. De là je conclus que, si nous
faisons cas° du bonheur, nous faisons encore plus de
95 cas de la raison.[27]

Mais après y avoir réfléchi, il paraît que de préférer
la raison à la félicité, c'est être très **insensé.**[28] Comment donc cette contradiction peut-elle s'expliquer?
Comme toutes les autres. Il y a là de quoi parler beau-
100 coup.

Romans et contes, Editions Garnier Frères, Paris

[19] Les deux points (:) indiquent _____ introduction, puis explication / _____ deux idées
équivalentes.

[20] Les deux points (:) indiquent _____ idée
générale, puis idée précise / _____ deux
idées équivalentes.

[21] **Résumé:** L'Indienne est heureuse parce
qu'elle _____.

[22] Qui? _____

[23] = le bonheur de _____

[24] Le brahmane _____ veut être heureux à
n'importe quel prix / _____ préfère être
heureux qu'être imbécile / _____ ne veut
pas être heureux et imbécile.

[25] Le narrateur est-il d'accord avec le brahmane? _____

[26] Quels sont les deux états contradictoires?
être _____ et être _____
_____.

[27] Pour lui, le bonheur est _____ plus / _____
moins important que la raison.

[28] Forme: _____ + _____; =
_____;
= Il n'est pas raisonnable de _____
_____.

° je vis: j'ai vu
° pût: imparfait du subjonctif du verbe
   pouvoir

° sot: stupide
° pour peu que: s'il semble que
° voulût: imparfait du subjonctif du verbe
   vouloir

° le marché; l'échange
° faisons cas: estimons

APRES AVOIR LU

1. « L'Histoire d'un bon bramin » s'organise autour de deux structures différentes. Indiquez la première structure (lignes 1 à 77) par *a* et la deuxième structure (lignes 78 à 102) par *b*.

    _____ idées générales et exemples   _____ comparaisons et contrastes

    _____ faits chronologiques   _____ idée principale et détails

    _____ cause et effet   _____ arguments pour et contre

2. Comment qualifier les deux personnages du bon brahmane et de la vieille Indienne? Complétez ces deux listes en y indiquant les similarités ou les oppositions.

LE BRAHMANE	L'INDIENNE
vieux	_____
riche	_____
_____	idiote
_____	bigote
_____	croyante
dégoûté	_____
mécontent	_____

3. Pourquoi l'Indienne est-elle heureuse? _____

    _____

4. Et pourquoi le brahmane est-il malheureux? _____

    _____

5. Le brahmane et les autres philosophes désirent-ils être heureux comme l'Indienne? _____

6. Selon le raisonnement du narrateur, quel est le rapport entre le bonheur et la raison (lignes 81 à 95)? Marquez d'une croix toutes les idées qui font partie de sa logique. Changez les autres pour qu'elles suivent sa logique.

    _____ Si on est heureux, on est sûr d'être heureux.

    _____ Si on est raisonnable, on est heureux.

    _____ Si on est raisonnable, on est sûr d'avoir raison.

    _____ Il semble que les personnes qui ont du bon sens soient souvent malheureuses.

    _____ On préfère avoir du bon sens que d'être malheureux.

    _____ Etre idiot égale être content.

    _____ Préférer être raisonnable à être heureux est logique.

7. Notez ici un paradoxe présenté par Voltaire.

    _____

A DISCUTER

1. Résumez la logique de Voltaire. Comment pose-t-il la question philosophique? Quel est l'effet des exemples du brahmane et de l'Indienne? Comment Voltaire exprime-t-il la contradiction entre la raison et la félicité?

2. La raison ne mène pas au bonheur. Est-ce un paradoxe*? Etes-vous d'accord? Existe-t-il un rapport entre la raison, le doute et l'angoisse?

3. Pour vous, qu'est-ce qui est plus important: être heureux ou être raisonnable?

4. Regardez ce dessin contemporain de Wolinski. Que veut dire « avoir raison »? Quelles sont les différences entre la philosophie de cette conversation et celle de Voltaire? Quelles ressemblances y voyez-vous?

A CREER

1. Récrivez la parabole de Voltaire dans un contexte moderne. Le brahmane est-il philosophe, homme d'affaires, médecin, avocat? Et la vieille Indienne? Simplifiez et modernisez le style.

   Début possible:

   En voyageant, j'ai rencontré un vieux professeur, un homme très intelligent, plein d'esprit et très savant. De plus, il était riche. De fait, il était même plus sage parce que, ne manquant de rien, il n'avait besoin de tromper personne...

2. En suivant le modèle de Voltaire, créez une parabole dans laquelle vous mettez en question l'existence du mal dans le monde.

3. Avec un(e) camarade, jouez au philosophe et discutez du bonheur. L'un(e) soutient que le bonheur est plus important que l'esprit; l'autre préfère être intelligent(e).

« La Grande Lessive des intellectuels »

Quelle est la situation actuelle dans le domaine de la philosophie française? François Furet examine cette question dans « La Grande Lessive des intellectuels ». Voici un extrait de son article, tiré du *Nouvel Observateur,* un magazine d'information hebdomadaire.

STRATEGIE A DEVELOPPER En général, les Français s'intéressent beaucoup à la philosophie et en discutent souvent. Comme vous ne connaissez probablement pas les doctrines philosophiques françaises, « La Grande Lessive des intellectuels » va vous présenter de nouvelles idées. Cherchez vous faire une idée de l'ensemble du texte. Les exercices *En lisant* vous y aideront; si vous pouvez répondre aux questions *Après avoir lu,* vous aurez réussi.

AVANT DE LIRE

● **L'organisation**

Regardez le texte entier pour répondre à ces questions.

Comment les parties sont-elles divisées? _____

Combien de parties y a-t-il? _____

Il y a des parties qui se ressemblent. En quoi? _____

Imaginez: Quel est le rôle des parties qui se ressemblent?

_____

Quel est le rôle de l'autre partie? _____

● **Le titre**

Pour le moment, le titre « La Grande Lessive des intellectuels » n'a probablement pas un sens très clair: comment peut-on laver « les intellectuels » En lisant l'article, essayez de deviner la signification du titre.

● **L'introduction**

Lisez la première phrase et répondez.

Qui ou qu'est-ce qui:

est mort? _____

a disparu? _____

est décrié? _____

est banni? _____

est timide? _____

En général, qu'est-ce qui a changé? _____

La Grande Lessive° des intellectuels

FRANÇOIS FURET

Morts les maîtres penseurs, disparus les **gourous,**[1] **décriées**[2] les idéologies, **bannis**[3] les systèmes, timides les avant-gardes: y a-t-il encore un grand intellectuel dans la salle? Si oui, il se tait.° Et **son mutisme**[4]
5 n'étonne que les politiques, ces éternels **ingénus**[5]...
Mais la crise des sciences humaines révèle aussi l'impatience d'une génération pressée de **tourner la**

● **En lisant**

[1] Mot ap.: _____

[2] = _____ acceptées / _____ rejetées

[3] Mot ap.: _____

[4] L'intellectuel _____ parle / _____ ne parle pas.

[5] Mot ap.: _____ naïfs / _____ rusés

° lessive: action de laver (le linge)   ° se tait: est silencieux

page,[6] de refuser le terrorisme soupçonneux qui nie°
le sujet pour faire de l'homme un pur produit des
10   déterminismes historique, économique, sexuel. Voici
l'homme, redevenu maître de ses actes, de ses idées,
de ses goûts?... Pour mieux comprendre ce virage° culturel où s'affrontent **gardien du temple et orphe-
lins heureux,**[7] le mieux, nous a-t-il semblé, était de
15   poser à *quelques* intellectuels *des* questions simples.
Voici leurs réponses. En attendant **les vôtres.**[8]

Question: Est-ce que, selon vous, quelque chose de
fondamental a changé dans la vie intellectuelle française depuis dix ans?[9]

20   **Raymond Boudon: Un certain désengorgement°**

Oui: on relève un certain désengorgement — dont témoigne ce dossier — des canaux de communication à
travers lesquels philosophes et sociologues sont mis en
relation avec leurs lecteurs et, par suite, une plus
25   grande ouverture de débat intellectuel.

Gérard Genette: Rien

Rien, à mon sens, et j'ajouterais volontiers: *par définition.* **Un laps de dix ans,**[10] peut-être significatif en
d'autres domaines (cours du pétrole, par exemple), me
30   semble beaucoup trop bref pour avoir la moindre per-
tinence à l'égard de la chose dite « *vie intellectuelle* » —
en tout cas pour ce qu'elle comporte de « fondamental ».

**Tzvetan Todorov: Les maîtres à penser
35   ont disparu**

Ce qui n'a certainement pas changé, c'est la manière
dont **se déroulent**[11] les débats intellectuels: c'est toujours le **tournoi**[12] de chevalerie. La règle des débats
n'est pas de chercher en commun la vérité, mais de
40   prouver qu'on est plus fort que son adversaire.
    Ce qui me semble avoir changé...: la catégorie d'in-
tellectuels appelés « *maîtres à penser* » a disparu, ou en
tout cas son importance a **reculé.**[13] C'est une catégorie
essentiellement française, voire° parisienne, même si
45   elle se prête à l'exportation.[14] Un maître à penser est
toujours entouré° d'une chapelle de disciples, qui se
reconnaissent à ceci qu'ils mentionnent le nom du
maître non à titre d'information mais pour prouver
qu'ils possèdent la bonne amulette: « **il**[15] est avec moi,
50   donc j'ai raison. »

---

[6] = _____ s'arrêter / _____ avancer

[7] Lequel veut garder le statu quo? _____
Lequel veut changer le statu quo? _____

[8] = vos _____

[9] A qui a-t-on posé cette question? _____
_____

[10] = _____ dix ans ont passé / _____ pendant
dix ans

[11] = _____ se passent / _____ se perdent

[12] Contexte: _____ compétition / _____
galanterie

[13] = _____ grandi / _____ diminué

[14] L'idée de « maître à penser » est plutôt
_____ une idée française / _____ très ex-
portée.

[15] Qui? _____

° nie: rejette, refuse, dénie

° virage: action de tourner, de changer de
direction

° désengorgement: *unblocking*

° voire: et même (pour renforcer une
idée)

° entouré: *surrounded*

Or, justement, les chapelles **dépérissent**[16] ces derniers temps,° et je ne puis que m'en réjouir,[17] même si je regrette vivement, sur le plan personnel, la disparition (la mort) de certains individus.

55   **Edgar Morin: Déjà les cent fleurs se fanent°**

Une période des cent fleurs s'ouvre vers 1977: Il n'y a plus l'hégémonie° ou l'intimidation d'une doctrine ou idéologie, mais une pluralité d'écoles et de théories.[18] Il y a résurrection des problèmes occultés,° réhabilita-
60   tion des conceptions marginalisées, restauration de l'autonomie et de la légitimité de la philosophie. Il y a partout fermentations et réinterrogations. Reste une réforme radicale de pensée à accomplir pour dépasser le principe même de mutilation et d'unidimensionna-
65   lité de nos conceptions. Certes, déjà **les cent fleurs se fanent,**[19] on retourne à la philosophie close, à la science close, à l'idée close. Mais les **graines**[20] tombent, il y a déjà, il y aura encore plus, peut-être des germinations.

Nouvel Observateur, 13 juin 1986

[16] = _____ disparaissent / _____ arrivent

[17] Est-il content de la situation ou non?

_____

[18] Il parle _____ de maintenant / _____ de 1977.

[19] Soulignez dans le texte l'explication de cette expression.

[20] Faux ami; = *seeds*.

APRES AVOIR LU   1. Voici quelques résumés possibles de la réponse de chaque philosophe à la question posée par François Furet. Choisissez pour chaque texte le résumé le plus représentatif et le plus juste.

RAYMOND BOUDON

_____ a. Le débat intellectuel s'ouvre entre les philosophes et les sociologues.

_____ b. Les philosophes et les sociologues peuvent mieux communiquer avec les lecteurs de philosophie.

_____ c. Ce dossier témoigne d'une ouverture de communication philosophique.

GERARD GENETTE

_____ a. Selon la définition de la philosophie, une période de dix ans est significative.

_____ b. La vie intellectuelle fondamentale est très pertinente maintenant.

_____ c. Dans le domaine de la philosophie, rien d'important n'a changé.

TZVETAN TODOROV

_____ a. Les disciples sont devenus plus importants que les maîtres à penser.

_____ b. Les maîtres à penser sont moins importants qu'avant.

_____ c. Les maîtres à penser sont essentiellement parisiens.

° ces derniers temps: récemment
° se réjouir: se féliciter, être satisfait

° se fanent: perdent leur fraîcheur, sèchent, meurent

° hégémonie: suprématie, prépondérance, domination
° occultés: cachés à la vue, peu visibles

EDGAR MORIN

_____ a. Une période de questions et d'investigations se termine, mais il y a toujours de l'espoir.

_____ b. Une grande période de questions et de fermentations commence et crée une réforme de la pensée.

_____ c. Une période problématique va restaurer la légitimité de la philosophie.

2. Devinez la signification du titre. Quel est le rapport entre la lessive et ce qui se passe chez les intellectuels? _____

_____

A DISCUTER

On dit assez souvent que les Français sont un peuple très philosophique. Et les Américains, s'intéressent-ils souvent à la philosophie? Donnez des exemples pour soutenir votre point de vue.

A CREER

Imaginez deux questions au sujet des changements de ces derniers temps. Posez ces questions à vos camarades de classe et comparez leurs réponses.

Interlude
12

STRATEGIES   Predict story direction.
Identify narrative point of view.

PREDICT STORY DIRECTION

Whether consciously or unconsciously, efficient readers usually predict the content of texts. Expectations may be quite general (e.g., "this story will have a happy ending" or "this author will discover that recycling is essential") or very precise ("the hero will say no to this idea" or "this paragraph will explain photosynthesis"). In fiction, predictions may relate to plot, narration, theme, or characters.

To predict accurately, pay attention to the title, tone, text genre, your knowledge of the author's other works, previous events, and author's or narrator's emphases. After predicting, read on to discover whether you were correct. If this is a new skill for you, the making of predictions is more important than their accuracy. Your predictions help you focus on what to look for as you read. If you find, however, that you tend to make more wrong predictions than right ones, look for the source of your mistakes, or discuss your prediction technique with your instructor.

Because they are so mysterious, the stories in Chapter 12 make readers wonder what will happen next. When reading « La Main », check the *En lisant* exercises to help you predict. When reading « D'un cheveu », predict the direction of the conversation and the denouement for the narrator.

IDENTIFY NARRATIVE POINT OF VIEW

When you read a fictional text, you often need to notice—and then analyze—the narrative point of view. Who is telling the story? An objective, reliable narrator or an unreliable one who has an interest in presenting facts and impressions from a certain perspective? A narrator who knows everything (an omniscient narrator) or one who knows the thoughts, motivations, and emotions of only a few characters (a narrator with limited omniscience)? A narrator who tells the story in the first person, from only his or her own perspective? Of course, depending on the nature of the narrative source in any story, you may or may not choose to believe everything you read.

Although the basic point of view is the same in the story-within-a-story of "La Main" and in "D'un cheveu," the two narrators use it in very different ways. How do their individual perspectives influence the way the stories are told and the way you understand them? Do you know what each narrator thinks? Can you believe him? How clearly does he see reality? Are there ironic* conflicts between what is stated and what is meant?

Chapitre 12

DU SUSPENS ET DES MYSTERES

Guy de Maupassant: « La Main »

Guy de Maupassant (1850–1893) est un écrivain français toujours bien connu pour ses récits. Ayant fait son apprentissage littéraire sous la direction du grand écrivain réaliste Gustave Flaubert, Maupassant voulait donner de la vie une « vision plus complète, plus saisissante, plus probante que la réalité même » (préface de *Pierre et Jean*, 1888).

A partir de 1880, Maupassant a écrit quelque 300 nouvelles en dix ans. Mais il a souffert de troubles nerveux et de la hantise de la mort, et il est mort après dix-huit mois d'internement dans une maison de santé. En lisant cette nouvelle, « La Main », vous verrez peut-être une indication de sa maladie.

STRATEGIE A DEVELOPPER

Avec une grande imagination, Maupassant a souvent donné des tournures bizarres à ses histoires. Utilisez vous aussi votre imagination! Les exercices *En lisant* vous aideront à prédire les développements de l'intrigue et du caractère dans « La Main ».

AVANT DE LIRE

● L'auteur

Selon ce que vous savez de l'auteur, Guy de Maupassant, quelle sorte d'histoire est « La Main »? Marquez d'une croix toutes les possibilités (il y en a beaucoup). C'est peut-être une histoire:

_____ d'amour _____ tragique _____ bizarre _____ philosophique

_____ de suspens _____ enfantine _____ amusante

_____ d'espionnage _____ ironique _____ surnaturelle

● Le titre

Cette nouvelle s'appelle « La Main ». Imaginez les possibilités en essayant de répondre aux questions suivantes:

Quelle sorte de main?

Que fait la main, ou qu'est-ce qu'on fait à la main?

La main de qui?

Pourquoi la main figure-t-elle dans le titre?

● Expressions utiles

avoir quelque chose **à** + inf. *to have to do something*

> J'**ai à suivre** cette interrogation.
> *I must follow this interrogation.*

entendre parler de *to hear about*

> Il **a entendu parler du** crime.

EN LISANT ATTENTION! Pour cette histoire, à vous de vous référer au contexte et de trouver la signification des mots inconnus. Vous ne trouverez ni exercices « Mot apparenté » ni exercices « Contexte ». *Bon courage!*

La Main

GUY DE MAUPASSANT

On faisait cercle autour de M. Bermutier, juge d'instruction,° qui donnait son avis sur l'affaire mystérieuse de Saint-Cloud. Depuis un mois, cet inexplicable crime **affolait**[1] Paris. Personne n'y comprenait rien.[2]

● **En lisant**

[1] Même fam.: _____

[2] **Prédiction:** Quelle sorte d'histoire est-ce?

_____

_____

5 M. Bermutier, debout, le dos à la cheminée, parlait, assemblait les preuves, discutait les diverses opinions, mais ne concluait pas.

Plusieurs femmes s'étaient levées pour s'approcher et demeuraient debout, l'œil fixé sur la bouche rasée
10 du magistrat d'où sortaient les paroles graves. Elles frissonnaient,° vibraient, crispées° par leur peur curieuse, par l'avide et insatiable besoin d'épouvante qui hante leur âme, les torture comme une faim.

Une d'elles, plus pâle que les autres, prononça pen
15 dant un silence:

— C'est affreux. Cela touche au « surnaturel ». On ne saura jamais rien.[3]

Le magistrat se tourna vers elle:

— Oui, madame, il est probable qu'on ne saura ja
20 mais rien. Quant au mot « surnaturel » que vous venez d'employer, il n'a rien à faire† ici. Nous sommes en présence d'un crime fort habilement **conçu,**[4] fort ha-

[3] De quoi parle-t-elle? _____

[4] Inf.: *concevoir;* alors, *conçu* = _____

° juge d'instruction: magistrat chargé d'informer en matière pénale

° frissonnaient: tremblaient légèrement à cause d'une vive émotion

° crispées: irritées (indication d'un état de tension)

bilement exécuté, si bien enveloppé de mystère que nous **ne pouvons**[5] le dégager des circonstances im-
25 pénétrables qui l'entourent. Mais j'ai eu, moi, autrefois, à suivre† une affaire où vraiment semblait se mêler quelque chose de fantastique.[6] Il a fallu l'abandonner d'ailleurs, faute de moyens de l'**éclaircir.**[7]

Plusieurs femmes prononcèrent en même temps, si
30 vite que leurs voix n'en firent qu'une:

— Oh! dites-nous cela.

M. Bermutier sourit gravement, comme doit sourire un juge d'instruction. Il reprit:

— N'allez pas croire, au moins, que j'aie pu, même
35 un instant, supposer en cette aventure quelque chose de surhumain. Je ne crois qu'aux causes normales.[8] Mais si, au lieu d'employer le mot « surnaturel » pour exprimer ce que nous ne comprenons pas, nous nous servions simplement du mot « inexplicable », cela vau-
40 drait beaucoup mieux. En tout cas, dans l'affaire que je vais vous dire, ce sont surtout les circonstances en-vironnantes, les circonstances préparatoires qui m'ont **ému.**[9] Enfin, voici les faits:

J'étais alors juge d'instruction à Ajaccio,° une petite
45 ville blanche, couchée au bord d'un admirable golfe qu'**entourent**[10] partout de hautes montagnes.

Ce que j'avais surtout à poursuivre là-bas, c'étaient les affaires de vendetta. Il y **en**[11] a de superbes, de dramatiques au possible, de féroces, d'héroïques. Nous
50 retrouvons là les plus beaux sujets de vengeance qu'on puisse rêver, les haines séculaires, **apaisées**[12] un mo-ment, jamais éteintes,° les ruses abominables, les as-sassinats devenant des massacres et presque des actions glorieuses.

° Ajaccio: ville de Corse

° éteintes: qui ont perdu leur éclat, leur vivacité; sans force

[5] = ne pouvons pas

[6] **Prédiction:** Va-t-il continuer à parler de l'affaire de Saint-Cloud? ⎯⎯⎯⎯⎯

[7] Même fam.: ⎯⎯⎯⎯⎯⎯⎯

[8] M. Bermutier croit-il au surnaturel? ⎯⎯ ⎯⎯⎯⎯⎯⎯⎯⎯⎯⎯

[9] Inf.: *émouvoir;* alors, *ému* = ⎯⎯⎯⎯
[10] Qu'est-ce qui *entoure* le golfe? ⎯⎯⎯⎯ ⎯⎯⎯⎯⎯⎯⎯⎯⎯⎯

[11] = ⎯⎯⎯⎯⎯⎯⎯⎯⎯

[12] Même fam.: ⎯⎯⎯⎯⎯⎯⎯

55 Depuis deux ans, je n'entendais parler† que du prix du sang, que de ce terrible préjugé **corse**[13] qui force à venger toute injure sur la personne qui l'a faite, sur ses descendants et **ses proches.**[14] J'avais vu égorger° des vieillards, des enfants, des cousins, j'avais la tête pleine
60 de ces histoires.[15]

Or, j'appris un jour qu'un Anglais venait de louer pour plusieurs années une petite villa au fond du golfe. Il avait amené avec lui un domestique français, pris à Marseille en passant.

65 Bientôt tout le monde s'occupa de ce personnage **singulier,**[16] qui vivait seul dans la demeure,° ne sortant que pour chasser et pour pêcher. Il ne parlait à personne, ne venait jamais à la ville, et, chaque matin, s'exerçait pendant une heure ou deux, à tirer au pis-
70 tole° et à la carabine.

Des légendes se firent autour de lui. On prétendit° que c'était un haut personnage **fuyant**[17] sa patrie pour des raisons politiques; puis on affirma qu'il se cachait après avoir commis un crime épouvantable. On
75 citait même des circonstances particulièrement horribles.[18]

Je voulus, en ma qualité de juge d'instruction, prendre quelques renseignements sur cet homme; mais il me fut impossible de rien apprendre.[19] Il se faisait
80 appeler° sir John Rowell.

Je me contentai donc de le surveiller de près; mais on ne me signalait, en réalité, rien de suspect **à son égard.**[20]

Cependant,[21] comme les rumeurs sur son compte
85 continuaient, grossissaient, devenaient générales, je résolus d'essayer de voir moi-même cet étranger, et je me mis à chasser régulièrement dans les environs de la propriété.

J'attendis longtemps une occasion. Elle se présenta
90 enfin sous la forme d'une perdrix que je tirai et que je tuai devant le nez de l'Anglais. Mon chien me la rapporta; mais, prenant aussitôt le gibier, j'allai m'excuser de mon inconvenance et **prier**[22] sir John Rowell d'accepter l'oiseau mort.

95 C'était un grand homme à cheveux rouges, à barbe rouge, très haut, très large, une sorte d'hercule placide et poli. Il n'avait rien de la raideur° dite britannique et il me remercia vivement de ma délicatesse en un français accentué d'outre-Manche.° Au bout d'un mois,
100 nous avions **causé**[23] ensemble cinq ou six fois.

Un soir enfin, comme je passais devant sa porte, je l'aperçus qui fumait sa pipe, **à cheval sur une chaise,**[24] dans son jardin. Je le saluai, et il m'invita à entrer pour boire un verre de bière. **Je ne me le fis**
105 **pas répéter.**[25]

---

[13] Quel pays a la réputation des vendettas?

_____

[14] = _____ sa famille / _____ ses voisins

[15] **Prédiction:** De quoi va-t-il s'agir dans son histoire? _____

_____

[16] = _____ célibataire / _____ unique

[17] = _____ quittant / _____ restant dans

[18] **Prédiction:** Quelle est l'importance de cet homme? _____

_____

[19] Il a appris _____ beaucoup / _____ peu / _____ rien.

[20] = _____ au sujet de lui / _____ en le regardant

[21] Ce mot indique _____ un contraste / _____ une comparaison / _____ une suite logique

[22] = _____ demander à / _____ excuser

[23] Faux ami; = _chatted_

[24] = _____ assis / _____ debout

[25] = _____ _I had him repeat this._ / _____ _He didn't have to ask twice._

° égorger: tuer quelqu'un en lui coupant la gorge
° dans la demeure: chez lui

° pistole: → pistolet, revolver
° prétendit: dit
° il se faisait appeler: il s'appelait

° la raideur: la rigidité
° accentué d'outre-Manche: _with an accent from beyond the English Channel_

Il me reçut avec toute la méticuleuse courtoisie anglaise, parla avec éloge de la France, de la Corse, déclara qu'il aimait beaucoup *cette* pays, et *cette* rivage.[26]

110 Alors je lui posai, avec de grandes précautions et sous la forme d'un intérêt très vif, quelques questions sur sa vie, sur ses projets. Il répondit sans embarras, me raconta qu'il avait beaucoup voyagé, en Afrique, dans les Indes, en Amérique. Il ajouta en riant:

— **J'avé du bôcoup d'aventures,**[27] oh! yes.

115 Puis je me remis à parler chasse, et il me donna des détails les plus curieux sur la chasse à l'hippopotame, au tigre, à l'éléphant et même la chasse au gorille.

Je dis:

— Tous ces animaux sont redoutables.°

120 Il sourit:

— Oh! nô, le plus mauvais **c'été l'homme.**[28]

Il se mit à rire tout à fait, d'un bon rire de gros Anglais content:

— J'avé beaucoup chassé l'homme aussi.

125 Puis il parla d'armes, et il m'offrit d'entrer chez lui pour me montrer des fusils de divers systèmes.

Son salon était tendu° de noir, de soie° noire brodée d'or. De grandes fleurs jaunes couraient sur l'étoffe° sombre, brillaient comme du feu.

130 Il annonça:

— C'été une drap° japonaise.

Mais, au milieu du plus large panneau, une chose étrange **me tira l'œil.**[29] Sur un carré de velours° rouge, un objet noir se détachait. Je m'approchai:

135 c'était une main, une main d'homme. Non pas une main de squelette, blanche et propre, mais une main noire **desséchée,**[30] avec les ongles° jaunes, les muscles à nu et des traces de sang ancien, de sang pareil à une crasse,° sur les os coupés net,° comme d'un coup de

140 hache,° vers le milieu de l'avant-bras.

[26] Pourquoi les mots en italique? _____

[27] Synt. norm.: _____

_____

[28] Synt. norm.: _____

_____

[29] = _____ m'intéressa / _____ me troubla

[30] Même fam.: _____

° redoutables: dangereux, effrayants, qui sont à craindre
° tendu: tapissé (*hung with*)
° soie: *silk*

° étoffe: *fabric*
° une drap (forme correcte: un drap): *sheet*
° velours: *velvet*

° les ongles: *fingernails*
° une crasse: une saleté, une ordure
° net: distinctement, précisément
° hache: *ax*

Autour du poignet,° une énorme chaîne de fer, rivée, soudée° à ce membre **malpropre,**[31] l'attachait au mur par un anneau° assez fort pour tenir un éléphant en laisse.°

145 Je demandai:

— Qu'est-ce que cela?

L'Anglais répondit tranquillement:

— C'été ma meilleur ennemi. Il vené d'Amérique. Il avé été fendu° avec le sabre et arraché la peau avec 150 une caillou coupante,° et séché dans le soleil pendant huit jours. Aoh, très bonne pour moi, cette.

Je touchai ce débris humain qui avait dû appartenir à un colosse. Les doigts, **démesurément**[32] longs, étaient attachés par des tendons énormes que 155 **retenaient**[33] des lanières° de peau par places. Cette main était affreuse à voir, écorchée° ainsi, elle faisait penser naturellement à quelque vengeance de sauvage.

Je dis:

— Cet homme devait être très fort.

160 L'Anglais prononça avec douceur:

— Aoh yes; mais je été plus fort que lui. J'avé mis cette chaîne pour le tenir.

Je crus qu'il plaisantait. Je dis:

— Cette chaîne maintenant est bien inutile, la main 165 ne se sauvera° pas.

Sir John Rowell reprit gravement:

— Elle voulé toujours s'en aller. Cette chaîne été nécessaire.

D'un coup d'œil rapide j'interrogeai son visage, me 170 demandant:

— Est-ce un fou, ou un mauvais plaisant?

Mais **la figure**[34] demeurait impénétrable, tranquille et bienveillante. Je parlai d'autre chose et j'admirai les fusils.

175 Je remarquai cependant que trois revolvers chargés° étaient posés sur les meubles, comme si cet homme eût vécu° dans la crainte constante d'une attaque.

Je revins plusieurs fois chez lui. Puis je n'y allai plus. On s'était accoutumé à sa présence; il était devenu 180 indifférent à tous.

* * *

Une année entière **s'écoula.**[35] Or un matin, vers la fin de novembre, mon domestique me réveilla en m'annonçant que sir John Rowell avait été assassiné dans la nuit.

[31] = _____ peu propre / _____ très propre

[32] Forme: _____ + _____ + _____

[33] Forme: _____ + _____

[34] De qui? _____

[35] = _____ est arrivée / _____ a passé

° poignet: *wrist*
° soudée: *soldered*
° un anneau: cercle de matière dure qui sert à attacher ou retenir
° laisse: lien avec lequel on attache un chien pour le mener

° fendu: coupé
° arraché la peau avec une caillou coupante (forme correcte: la peau a été arrachée à l'aide d'un caillou coupant): *the skin had been scraped off with a sharp stone*

° des lanières: de longues et étroites bandes
° écorchée: sans peau
° chargés: *loaded*
° eût vécu: (plus-que-parfait du subjonctif, littéraire) vivait

185 Une demi-heure plus tard, je pénétrais dans la maison de l'Anglais avec le commissaire° central et le capitaine de gendarmerie. Le valet, **éperdu**[36] et désespéré, pleurait devant la porte. Je soupçonnai d'abord cet homme, mais il était innocent.

[36] = _____ perdu / _____ agité

190 On ne put jamais trouver le coupable.°

En entrant dans le salon de sir John, j'aperçus du premier coup d'œil le cadavre étendu sur le dos, au milieu de la pièce.

Le gilet° était déchiré,° une manche arrachée° pen-
195 dait,° tout annonçait qu'une lutte terrible avait eu lieu.

L'Anglais était mort étranglé! Sa figure noire et gonflée,° effrayante, semblait exprimer une épouvante abominable; il tenait entre ses dents serrées quelque chose; et le cou, percé de cinq trous qu'on aurait dit
200 faits avec des pointes de fer, était couvert de sang.

Un médecin nous rejoignit. Il examina longtemps les traces des doigts dans la chair° et prononça ces étranges paroles:

— On dirait qu'il a été étranglé par un squelette.

205 Un frisson me passa dans le dos, et je jetai les yeux sur le mur, à la place où j'avais vu jadis° l'horrible main d'écorché. Elle n'y était plus. La chaîne, brisée,° pendait.[37]

[37] Voit-il la main? _____

Alors je **me baissai**[38] vers le mort, et je trouvai dans
210 sa bouche crispée un des doigts de cette main disparue, coupé ou plutôt scié° par les dents juste à la deuxième phalange.

[38] = _____ bent over / _____ kissed

Puis on procéda aux constatations.° On ne découvrit rien. Aucune porte n'avait été forcée, aucune fenêtre,
215 aucun meuble. Les deux chiens de garde ne s'étaient pas réveillés.

Voici, en quelques mots, la déposition du domestique:

Depuis un mois, son maître semblait agité.[39] Il avait
220 reçu beaucoup de lettres, brûlées à mesure.°

[39] Qui décrit la situation? _____

Souvent, prenant une cravache,° dans une colère qui semblait de la démence, il avait frappé avec fureur cette main séchée, scellée° au mur et enlevée, on ne sait comment, à l'heure même du crime.

225 Il se couchait fort tard et s'enfermait avec soin. Il avait toujours des armes **à portée du bras.**[40] Souvent, la nuit, il parlait haut, comme s'il se fût querellé° avec quelqu'un.[41]

[40] = _____ loin / _____ proche

[41] **Prédiction:** Pourquoi a-t-il fait tout cela?

_____

_____

Cette nuit-là, par hasard, il n'avait fait aucun bruit,
230 et c'est seulement en venant ouvrir les fenêtres que le serviteur avait trouvé sir John assassiné. Il ne soupçonnait personne.

° le commissaire: officier de police
° le coupable: celui qui n'est pas innocent
° gilet: _vest_
° déchiré: _torn_
° arrachée: _torn off_
° pendait: _was hanging_

° gonflée: _swollen_
° la chair: _the flesh_
° jadis: _before_
° brisée: cassée
° scié: _sawed_
° constatations: observations, reportages

° à mesure: au fur et à mesure, petit à petit
° une cravache: _riding crop_
° scellée: fixée
° se fût querellé = s'était querellé

Je communiquai ce que je savais du mort aux ma-
gistrats et aux officiers de la force publique, et on fit
235   dans toute l'île une enquête minutieuse. On ne découvrit rien.

Or, une nuit, trois mois après le crime, j'eus un
affreux cauchemar.° Il me sembla que je voyais la main,
l'horrible main, courir comme un scorpion ou comme
240   une araignée° le long de mes rideaux et de mes murs.
Trois fois, je me réveillai, trois fois je me rendormis,
trois fois je revis le hideux débris galoper autour de ma
chambre en remulant des doigts comme des pattes.°

Le lendemain, on me l'[42] apporta, trouvé dans le

[42] Qui/quoi? _____

245   cimetière, sur la tombe de sir John Rowell, enterré là;
car on n'avait pu découvrir sa famille. L'index manquait.°

Voilà mesdames, mon histoire. Je ne sais rien de plus.

* * *

Les femmes, éperdues, étaient pâles, frissonnantes.
250   Une d'elles s'écria:

— Mais ce n'est pas un dénouement cela, ni une
explication! Nous n'allons pas dormir si vous ne nous
dites pas ce qui s'était passé, selon vous.

Le magistrat sourit avec sévérité:
255   — Oh! moi, mesdames, je vais gâter, certes, vos rêves
terribles. Je pense tout simplement que le légitime pro-
priétaire de la main n'était pas mort, qu'il est venu la
chercher avec celle qui lui restait. Mais je n'ai pu savoir
comment il a fait, par exemple. C'est là une sorte de
260   vendetta.[43]

Une des femmes murmura:

— Non, ça ne doit pas être ainsi.[44]

Et le juge d'instruction, souriant toujours, conclut:

— Je vous avais bien dit que mon explication ne
265   vous irait pas.

[43] M. Bermutier donne-t-il une solution
surnaturelle? _____

[44] Est-elle contente? _____

Contes du jour et de la nuit,
Librairie Ernest Flammarion, Paris, 1890

° cauchemar: mauvais rêve   ° pattes: les pieds d'un animal
° une araignée: *spider*   ° manquait: n'était plus là

APRES AVOIR LU

1. Dans « La Main », Maupassant encadre l'intrigue* principale d'une introduction et d'une conclusion. Indiquez ici où l'on trouve ces parties dans le texte:

   L'introduction: __1__ à _____

   La conclusion: lignes _____ à _____

2. Choisissez les adjectifs de la liste — ou trouvez vos propres adjectifs — qui décrivent M. Bermutier et les femmes qui l'écoutent. N'oubliez pas de changer la forme si nécessaire.

raisonnable	objectif	enthousiaste
émotif	curieux	calme
logique	agité	superstitieux
craintif	frissonnant	discipliné

   a. M. Bermutier: _____

   _____

   b. les femmes: _____

   _____

3. Pourquoi la vie et la mort de Rowell sont-elles mystérieuses? Trouvez au moins trois exemples.

   a. _____

   b. _____

   c. _____

4. Que savez-vous de la vie ou de la personnalité de Rowell?

   a. _____

   b. _____

   c. _____

A DISCUTER

1. A quoi servent l'introduction et la conclusion?
2. Quelle sorte de personnage est M. Bermutier? Pourquoi Maupassant établit-il un contraste entre M. Bermutier et les femmes qui l'écoutent?
3. Comment Maupassant fait-il régner le suspens et le mystère dans ce conte?

A CREER

1. Avec un(e) camarade, jouez la scène dans laquelle le juge et Rowell discutent de la main. Apportez-y tous les changements que vous voulez. Essayez de bien présenter les personnalités que vous trouvez dans le conte de Maupassant.
2. Ecrivez l'histoire de l'homme à qui appartenait la main. Qui était-il? Qu'est-ce qu'il a fait? Qu'est-ce qui lui est arrivé? Ecrivez cette histoire du point de vue de cet homme ou d'un narrateur.
3. Ecrivez une nouvelle de vendetta. Où votre histoire se passe-t-elle? Laissez-vous mystérieuses les sources de la vendetta ou les expliquez-vous? Trouve-t-on du surnaturel dans votre intrigue?
4. Analysez (par écrit ou oralement) le raisonnement du juge d'instruction. Pourquoi rejette-t-il le surnaturel? Quelle est l'importance des preuves pour lui? Quelle sorte de personnage est-ce que Maupassant nous présente?

Jean Giraudoux: « D'un cheveu »

Ecrivain français, Jean Giraudoux (1882–1944) est le mieux connu pour ses pièces de théâtre, dont *La Guerre de Troie n'aura pas lieu* (1935) et *La Folle de Chaillot* (1945), et pour son style poétique. Le conte qu'on présente ici, « D'un cheveu », publié le 9 novembre 1908 dans la revue *Le Matin*, date du début de sa carrière. On y trouve l'humour qui est, avec la poésie, un des éléments de son génie littéraire.

STRATEGIE A DEVELOPPER

Vous verrez très vite le point de vue que prend Giraudoux dans « D'un cheveu ». En lisant, remarquez les effets de ce point de vue sur le narrateur et sur le lecteur. Qu'est-ce que ce point de vue ajoute à l'histoire?

AVANT DE LIRE

● La scène

Pour bien comprendre « D'un cheveu », il faut bien comprendre la scène et la période historique dont il s'agit. Quelle est cette scène? Parcourez la première phrase; quel nom familier y trouvez-vous? _____

Que savez-vous à son sujet?

Sa profession? _____

Sa nationalité? _____

Sa personnalité? _____

Les dates approximatives de sa vie? _____

La ville où il habite? _____

D'après ce que vous savez, est-il marié? _____

● Le point de vue

Vous avez lu la première phrase du conte. Quel est le point de vue? _____ de la première personne / _____ d'un narrateur objectif

De ce point de vue, qu'est-ce que le narrateur va raconter?

_____ ses propres émotions

_____ les émotions de ceux à qui il parle

_____ les émotions de ceux qu'il connaît

_____ ses propres idées

_____ les idées de ceux à qui il parle

_____ les idées de ceux qu'il connaît

● La situation du narrateur

Lisez jusqu'à la ligne 15 afin de trouver les renseignements suivants au sujet du narrateur:

D'où vient-il en ce moment? _____

Qui rencontre-t-il? _____

Quelle est sa réaction? _____

• **Expressions utiles**

voilà/voici/cela fait... que   *it's been . . . since*

> **Voilà des semaines qu'**on ne vous a vu!
> *It's been weeks since we've seen you!*   or   *We haven't seen you for weeks!*

NOTE: *Pas* is often omitted from these expressions.

en vouloir à   *to hold something against, bear a grudge against*

> Il ne faut pas **en vouloir à** cet homme; ses intentions étaient bonnes.

EN LISANT

Faites attention à l'effet du point de vue employé par Giraudoux. Marquez dans le texte les moments où vous percevez les émotions du narrateur. (Il y a au moins douze de ces moments.)

Comme dans « La Main », les mots apparentés et les mots expliqués par le contexte ne vous sont pas signalés dans cette histoire. Les comprenez-vous sans guides?

D'un cheveu

JEAN GIRAUDOUX

Je sortais des bras de Mme Sherlock Holmes, quand je tombai, voilà ma veine,° sur son époux.

— Hé! bonjour! fit[1] l'éminent détective. On dîne avec moi? Voilà des siècles qu'on ne vous a vu!†

5   Quelque chose de mon émotion transparut sur mon visage. Sherlock sourit finement:

— Je vois ce que c'est, dit-il, Monsieur va chez une amie.

Si je disais non, j'avais l'air de faire des mystères. Si
10 je disais oui, j'avais l'air de vouloir l'[2]éviter.[3] Je répondis donc, peut-être un peu précipitamment, que l'amie en question pouvait parfaitement attendre; que, si je n'arrivais pas à huit heures, ce serait à neuf, et que, d'ailleurs,° si elle n'était pas contente, je ne rentrerais
15 pas du tout.

• **En lisant**

[1] = _____ a fait / _____ a dit

[2] Qui?/Quoi? _____

[3] De quoi parle le narrateur? _____ de ses actions / _____ de ses pensées / _____ des pensées de Sherlock

° veine: bonne chance, heureux hasard   ° d'ailleurs: d'autre part, du reste
   (employé ici ironiquement)

Sherlock, pour toute réponse, posa les mains sur mes épaules, me fixa et dit:[4]

— Ne bafouillez° pas, cher. Je vous avais tendu un piège.° Vous sortez d'un rendez-vous!

20 Un frisson **parcourut**[5] mon corps et sortit par mes cheveux, qui se dressèrent.

Par bonheur, il ajouta:

— Mais trêve de° plaisanterie. Allons au restaurant. Désolé de ne pas vous emmener chez moi, mais on ne

25 m'y attend pas. **La bonne° a son jour.**[6]

Je me crus sauvé.[7] Mon ami rêvait bien sur son potage, mais je mettais ses rêveries sur le compte de quelque professionnel du vol à la tire° et du vagabondage spécial. Soudain, du pied, il cogna légèrement ma

30 cheville.°

— Voilà la preuve, fit-il.

Cela le reprenait.[8]

— La preuve indéniable, la preuve irréfutable, expliqua-t-il, que vous sortez bien d'un rendez-vous: vos

35 bottines° sont à demi reboutonnées: ou vous avez été surpris en flagrant délit,° hypothèse inadmissible, car une main de femme noua à loisir votre cravate, ou votre amie appartient à une famille où l'on n'use point de tire-bouton,° une famille anglaise, par exemple.**

40 J'affectai de sourire.

— Toute femme, insinuai-je, a des épingles à cheveux.° Une épingle à cheveux remplace avantageusement un tire-bouton.

— Votre amie n'en a pas, laissa-t-il tomber. Vous

45 ignorez peut-être que certaines Anglaises ont formé une ligue contre les épingles à cheveux. D'ailleurs, sans chercher si loin, les femmes qui portent perruque° ne s'**en**[9] servent pas. Je suis payé pour le savoir. Ma femme est **du nombre.**[10]

50 — Ah! fis-je.

Il s'amusait évidemment à me torturer. De plus, l'imbécile m'avait placé dos à la fenêtre, et il **en**[11] venait un courant d'air qui me pénétrait jusqu'aux moelles.° J'éternuai.° En tirant mon mouchoir, j'en fis tomber

55 **un second,**[12] orné de dentelles,° un peu plus grand qu'une feuille et un peu moins grand que ma main. Sherlock le posa sur la table, et s'abîma à nouveau dans ses contemplations.

[4] Comment le lecteur sait-il les pensées de Sherlock? _____

_____

[5] Forme: _____ + _____

[6] Ce jour-là, la bonne _____ travaille / _____ ne travaille pas.

[7] Pourquoi cette émotion? _____

_____

[8] = _____ Sherlock recommençait. / _____ Sherlock prenait son verre.

[9] Quoi? _____

[10] = Ma femme _____

[11] = de _____

[12] Quoi? _____

° bafouiller: parler d'une façon embarrassée, incohérente
° tendu un piège: _laid a trap_
° trêve de: assez de
° la bonne: la domestique qui fait le ménage, les courses, etc.
° professionnel du vol à la tire: _pickpocket_

° cheville: _ankle_
° bottines: _boots_
° en flagrant délit: _in flagrante delicto,_ pendant le crime
° tire-bouton: outil servant à boutonner des chaussures
° des souliers découverts: des chaussures qui n'ont pas de boutons

° Richelieu: style de soulier découvert
° des épingles à cheveux: _hairpins_
° perruque: coiffure de faux cheveux
° moelles: l'intérieur des os
° éternuai: _sneezed_
° dentelles: _lace_

** Les Anglais et les Anglaises, on le sait, affectent de ne porter que des souliers découverts° et à lacets, dits Richelieu.°

— C'est un mouchoir de femme, prononça-t-il enfin.

60 Puis il sourit.

— Enfant! fit-il. Vous vous laissez trahir par un mouchoir. Depuis Iago et Othello, ce genre d'accessoires n'appartient plus qu'à l'opérette. Mais je ne veux pas être indiscret. Me permettez-vous de l'examiner?

65 — Vous pouvez, balbutiai-je° bêtement; il est propre.

Je sifflotai pour me donner une contenance, puis, comme j'avais par cela même l'air d'**en** chercher **une**,[13] je me tus.° On aurait entendu voler les mouches.° Mais les sales bêtes, intimidées, s'en gar-

70 daient bien.[14] Mon cœur, **en quatrième vitesse**,[15] ronflait° au milieu de ce silence comme un moteur. Sherlock but un doigt de bordeaux,° en rebut un second doigt, et posa **un des siens, l'index**,[16] sur le mouchoir.

75 — C'est la femme de quelqu'un qui se méfie et qui est malin, fit-il. **Il**[17] n'a pas d'initiales.

J'avalai de soulagement° deux grands verres d'eau. Sherlock respira le mouchoir, et l'approcha délicatement de mon nez.

80 — Qu'est-ce qu'il sent? demanda-t-il.

Il sentait le Congo si affreusement qu'on pouvait prendre pour du pigeon la bécassine faisandée de quinze jours° qu'on nous servait.[18] C'était en effet le soir de l'ouverture de la chasse.

85 — Ce qu'il sent? murmurai-je.

Heureusement, Sherlock n'écoute pas ses **interlocuteurs**.[19] Les questions qu'il leur pose sont des réponses qu'il se fait.

— Pour moi, raisonna-t-il, il ne sent rien. C'est donc

90 un parfum auquel je suis habitué. Celui du Congo, par exemple: celui de ma femme.

Ceux qui n'ont jamais été pris dans une machine à battre° ou passés au laminoir° ne pourront jamais concevoir quel étau broyait mon cœur.° Je me penchai sur

95 mon assiette et essayai de me trouver de l'appétit, dans un de ces silences qui doublent de hauteur la colonne d'air que supportent nos épaules.[20] Sherlock continuait à me fixer.

— Un cheveu, fit-il.

100 Je me penchai vers son assiette.

— Ce n'est pas un cheveu, dis-je. Du poireau,° sans doute.

Sans répondre, il se leva, allongea la main vers moi et me présenta, entre le pouce° et l'index, après l'avoir

105 cueilli sur le col de mon paletot,° un fil° doré, soyeux,°

[13] Une _____

[14] Entend-on les mouches? _____

[15] = _____ rapide / _____ lent

[16] = son _____

[17] Qui/quoi? _____

[18] Que mangent-ils? _____

_____

[19] = les personnes avec qui on _____ étudie / _____ parle

[20] = _____ un grand silence / _____ un petit silence

° balbutier: articuler les mots d'une manière hésitante et imparfaite
° je me tus: je suis devenu silencieux
° mouches: _flies_
° ronflait: produisait un bruit continu
° bordeaux: vin rouge
° soulagement: _relief_

° qu'on pouvait prendre pour du pigeon la bécassine faisandée de quinze jours: _that one could have mistaken for pigeon the snipe that had been hanging for a fortnight_
° machine à battre: _thresher_
°passés au laminoir: _run through the mill_
° quel étau broyait mon cœur: _what vise was crushing my heart_

° du poireau: _leek_
° le pouce: _thumb_
° le col de mon paletot: _the collar of my cardigan_
° un fil: _thread_
° soyeux: qui est doux et brillant comme la soie

souple, bref un de ces cheveux qui font si bien sur l'épaule de l'amant, quand toutefois la tête de l'aimée est au bout.[21]

— Eh bien, dit-il, qu'est-ce que cela?

110 — Ça, fis-je, d'un ton que j'aurais voulu indifférent, mais qui malgré moi prenait des allures provocantes, vous l'avez dit vous-même, c'est un cheveu![22]

Il le posa sur la nappe blanche. Je profitai des facilités que me donnaient le courant d'air et la rêverie de mon

115 bourreau,° pour diriger un éternuement dans la direction du cheveu qui s'éleva, ondoya comme un serpent sur sa queue, sans pourtant, l'infâme, quitter la table.

— Rééternuez, commanda Sherlock Holmes, qui avait perçu évidemment mon manège.°

120 Je la trouvai mauvaise.[23]

— Si vous tenez à ce que j'éternue, protestai-je, éternuez vous-même.

Il éternua. Le cheveu s'éleva, ondoya **(voir plus haut).**[24]

125 — C'est bien un cheveu de perruque, conclut-il, la racine colle!°

Le cheveu était retombé en travers et nous séparait comme un cadavre. Il me paraissait plus long encore mort que vivant.

130 Sherlock vida son verre et **s'en saisit comme d'une loupe,**°[25] malgré mes efforts pour lui verser un chablis,° d'ailleurs **exécrable.**[26]

— C'est bien un cheveu de ma femme, dit-il.

Je dissimulai ma terreur sous le voile° d'un aimable

135 badinage.

— Eh! eh! marivaudai-je,° Mme Sherlock est jolie. Vous me flattez.

Il me regarda d'un air de commisération.

— Pauvre ami, fit-il, **une Irlandaise qui a traîné°**

140 **tous les bars.**[27]

---

[21] C'est le cheveu de qui? _____

_____

[22] Son ton est-il indifférent? _____

[23] Est-il content de Sherlock? _____

[24] A quoi fait-il référence? _____

[25] Que fait-il avec son verre? _____

_____

[26] = _____ bon / _____ mauvais. Qu'est-ce qui est exécrable? _____

[27] Qui? _____

° bourreau: exécuteur
° manège: *stratagem*
° la racine colle: *the root sticks*

° une loupe: *magnifying glass*
° verser un chablis: servir un verre de vin blanc de Chablis
° le voile: le masque, l'apparence

° marivauder: badiner, échanger des propos d'une galanterie délicate
° traîner: rester longtemps dans

La mort valait mieux que° l'incertitude. Je n'aime pas **mourir à petit feu.**[28] Surtout en présence d'un garçon stupide qui vous écoute en vous servant. **Je congédiai l'intrus dans les règles.**[29]

145   — Et vous, fis-je en me levant et en fixant Sherlock, expliquez-vous!

C'était prendre le taureau par les cornes. Mais j'aurais fait plus encore.

Mon adversaire, d'ailleurs, ne sortit pas de son ironie

150   déférente.

— En deux mots, dit-il. Vous sortez d'un rendez-vous et vous vous troublez à ma vue, donc, vous avez intérêt à ce que je ne connaisse pas **celle qui vous prodigue ses faveurs.**[30] Vos bottines sont défaites,

155   donc... vous ne les avez pas reboutonnées. C'est le jour où ma bonne s'absente et laisse ma femme seule. Vous sortez un mouchoir qui appartient à ma femme. Je trouve sur votre épaule un cheveu de sa plus belle perruque. Donc...

160   Mes yeux ne firent qu'un tour. Le temps passait en raison inverse du battement de mon cœur.[31]

— Donc, reprit Sherlock, qui me fixait toujours avec les yeux du boa qui va engloutir son bœuf... Donc... concluez vous-même.

165   Je conclus en me renversant sur mon fauteuil et en caressant fiévreusement la crosse de mon revolver, un excellent browning à douze coups. Quelle bêtise de ne jamais le charger!°

— Donc... dit Sherlock froidement (avouez-le, mon

170   pauvre ami, je ne vous en veux pas†). Vous êtes... l'ami de ma bonne!

— Garçon, criai-je. Où diable vous cachez-vous! Il y a une heure que je vous appelle! Apportez du champagne!

[28] = mourir _____ vite / _____ lentement

[29] Alors, le garçon _____ reste / _____ part.

[30] = votre _____

[31] Le temps passait _____ vite / _____ lentement.

Les Contes d'un matin © Editions Gallimard, Paris

° valait mieux que: était meilleure que

° charger: mettre dans un revolver ce qui est nécessaire pour tirer

APRES AVOIR LU

1. Marquez dans le texte trois situations de malentendu, trois moments où le narrateur a mal compris les mots ou les allusions de Sherlock Holmes.

2. De quel personnage s'agit-il?

> MODELE: Qui n'est pas très bien   le narrateur
> habillé?

    a. Qui porte des perruques?   _____

    b. Qui travaille pour M. Holmes?   _____

    c. Qui n'est pas à son aise?   _____

    d. A qui appartient le petit mouchoir?   _____

    e. Qui a froid?   _____

    f. Qui a envie de tuer quelqu'un?   _____

    g. Qui est l'amante du narrateur?   _____

3. Comment Sherlock Holmes savait-il que le narrateur venait d'être avec une femme?

    a. _____

    b. _____

    c. _____

4. Pourquoi le narrateur prend-il son revolver?

5. Sherlock Holmes a beaucoup analysé la situation du narrateur. Quelle en est sa conclusion?

A DISCUTER

1. Quel est l'effet général du point de vue? Que savez-vous du narrateur? De Sherlock Holmes?

2. Comment le point de vue influence-t-il le dénouement*? Que pense le narrateur? Comment présente-t-il la situation au lecteur?

3. Quelle est la réputation de Sherlock Holmes? Le portrait présenté par Giraudoux reflète-t-il cette réputation?

4. D'où viennent l'humour et l'ironie* de cette histoire?

A CREER

1. Avec deux camarades de classe, jouez la scène au restaurant.

2. Ecrivez cette scène (ou une partie de la scène) d'un point de vue différent. Voici quelques possibilités:

    a. à la première personne, du point de vue de Sherlock Holmes

    b. du point de vue du garçon du restaurant (c'est-à-dire, un reportage plus ou moins objectif de ce qu'il voit et entend)

    c. du point de vue d'un narrateur omniscient

3. Imaginez: Sherlock Holmes arrive à la vérité; récrivez ou jouez ce nouveau dénouement.

Appendice 1

GLOSSAIRE DE TERMES LITTERAIRES

Vous trouverez dans cette section les définitions des termes littéraires ou rhétoriques employés dans ce texte. Chaque fois qu'ils apparaissent dans le texte, ces termes sont marqués d'un astérisque (*).

conte (*m.*) **de fées**   récit merveilleux, souvent raconté aux enfants

dénouement (*m.*)   ce qui termine une intrigue ou une action; achèvement, conclusion, fin, solution, terme

élégie (*f.*)   poème lyrique exprimant une plainte douloureuse ou des sentiments mélancoliques; **élégiaque**   dans le ton mélancolique ou tendre de l'élégie

genre (*m.*)   catégorie d'œuvre littéraire, définie par la tradition d'après le sujet, le ton, le style; EXEMPLE: conte, narration, récit, essai

implication (*f.*)   relation logique consistant en la supposition qu'une chose est la cause d'une autre

inférence (*f.*)   opération logique par laquelle on admet une proposition en vertu de sa liaison avec d'autres propositions déjà tenues pour vraies

intrigue (*f.*)   ensemble des événements qui forment l'action d'un roman, d'un conte, d'une pièce de théâtre, etc.

ironie (*f.*)   manière de se moquer (de quelqu'un ou de quelque chose) en disant le contraire de ce qu'on veut faire entendre; disposition moqueuse, sardonique, correspondant à cette manière de s'exprimer

métaphore (*f.*)   procédé de langage qui consiste en un transfert de sens par substitution analogique; EXEMPLE: La vieillesse est *l'automne* de nos jours.

paradoxe (*m.*)   une proposition qui apparaît à la fois vraie et fausse; un être, une chose, ou un fait qui va contre le bon sens

récit (*m.*)   relation orale ou écrite (de faits vrais ou imaginaires); histoire, narration, conte, fable, légende

recueil (*m.*)   ouvrage ou volume qui réunit des écrits, des documents; collection

symbole (*m.*)   élément descriptif ou narratif qui est susceptible d'une double interprétation, sur le plan réaliste et sur le plan des idées; EXEMPLE: Dans le contexte historique des cycles de la vie, le printemps symbolise souvent la jeunesse, l'été symbolise l'âge adulte, l'automne symbolise la vieillesse et l'hiver symbolise encore la vieillesse ou la mort.

vers (*m.*)   ligne de poésie; **en vers**   en poésie

Appendice 2

EXPRESSIONS UTILES

Voici une liste des expressions utiles présentées dans les sections *Avant de lire*. Dans les textes originaux ces expressions sont indiquées par †.

à peine   Ch. 10
accablé de   Ch. 11
annonce classée   Ch. 1
article   Ch. 1
avant-hier   Ch. 8
avant-veille   Ch. 8
avoir quelque chose **à** + *infinitif*   Ch. 12
avoir l'air + *adjectif,* **avoir l'air de** + *infinitif*   Ch. 6
n'avoir qu'à + *infinitif*   Ch. 10
carnet du jour   Ch. 1
celui-ci, celui-là   Ch. 7
se comporter (*mots de la même famille*)   Ch. 5
culture   Ch. 1
éclater de rire   Ch. 8
économie   Ch. 1
encore   Ch. 3
entendre parler de   Ch. 12
entendre quelqu'un + *infinitif*   Ch. 10
étranger   Ch. 1
faillir + *infinitif*   Ch. 9
faire + *infinitif,* **se faire** + *infinitif*   Ch. 3, Ch. 10
-ier (*mots qui se terminent en* -ier)   Ch. 7
le (« On est surfer ou on ne *l'*est pas. »)   Ch. 3
médecine   Ch. 1
météo(rologie)   Ch. 1
mettre du temps **à** + *infinitif*   Ch. 10
se mettre à + *infinitif,* **se mettre à** + *nom*   Ch. 6
mots croisés   Ch. 1
on   Ch. 6
personne de + *adjectif* + **que**   Ch. 9
petite annonce   Ch. 1
place à   Ch. 9
plus. . . plus   Ch. 10
politique   Ch. 1
n'en pouvoir plus   Ch. 8
programme   Ch. 1
pronom relatif pour insister sur des mots   Ch. 6
publicité   Ch. 1
que. . . ou   Ch. 4
radio-télévision   Ch. 1
rendre quelqu'un + *adjectif*   Ch. 9
se rendre à   Ch. 3
se rendre compte que + *infinitif,* **se rendre compte de** + *nom*   Ch. 3

LE PASSE SIMPLE: USAGE ET FORMATION

● Usage

Dans les textes français écrits, surtout dans les textes littéraires ou historiques, on emploie *le passé simple* au lieu du passé composé pour indiquer une action unique et terminée. Pour bien comprendre un texte littéraire, il faut savoir reconnaître les formes des verbes au passé simple.

● Formation

VERBES REGULIERS

Pour les verbes *réguliers,* on ajoute les terminaisons suivantes au radical.

VERBES EN:	**-er**	**-ir**	**-re**
je	donn**ai**	fin**is**	vend**is**
tu	donn**as**	fin**is**	vend**is**
il/elle/on	donn**a**	fin**it**	vend**it**
nous	donn**âmes**	fin**îmes**	vend**îmes**
vous	donn**âtes**	fin**îtes**	vend**îtes**
ils/elles	donn**èrent**	fin**irent**	vend**irent**

VERBES IRREGULIERS

Souvent, les verbes *irréguliers* se terminent en:

-us	**-ûmes**
-us	**-ûtes**
-ut	**-urent**

Souvent, pour les verbes *irréguliers,* on prend le participe passé comme base: par exemple,

avoir = eu = j'**eus**
aller = allé = j'**allai**
dire = dit = je **dis**

Voici les formes du passé simple des verbes irréguliers les plus communs. Le plus souvent, les verbes au passé simple paraissent dans les formes de la troisième personne (il, elle, on, ils, elles).

INFINITIF	PASSÉ SIMPLE	INFINITIF	PASSÉ SIMPLE
aller	il alla	mourir	il mourut
s'asseoir	il s'assit	naître	il naquit
avoir	il eut	paraître	il parut
boire	il but	peindre	il peignit
conduire	il conduisit	plaire	il plut
connaître	il connut	pleuvoir	il plut
conquérir	il conquit	pouvoir	il put

INFINITIF	PASSÉ SIMPLE	INFINITIF	PASSÉ SIMPLE
courir	il courut	prendre	il prit
craindre	il craignit	recevoir	il reçut
croire	il crut	savoir	il sut
devoir	il dut	tenir	il tint
dire	il dit	vaincre	il vainquit
écrire	il écrivit	valoir	il valut
être	il fut	venir	il vint
faire	il fit	vivre	il vécut
falloir	il fallut	voir	il vit
lire	il lut	vouloir	il voulut
mettre	il mit		

Appendice 4

CARTES

LE MONDE FRANCOPHONE

KEY
1 l'Algérie
2 la Belgique
3 le Bénin
4 le Burkina-Faso
5 le Burundi
6 le Cambodge
7 le Cameroun
8 le Congo
9 la Corse
10 la Côte d'Ivoire
11 Djibouti
12 la France
13 le Gabon
14 la Guadeloupe
15 la Guinée
16 la Guyane française
17 Haïti
18 Ile Maurice
19 le Laos
20 la Louisiane
21 le Luxembourg
22 Madagascar
23 le Mali
24 le Maroc
25 la Martinique
26 la Mauritanie
27 le Niger
28 la Nouvelle-Angleterre
29 la Nouvelle-Calédonie
30 la Polynésie française
31 le Québec
32 la République Centafricaine
33 la Réunion
34 le Rwanda
35 le Sénégal
36 la Suisse
37 le Tchad
38 le Togo
39 la Tunisie
40 le Vietnam
41 le Zaïre

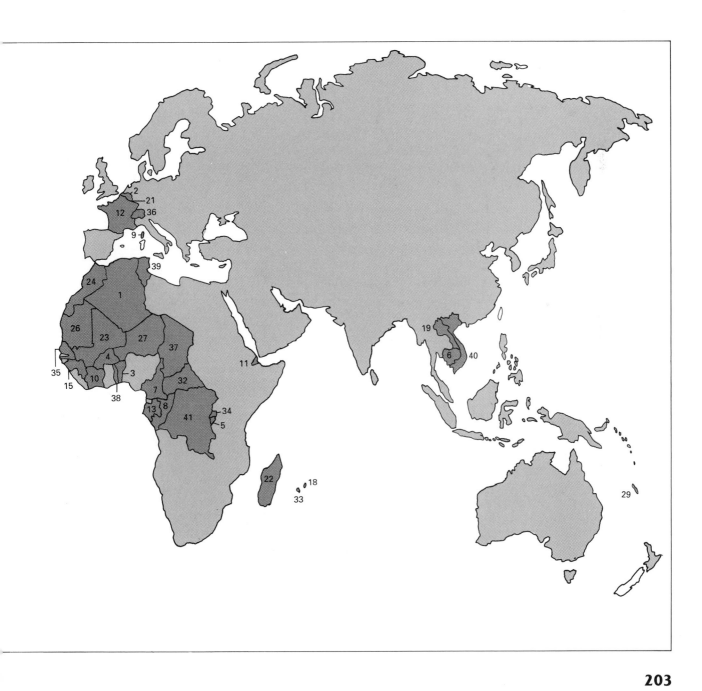

LA FRANCE

PARIS

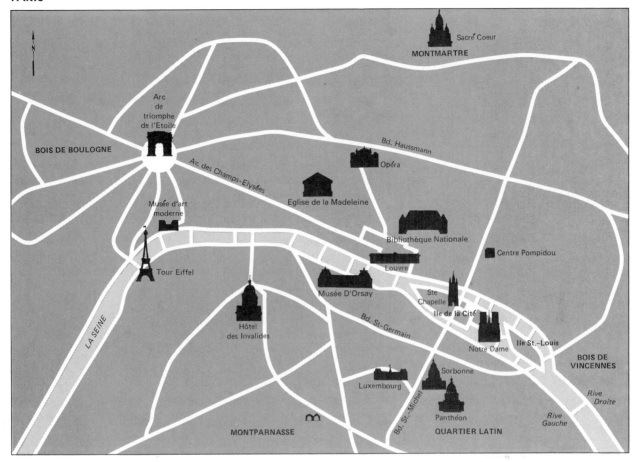

N

Sacré Coeur

MONTMARTRE

Arc
de
triomphe
de l'Etoile

Bd. Haussmann

BOIS DE BOULOGNE

Opéra

Av. des Champs-Elysées

Musée d'art
moderne

Eglise de la Madeleine

Bibliothèque Nationale

Centre Pompidou

Tour Eiffel

Louvre

LA SEINE

Musée D'Orsay

Ste
Chapelle

Bd. St-Germain

Ile de la Cité

Hôtel
des Invalides

Ile St.-Louis

Notre Dame

BOIS DE
VINCENNES

Sorbonne

Rive
Droite

Luxembourg

Panthéon

Rive
Gauche

MONTPARNASSE

Bd. St.-Michel

QUARTIER LATIN

L'AFRIQUE
FRANCOPHONE

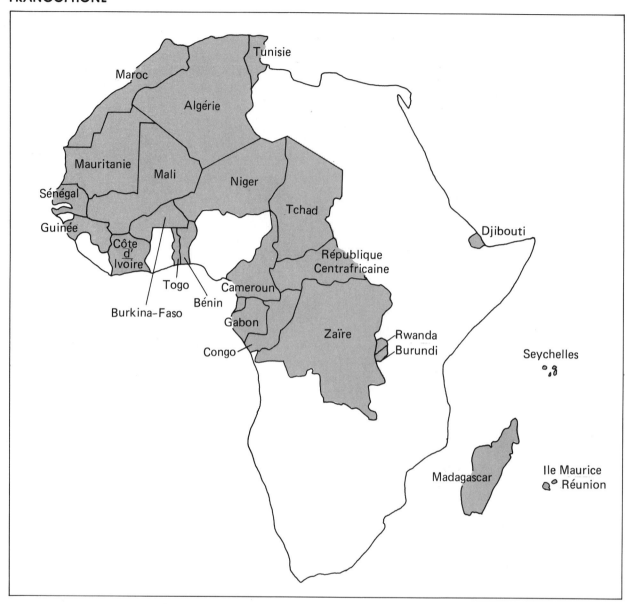

Lexique

A

à cause de because of
à cheval sur une chaise astride a chair
à fond deeply
à force de by dint of
à l'entour de around, surrounding
à loisir at leisure
à travers through
s'abîmer to sink (in thought)
aboutir à to result in, end in
s'abstenir (de) to refrain or abstain (from)
accabler to overwhelm
accéder to reach
accourir to run (to)
accoutumé(e) accustomed
achat (*m.*) purchase
achever to finish
s'achever to be finished
acide (*m.*) **aminé** amino acid
acquis(e) acquired
actualité (*f.*) current events
actuel(le) present, current
actuellement currently
adhérer to join
adhésion (*f.*) membership
adulé(e) adulated, admired
advenir to come to pass, happen
aérien(ne) aerial, ethereal, floating
affecter to affect, feign
affiche (*f.*) poster
affligé(e) afflicted
s'affliger to be distressed
affoler to throw into a panic, terrify
affreux (-euse) horrible, awful, hideous
agenouillé(e) kneeling
s'agir de to be a matter of, involve
agréer to please, suit
ailleurs elsewhere
aîné (*m.*) eldest
ainsi thus
aise (*f.*), **à l'aise** at ease
album-biographie (*m.*) biographical album
aliments (*m. pl.*) food
aller à la pêche to go fishing
allonger to stretch out

alors then, consequently
alors que whereas
alphabétisation (*f.*) elimination of illiteracy
âme (*f.*) soul
amener to bring, bring about, cause
ancêtre (*m.*) ancestor
âne (*m.*) ass, donkey
angoissant(e) agonizing, harrowing
angoisse (*f.*) anguish, distress
annonce (*f.*) advertisement
annuler to cancel
apaisé(e) appeased
apercevoir (*p. p.*: **aperçu**) to see, perceive
apoplectique apoplectic
apparaître to appear
apprendre to learn, tell
après after
après que after
arbuste (*m.*) small shrub, bush
argot (*m.*) slang
arrêter to stop, arrest
arriver to happen
arrondissement (*m.*) administrative district of Paris
assiette (*f.*) plate
assurance-vie (*f.*) life insurance
s'attabler to sit at a table
s'attarder to linger
atteindre to reach, attain (a goal, a destination)
attente (*f.*) expectation
s'attendre à to expect
attirer to attract
attraper to catch
au bord de at the edge of
au lieu de instead of
au secours! help!
aucun(e) no, none
aussi also; at a beginning of sentence: therefore
aussitôt que as soon as
autant just as well; **pour autant** for all that
automate (*m. ou f.*) automaton
autour de around
autrefois formerly, in former times
avaler to swallow
avant before
avant que before

avare stingy
avide greedy
avis (*m.*) opinion
avisé(e) sensible, wise
avouer to avow, confess

B

badinage (*m.*) banter, jesting talk
se baigner to bathe, swim
baiser (*m.*) kiss
se baisser to bend down, lower onself, get down
bambara (*m.*) African dialect spoken in Mali
bananier (*m.*) banana tree
banditisme (*m.*) crime
banni(e) banished
barbe (*f.*) beard
barrer to cross out
bas(se) low
basket (*m.*) basketball
bateau (*m.*) boat
battement (*m.*) beating (of the heart)
batterie: mettre en batterie to put into effect
battre to beat
battu(e) beaten
bec (*m.*) beak
béninois (*m.*) African dialect spoken in Bénin
bêtises (*f. pl.*) stupid things
bien des many
bien entendu of course
bien que even though, although
bienveillant(e) benevolent, kindly
bienvenue (*f.*) welcome
bigot(e) bigoted, overpious
bijou (*m.*) jewel
billet (*m.*) letter, note
biscuiterie (*f.*) cookie factory
biscuitier (*m.*) cookie maker
blé (*m.*) wheat, corn
blesser to wound
blocage (*m.*) block
se blondir to bleach (one's hair)
bloquer to block (up); to hold (breath)
bohème bohemian
boîte (*f.*) box; nightclub; **boîte en fer-blanc** tin can
bon (*m.*) form, slip
bonheur (*m.*) happiness
bord (*m.*) edge; **au bord de la mer** at the seashore
bordeaux (*m.*) a red wine from the region of Bordeaux; (*adj.*) maroon, burgundy
botte (*f.*) boot
botté(e) wearing boots
se botter to put on boots
bouffe (*m.*) comic opera
bouger to move, budge
bouleversé(e) upset
bout (*m.*) end; **au bout de** at the end of
bouton (*m.*) button
branché(e) in the know
bref (*adv.*) in short; **bref (brève)** (*adj.*) brief

brise (*f.*) breeze
brodé(e) embroidered
bronzer to get a suntan
bruit (*m.*) noise
brûler to burn
but (*m.*) goal, objective

C

cabalistique cabalistic, arcane
cachet (*m.*) stamp, seal; **cachet de la poste** postmark
cachette: en cachette on the sly
cadeau (*m.*) gift
cadre (*m.*) setting; executive
cafetière (*f.*) coffee-maker, coffeepot
calendrier (*m.*) calendar
câlin(e) tender, loving
calvaire (*m.*) calvary
camion (*m.*) truck
canal (*m.*) canal, channel
cap (*m.*) cape (land); **passer le cap** to get over the hurdle, the hump, the worst
car because
caractère (*m.*) (moral) character
casse (*m.*) (*slang*) break-in
cauchemar (*m.*) nightmare
centaine (*f.*) about a hundred
cependant however
certes certainly
chablis (*m.*) a dry white wine from Chablis
chacun(e) each one, every one
chandail (*m.*) sweater
chantonner to sing to oneself, hum
chapelle (*f.*) coterie, clique; chapel
charge: à charge dependent
chasse (*f.*) hunt
chasser to hunt
chemin (*m.*) road, way
cheminée (*f.*) fireplace, chimney
chercher un renseignement to look for a fact, to scan
chercheur (*m.*) researcher
cheville (*f.*) ankle
chimique chemical
chouette (*slang*) neat, pretty, great
chuchotement (*m.*) whispering
ci-dessous below
ci-dessus above
cimetière (*m.*) cemetery, graveyard
citer to cite
clairière (*f.*) clearing
classer to classify
clef (*f.*) key
clochard (*m.*) beggar
cœur (*m.*) heart
cogner to knock
coin (*m.*) corner, area, spot
coincé(e) stuck, in a corner
colère (*f.*) anger

coller to glue, stick
colonne (*f.*) column
colosse (*m.*) colossus
comédien(ne) actor
commander to order
comme as
commettre to commit
compère (*m.*) friend
complaisant(e) obliging, accommodating
comporter to consist of, include, involve
compte (*m.*) account; **prendre en compte** to take into account
concevoir to conceive
concierge (*m. ou f.*) caretaker, janitor
conclure to conclude
conçu(e) conceived, designed
condisciple (*m.*) fellow student
conducteur (*m.*) driver
confectionner to prepare, make
confier (à) to confide, entrust (to)
confondre to confuse
congédier to dismiss
conseil (*m.*) advice
conseiller to advise, counsel
consentir to consent
conséquence (*f.*) consequence; **en conséquence** consequently
constatation (*f.*) finding, observation
conte (*m.*) tale; **conte de fées** fairy tale
contenance (*f.*) countenance
contenir to contain
contenu (*m.*) contents
conter to tell (a story)
contourné(e) elaborate, twisted
contredire to contradict
contre-la-montre time trial
contrepartie (*f.*) compensation; **en contrepartie** in return, in exchange
convaincre to convince
convaincu(e) convinced
copain (copine) friend
coq (*m.*) rooster
coqueluche (*f.*) whooping cough
Coran (*m.*) Qu'ran, sacred book of Muslims
cordon (*m.*) cord
corne (*f.*) horn (of an animal)
corporel(le) bodily
corps (*m.*) body
corrompre to corrupt
corse Corsican
cosmogonique cosmographic, having to do with the cosmos
cou (*m.*) neck
couler to flow
coup (*m.*) blow; **coup de foudre** love at first sight; **coup d'œil** glance; **coup de pouce** push in the first direction
couper to cut
coupure (*f.*) cut, break

courant: au courant in the know, well informed, up-to-date
coureur (*m.*) runner, racer
courir to run
courrier (*m.*) mail, letters
course (*f.*) race; errand
courtoisie (*f.*) courtesy
couru(e) (*slang*) popular
coutume: de coutume customary
cracher to spit (out)
craindre to fear
crainte (*f.*) fear
craintif (-ive) fearful, frightened
crise (*f.*) crisis
crisper to tense, flex, clench (fist)
croiser to cross; **se croiser** to cross oneself
croix (*f.*) cross, ×
crosse (*f.*) butt, grip (of gun)
cruauté (*f.*) cruelty
cuite: prendre une cuite to get plastered, to drink a lot of alcohol

D

d'abord first
d'ailleurs besides, moreover, anyway, by the way, for that matter
d'autant plus all the more so
danse (*f.*) **du ventre** belly dance
de plus moreover
de telle sorte que in such a way that
débarquer to desembark, land
debout standing (up), out of bed
déboutonner to unbutton, undo
se débrouiller to manage
débuter to begin
« décepteur » (*m.*) deceiver, trickster
déchirer to tear (up)
décrié(e) decried, rejected
défaire to undo
défendre to forbid
déférent(e) deferential
dégager to disengage, separate
dégoût (*m.*) disgust
déguiser to disguise
dehors outside
déjà already
se demander to wonder
déménager to move house
démence (*f.*) madness
démesure (*f.*) excessiveness, immoderation
démesurément exaggeratedly
demeure (*f.*) residence, dwelling place
demeurer to live, stay
demi(e) half
dénouement (*m.*) dénouement, outcome, conclusion, resolution
dent (*f.*) tooth
dépérir to fade away
déposer to deposit, put down

déprimant(e) depressing
depuis since
dérisoire derisory, mocking, pathetic
se dérober to give away
se dérouler to take place
dès from; immediately upon
dès lors from then on
dès que as soon as
désarroi: être en plein désarroi to be in a state of utter confusion, be helpless
désespoir (*m.*) despair
désormais from now on
desséché(e) dried out, withered
dessin (*m.*) drawing, pattern
dessinateur (*m.*) person who draws, cartoonist
se détacher to stand out
détaler to take off (running)
détenu(e) detained, held
détruit(e) destroyed
devant in front of
deviner to guess
dévisager to stare at, look hard at
devoir to owe; must
diable (*m.*) devil
dieu (*m.*) god; **Dieu** (*m.*) God
digérer to digest
discours (*m.*) speech
disparu(e) disappeared
disposer de to have at one's disposal
divers(e) diverse, varied, various
se divertir to amuse oneself
divertissement (*m.*) recreation, entertainment
dizaine (*f.*) about ten
dogon (*m.*) African dialect or people
doigt (*m.*) finger
don (*m.*) gift
donc thus, therefore
doré(e) golden
douche (*f.*) shower
douleur (*f.*) grief
douloureux (-euse) painful, sad
doute (*m.*) doubt
se dresser to stand up (on end)
dû (due) owed
durer to last

E

s'ébrouer to snort
échapper to escape
éclaircir to clarify; **s'éclaircir** to clarify
éclat (*m.*) burst
éclater de rire to burst out laughing
s'écouler to pass (as time)
s'écrire to be written
écriture (*f.*) handwriting, writing
s'effectuer to be executed, happen
effet (*m.*) effect; **avoir un effet, faire un effet** to have an effect
efficace effective, efficacious

effrayé(e) frightened
éloge (*m.*) praise
éloigné(e) distant
éloignement (*m.*) distance
élu(e) chosen; the chosen one
embarquer to embark
embellir to make beautiful
embêter to bother, annoy
embrasser to kiss
émission (*f.*) broadcast
emmener to take (someone) away
émouvant(e) moving
empêcher to prevent
emplacement (*m.*) location
emporter to carry off, carry away
empreinte (*f.*) imprint, impression; **empreinte digitale** fingerprint
s'empresser to bustle off, fuss around
emprunter to borrow
ému(e) moved (emotionally)
s'en aller to go away
en dépit de despite
en outre moreover, besides, furthermore
en raison de because of
en travers de across
encadrer to frame
enchaîner to link together
s'endormir to go to sleep
endroit (*m.*) place
s'enfermer to shut oneself in
enfin at last, finally
enfler to swell
engloutir to gobble up, devour
enjamber to climb over
enlever to take away, remove
enquête (*f.*) inquest, inquiry, investigation
enquêter to inquire, investigate
enregistrement (*m.*) recording
enregistrer to record
enseigner to teach
ensuite next, then, following
entendement (*m.*) understanding
enterrement (*m.*) burial, interment
enterrer to bury, inter
entier (-ère) whole, entire
entour: à l'entour de around (something)
entourer to surround
entraîné(e) trained, in good shape
s'entraîner to train, be in training
entrefilet (*m.*) paragraph, item
épaule (*f.*) shoulder
époque (*f.*) period
épouser to marry
épouvante (*f.*) fright, fear
époux (épouse) spouse
éprouver to feel (a sentiment)
équipe (*f.*) team
équité (*f.*) equity
esprit (*m.*) mind, wit

étape (*f.*)   stage, stopover point, step
étendu(e)   stretched out
éternuement (*m.*)   sneeze
éternuer   to sneeze
étoffe (*f.*)   fabric
étonné(e)   surprised
étourdi(e)   scatterbrained
étranger (-ère)   foreign; foreigner
étranglé(e)   strangled
être remis(e) à jour   to be updated
euphorisant(e)   causing euphoria, uplifting
exécrable   execrable, atrocious
exécuteur (*m.*)   executioner
expirer   to exhale
expliciter   to make explicit, explain
exposition (*f.*)   exhibition
exprès   on purpose, intentionally
s'exprimer   to express oneself
expulsé(e)   expelled, departed, ejected

F
face à   facing, across from
fait (*m.*)   fact
fantastique   imaginary, incredible
fatalité (*f.*)   fate
faucheur (*m.*)   harvester
faux (fausse)   false
féerie (*f.*)   extravaganza, spectacular
se féliciter   to congratulate oneself, be pleased with oneself
fer (*m.*)   iron; **fer-blanc** (*m.*)   tin
feu (*m.*)   fire; **à petit feu**   by inches; **faire feu sur**   to fire on
feuille (*f.*)   leaf
fichage (*m.*)   filing
fiche (*f.*)   (index) card, sheet, slip, form
ficher   to file; **ficher la paix**   (*fam.*) to leave alone
fichier (*m.*)   file
fièvreusement   feverishly
figure (*f.*)   face
finement   subtly, shrewdly
fixer   to stare at
flagrant délit   *flagrante delicto*, red-handed, in the very act
flirt (*m.*)   romance
foi (*f.*)   faith; **de bonne foi**   sincere
fois (*f.*)   time, multiple
folie (*f.*)   madness
folle (*f.*)   crazy woman
fond: à fond   deeply
fondé(e)   founded
fondre   to melt
force: à force de   by dint of
forcément   inevitably
formulaire (*m.*)   form
fort (*adv.*)   very, most, highly
fort(e)   strong
fou (folle)   crazy, mad
foudre: coup de foudre (*m.*)   love at first sight

foule (*f.*)   crowd
se fourrer   to hide
fraîcheur (*f.*)   freshness
franchement   frankly, plainly
frappé(e)   struck
frapper   to strike, hit
freiner   to break, stop
frigo (*m.*)   (*informal*) fridge, refrigerator
frisson (*m.*)   shiver, shudder
frissonnant(e)   shuddering, shivering
funérailles (*f. pl*)   funeral
fusil (*m.*)   gun
fuyant   fleeing

G
gaillard (*m.*)   guy, fellow
galet (*m.*)   stone
gangrène (*f.*)   gangrene
garder   to keep; **se garder de**   to guard against, beware of
gare à   watch out (for)
gâter   to spoil, ruin
se gaver   to stuff oneself (with food)
gendarme (*m.*)   policeman (in countryside and small towns)
gendarmerie (*f.*)   police
se gêner   to put oneself out
genre (*m.*)   kind, sort, type, literary genre; **genre de vie**   lifestyle
gentillesse (*f.*)   kindness
gibier (*m.*)   game (hunted animals)
glace (*f.*)   ice cream
golfe (*m.*)   gulf
gonfler   to inflate, swell
gorge (*f.*)   throat
gourou (*m.*)   guru
goût (*m.*)   taste
gouttière (*f.*)   gutter
grâce à   thanks to
graphisme (*m.*)   script, written expression, letters, designs, pictures
griffe (*f.*)   claw
guéri(e)   cured
guérir   to cure
guignol (*m.*)   puppet

H
habile   clever
habillé(e)   dressed
habit (*m.*)   suit of clothes
haché(e)   minced
hameau (*m.*)   hamlet
hanter   to haunt
hantise (*f.*)   obsessive fear
hasard (*m.*)   chance, fate, luck
hautbois (*m.*)   oboe
hauteur (*f.*)   hauteur, haughtiness; height
hebdomadaire (*m.*)   weekly magazine
hercule (*m.*)   Hercules, very strong person

héritage (*m.*) inheritance
hériter to inherit
héritier (*m.*) heir
heurté(e) hurled, thrown
honnête honest
honteux (-euse) ashamed
hors de out of; **hors de soi** beside oneself
hurlement (*m.*) yelling, bellowing

I

île (*f.*) island
immuable immutable, unchangeable
imprimé(e) printed
inaccoutumé(e) unaccustomed
inclus: y inclus included
incontournable inescapable
inconvenance (*f.*) inconvenience
inépuisable inexhaustible
infâme vile, loathsome, unspeakable
informaticien(ne) computer scientist
informatique (*f.*) computer science, data processing;
  (*adj.*) computer
informatisation (*f.*) computerization
informatiser to computerize
ingénu(e) ingenue, innocent, naive person
inonder to inundate, flood
inopérant(e) ineffective, inoperative
inquiet (-iète) worried, nervous, anxious
inquiétant(e) worrying, disturbing
s'inquiéter to worry
s'inscrire to be written; to enroll
inscrit(e) enrolled
insensé(e) senseless, mad
interdiction (*f.*) prohibition
interdire to forbid, prohibit
interlocuteur (-trice) interlocutor, person with
  whom one is speaking
interpellé(e) questioned
intrigue (*f.*) plot
intrus (*m.*) intruder
inutile useless
ironie (*f.*) irony
ivre drunk

J

jalousie (*f.*) jealousy
jardin (*m.*) garden
jeter to throw; **jeter un coup d'œil** to glance
joint(e) joined; enclosed, attached
jouir de to enjoy
journée (*f.*) day
juger to judge
jusque-là until then; up to there

L

lacet (*m.*) shoelace
lâcher to release
laid(e) ugly
laisser to leave; **laisser tomber** to forget, let (a
  matter) drop

lancer to launch
languir to languish, pass slowly
laps (*m.*) lapse
laque (*f.*) shellac; **en laque** with a lacquer finish
largement widely
lassé(e) tired
lecteur (-trice) reader
légende (*f.*) caption
léger (-ère) light
légèrement slightly, lightly
lendemain (*m.*) the next day
lèvre (*f.*) lip
libre free
lieu (*m.*) place
ligne (*f.*) line
ligue (*f.*) league
linge (*m.*) linens, washing
livrer to deliver
livret (*m.*) libretto
loisir (*m.*) leisure; **à loisir** at leisure
le long de along
longtemps (for a) long time
lorsque when
louer to rent
loupe (*f.*) magnifying glass
lourd(e) heavy
lutte (*f.*) fight

M

maintes many
maison (*f.*) **de santé** home for the mentally ill
maître (*m.*) master
mal: avoir du mal à to have difficulty in
malentendu (*m.*) misunderstanding
malfaiteur (-trice) lawbreaker
malgré despite, in spite of
malin (maligne) clever
manchon (*m.*) muff
manège (*m.*) stratagem
mangeaille (*f.*) (*péj.*) mounds of food
manie (*f.*) mania
manque (*m.*) lack
manquer (de) to lack; to miss
marâtre (*f.*) stepmother
marché (*m.*) market
marcher to walk; **marcher bien** to go well
maréchal (*m.*) marshal; military official
marge (*f.*) border, edge; **en marge** marginal
matière (*f.*) matter
mauresque Moorish
médecine (*f.*) medicine (field)
médicament (*m.*) medication, drug
se méfier de to distrust, have no confidence in
mélange (*m.*) mixture
se mêler to mix, mingle
même si even if
ménagement (*m.*) consideration, moderation
ménager (-ère) housekeeper
se ménager to take care of oneself

mendier to beg (for)
mener à to result in, lead to
mensuel(le) monthly (publication)
mentir to lie
méprisé(e) scorned
mésaventure (*f.*) misadventure
métaphore (*f.*) metaphor
se mettre à to begin to, set to
meuble (*m.*) piece of furniture
meunier (*m.*) miller
meurtrier (*m.*) murderer
mi-chemin halfway
mieux better
milliard (*m.*) billion
minable wretched
mine (*f.*) appearance
mineur(e) minor
minuté(e) timed
se mirer to reflect
miséricorde (*f.*) mercy
mobylette (*f.*) moped
moche (*fam.*) ugly
modulable variable
moitié (*f.*) half
mondain(e) fashionable, in society
mondialement worldwide
monnaie (*f.*) change
monter à bord to board
montrer to show
se moquer de to make fun of
morceau (*m.*) piece
mordre to bite
mordu (*m.*) **de** person crazy about, fan of . . .
mosaïque (*f.*) mosaic, medley
mot (*m.*) **composé** compound word
mouche (*f.*) fly
mouchoir (*m.*) handkerchief
mouiller to wet, dampen
moulin (*m.*) mill
moyen (*m.*) way, mean, means
moyen(ne) average
mûr(e) ripe
mutisme (*m.*) silence

N

naissance (*f.*) birth
nantais(e) of the city of Nantes
ne. . . ni. . . ni neither . . . nor
ne. . . plus no longer
ne. . . que only
néanmoins nevertheless
nombre (*m.*) number; **du nombre** numbered among
nombreux (-euse) numerous
notaire (*m.*) notary
nouer to tie
se nourrir to nourish oneself, eat
nouveau: de nouveau again
nouvelle (*f.*) news; short story

nu(e) naked
nuage (*m.*) cloud
nul(le) no

O

obsédé(e) obsessed
occidental(e) Western
s'occuper (à) to keep busy; **s'occuper de** to take care of
œuvre (*f.*) piece of creative work
ogre (*m.*) ogre
ondoyer to undulate
opérette (*f.*) operetta
or (*m.*) gold
ordinateur (*m.*) computer
oreille (*f.*) ear
orné(e) ornate, decorated
orphelin(e) orphan
os (*m.*) bone
oser to dare
ou. . . ou either . . . or
ouvrage (*m.*) work
ouvreuse (*f.*) usherette

P

paille (*f.*) straw
palais (*m.*) palace
panneau (*m.*) panel, sign, notice
par conséquent consequently
par contre on the contrary
par hasard by chance
par suite de as a result of
paraître to appear
parbleu! of course!
parcourir to skim; to go all over
parcours (*m.*) course, distance
pareil(le) such (a)
parfois at times, sometimes, occasionally
parfum (*m.*) perfume
parier to bet
parmi among
part: de sa part in his or her name, from
partage (*m.*) sharing
partager to share
partir: à partir de from
pas (*m.*) step
passager (-ère) lasting only a short while
passation (*f.*) **de pouvoir** transfer of power
passer (du temps) to spend (time)
se passer to happen
passionnant(e) exciting
patron (*m.*) boss
patte (*f.*) paw
pavé(e) paved
paysan(ne) peasant
peau (*f.*) skin; peel
péché (*m.*) sin
pêche (*f.*) fishing; **aller à la pêche** to go fishing
pêcher to fish

pêcheur (-euse) fisherman, fisherwoman
peine (*f.*) sorrow, sadness; effort, trouble; **à peine** scarcely
se pencher to hang over, lean out
pendant que while
pénible painful
percé(e) pierced
perchoir (*m.*) perch
perdrix (*f.*) partridge
perdu(e) lost
performant(e) high-output
permanent(e) continuous
peroxyde (*m.*) peroxide
personnage (*m.*) character (in a story, novel, play, etc.)
perspicace perspicacious
peser to weigh
phalange (*f.*) phalanx (finger bone)
phoque (*m.*) seal
picturalité (*f.*) pictoriality, communication by means of pictures
pièce (*f.*) room; **pièce de théâtre** play
pierre (*f.*) stone, rock
pieusement piously, devotedly
pilier (*m.*) pillar
pilule (*f.*) pill
pionnier (*m.*) pioneer
pire worse, worst
piscine (*f.*) swimming pool
plafond (*m.*) ceiling
plage (*f.*) beach
plaindre to pity; **se plaindre** to complain
plainte (*f.*) complaint
plaisant (*m.*) joker; **mauvais plaisant** practical joker
plaisanterie (*f.*) joke
planche (*f.*) surfboard, plank, board
plancher (*m.*) floor
plein(e) full, complete
pleurer to cry
plonger to plunge
plume (*f.*) pen; feather
plus tard later
plusieurs several
plutôt rather; **plutôt que** rather than
poche (*f.*) pocket
politique (*f.*) politics; policy
pont (*m.*) bridge
pont-levis (*m.*) drawbridge
portée (*f.*) reach; **à portée du bras, à portée de main** within arm's (hand's) reach
portière (*f.*) door of a vehicle
poster to mail
potage (*m.*) soup
poterie (*f.*) pottery
pouce (*m.*) thumb
pourboire (*m.*) tip
poursuivre to pursue
pourtant however

pousser to push; **pousser un soupir** to heave a sigh
pré (*m.*) field, meadow
prédire to predict
prendre fin to end; **prendre sur soi** to take it upon oneself
près de near
pressé(e) in a hurry, busy
prêt(e) ready
prêter to lend; to pay (attention); **se prêter** to lend oneself
preuve (*f.*) proof, evidence
prévenir to warn, inform
prévision (*f.*) expectation, prediction
prier to pray, beg
prix (*m.*) price
proche near; (*m. ou f.*) near relative
prodiguer to be unsparing of
proie (*f.*) prey
propos (*m. pl.*) remarks, words
propre clean; one's own
proprio (*m.*) (*slang*) proprietor
publicité (*f.*) advertising
puéril(e) childish
puis then
puisque since, seeing that
puissant(e) powerful
Pyrénées (*f. pl.*) mountain range on the border between France and Spain

Q

quant à as for, as regards, regarding
quartier (*m.*) neighborhood
quasi almost
se quereller to quarrel
queue (*f.*) tail
quiproquo (*m.*) mistake, misunderstanding
quoique even though, although
quotidien(ne) daily

R

raconter to tell (a story)
raconteur (-euse) storyteller
ramasser to pick up
rang (*m.*) rank
rapporter to bring back
rasé(e) shaved, clean-shaven
rassembler to assemble
se rasseoir to sit down again
ravi(e) delighted
réaliser to accomplish, complete
reboutonné(e) rebuttoned
recherché(e) desired, sought-after
rechercher to seek, to search for
récidiver to repeat
récit (*m.*) story, account
réclame (*f.*) advertisement
réclamer to ask for, claim, seek
recoller to stick back to

récompenser   to reward
reconnaître   to recognize
recours (*m.*)   recourse, resort
recouvrir   to cover
recruter   to recruit
recueil (*m.*)   collection (of writings)
reculer   to move back, retreat
réfléchir   to reflect, think
regard: présenté(e) en regard   on the facing page
régi(e)   governed
règle (*f.*)   rule; **dans les règles**   according to the rules; **en règle**   in order
se réjouir   to enjoy, be delighted
relâché(e)   released, relaxed
relever   to find, raise, pick up
relié(e)   linked, related
relief (*m.*)   depth, relief
se remémorer   to recall, recollect
se remettre   to recover; **se remettre à**   to begin again, get back to
remords (*m.*)   remorse
remporter   to carry off, win
remuer   to move, stir
rendre   to make (*adj.*); **se rendre**   to surrender; **se rendre à**   to go to, take oneself to
renommé(e)   renowned
renouer   to retie
renseignements (*m. pl.*)   information
se renseigner   to get information
renvoyer   to dismiss, send (back)
repas (*m.*)   meal
répertorié(e)   itemized, listed
répliquer   to answer, reply
repos (*m.*)   rest
repousser   to grow back
reprendre   to resume
reprise (*f.*)   renewal, recurrence; **à plusieurs reprises**   several times, on many occasions
resplendissant(e)   radiant, dazzling
restauration (*f.*)   restoration
se restaurer   to have something to eat
résultat (*m.*)   result; **comme résultat**   as a result
résulter   to follow
retenir   to hold on
retirer   to pull (away from)
rêve (*m.*)   dream
rêver   to dream
révérence (*f.*)   curtsey, bow
ricocher   to ricochet, to make bounce
rideau (*m.*)   curtain
rire   to laugh; (*m.*)   a laugh, laughter; **éclater de rire**   to burst out laughing
risque (*m.*)   risk
rôle (*m.*)   role; **à tour de rôle**   in turn, taking turns
roman (*m.*) **policier**   detective novel, mystery novel
romanesque   romantic
rompre   to break
rougeole (*f.*)   measles
rubrique (*f.*)   heading, section, column

ruminer   to ruminate, think over
ruse (*f.*)   trick, duplicity
rusé(e)   clever

S

sac (*m.*)   sack, bag; **sac à main**   handbag
sachant   knowing
sage   wise, good, well-behaved; (*m.*)   wise person
sagement   wisely
sain(e)   healthy
se saisir de   to seize
sale   dirty
sang (*m.*)   blood
santé (*f.*)   health
saoul(e)   drunk
sauter   to jump
sauver   to save
savamment   wisely
scarification (*f.*)   scarification, ritual scarring
sec (sèche)   dry
séché(e)   dried
sédentarité (*f.*)   settled way of life
séduire   to seduce
séduisant(e)   seductive
semblant: faire semblant   to pretend
sensible   sensitive
sentir   to smell (of)
servir de   to serve as, be used as; **se servir de**   to use
siffloter   to whistle
singulier (-ière)   singular, remarkable
sinon   otherwise, if not
soigneusement   carefully
soin (*m.*)   care
soit... soit   either ... or
somnifère (*m.*)   sleeping drug, soporific
somnoler   to sleep
songer   to think
sorte: de sorte que   so that
sortie (*f.*)   exit
sot(te)   stupid
souffle (*m.*)   breath
souffrir   to suffer
soulever   to raise, bring up
soulier (*m.*)   shoe
souligner   to underline, emphasize
soupçonner   to suspect
soupçonneux (-euse)   suspicious
souplesse (*f.*)   suppleness, flexibility
source (*f.*)   stream
souriant(e)   agreeable
sourire   to smile; (*m.*)   smile
souris (*f.*)   mouse
sous-directeur (*m.*)   assistant director
soutenir   to support, uphold
spectacle (*m.*)   show, entertainment
spirituel(le)   witty
squelette (*m.*)   skeleton
subalterne   subaltern; subordinate
sucre (*m.*)   sugar

sucré(e)   sugared, sweet
suffire   to suffice, be enough
suffisamment   sufficiently
suite (*f.*)   succession; **par suite**   as a result, owing to
suivre   to follow; **se suivre**   to follow each other
supplier   to beg
surmenage (*m.*)   overwork
surmené(e)   overburdened, overworked

T

se taire   to be quiet, be silent
tandis que   whereas
tant de   so many; **tant que**   so long as
tarif (*m.*)   rate
tatouage (*m.*)   tattooing
taureau (*m.*)   bull
tel(le)   such (a)
tellement   too, very, so
témoigner   to witness
témoin (*m.*)   witness
tendre   to hold out; to lay (a trap)
tenir   to hold; **tenir compte**   to take into account
se terminer par   to result in, end by
terrible   terrible; (*slang*) terrific
timbre (*m.*)   stamp
tirer   to pull; to shoot (a gun); **tirer d'affaire**   to help out, get out of a spot
tisane (*f.*)   (herbal) tea, infusion
titre (*m.*)   title, headline
toc (*m.*)   fake, junk
torpeur (*f.*)   torpor
toujours   always, still
tournoi (*m.*)   tournament
tout à fait   completely, perfectly, wholeheartedly
tout à l'heure   in a little while; a little while ago
tout de même   all the same
tout d'un coup   suddenly
trahir   to betray
traîner   to hang around
traiter de   to treat
transparaître   to show (through)
traquer   to trace
traversée (*f.*)   crossing
tremper   to soak
tricoter   to knit
troc (*m.*)   barter
tromper   to trick, deceive; **se tromper**   to be wrong
tromperie (*f.*)   deceit, trickery

tronc (*m.*)   trunk (of tree)
trottoir (*m.*)   sidewalk
trou (*m.*)   hole
troué(e)   with holes
truc (*m.*)   thing
tuer   to kill

U

untel (*m.*)   what's his name, so-and-so
utile   useful

V

vacarme (*m.*)   racket, din
vague (*f.*)   wave
vaillant(e)   valiant
vaincre   to conquer, vanquish
vainqueur (*m.*)   winner
vaisselle (*f.*)   dishes
valoir   to be worth; **valoir mieux**   to be worth more, be better
valoriser   to valorize, give worth to
vapeur (*f.*)   steam, vapor
vautour (*m.*)   vulture
vedette (*f.*)   (movie, film) star
venir de   to have just
vente (*f.*)   sale
ventre (*m.*)   stomach; **manger à ventre déboutonné**   to eat a lot
vers (*m.*)   verse, line of poetry
vers   toward
vêtu(e)   dressed
vide   empty
vif (vive)   lively
virer   to turn, change direction
vis-à-vis de   toward
vitesse (*f.*)   speed
vitrine (*f.*)   store display window
vivre   to live
voie (*f.*)   way, route
voiler   to veil
voiture (*f.*)   car, carriage
voix (*f.*)   voice; **à haute voix**   aloud
voleur (*m.*)   thief; **au voleur!**   help!
volontiers   willingly, gladly
voyant (*m.*)   light
vraisemblable   true-to-life
vu   because of

Acknowledgments

ILLUSTRATION CREDITS

The author and publisher wish to thank the following for illustrations and photographs used in *Lire avec plaisir:* Ginnie Hoffman and Ikki Matsumoto, drawing from *The Joy of Cooking,* © Bobbs-Merrill Co., Inc., **p. 3**; Heath Robinson, "The New Safety Street for Learners," © Estate of Mrs. J. C. Robinson, **p. 3**; illustration by Kurt Wiese from *Freddy the Politician,* © 1939, 1967 by Walter R. Brooks, reproduced by permission of Alfred A. Knopf, Inc., **p. 4**; cover design, *He Wouldn't Kill Patience,* © Dell Publishing Co., **p. 4**; photo of newsstand, © Antman/The Image Works, **p. 11**; Townsend Thoresen ad, courtesy of GMC Brains Ayer, Paris, **p. 15**; ad, courtesy of Club Dial, 1986, **p. 23**; photo of movie theater, © Antman/The Image Works, **p. 31**; photo of boating, © 1985, Peter Menzel, **p. 47**; ad, © *Le Guide du Routard,* **p. 51**; ad, courtesy of Venice-Simplon-Orient Express, **p. 52**; photo of lovers, Franken, Stock, Boston, **p. 65**; Soulas cartoon, © *L'Equipe Magazine,* **pp. 79, 85**; photo of Vlade Divac by Noren Trotman, **pp. 80, 89**; Jean-Jacques Sempé, cartoons from "C'est Papa qui décide," *Les Vacances du petit Nicolas,* © Editions Denoël, **pp. 80, 106, 109**; photo of soccer, Rancinan, Sygma, **p. 83**; photo of children, Menzel, Stock, Boston, **p. 101**; photo of storyteller, © Gerster, Comstock, **p. 113**; photo of weaver, © Beryl Goldberg, **p. 120**; photos for "Au commencement était la parole," © Le Groupe Jeune Afrique, **p. 121**; painting, MAGRITTE, René. *Portrait.* (1935). Oil on canvas, 28⅞ × 19⅞. Collection, The Museum of Modern Art, New York, Gift of Kay Sage Tanguy, **p. 127**; portrait of La Rochefoucauld, Granger, **p. 133**; Biscuits Lefèvre-Utile photos, © *Journal Français d'Amérique,* vol. 8, no. 4, 1986, **pp. 139–141**; illustrations for "Le Maître chat ou le Chat botté" by Gustave Doré, **pp. 151, 159–162**; portrait of Voltaire, Granger, **p. 167**; cartoon by Wolinski, © *Le Nouvel Observateur,* 13 juin 1986, **p. 172**; Sherlock Holmes, Granger, **p. 179**.

TEXT PERMISSIONS

The author and publisher wish to thank the following for texts used in *Lire avec plaisir:* P. G. Wodehouse, *Very Good, Jeeves,* © A. P. Watt, Ltd., **p. 3**; Agatha Christie, "The Idol of Astarte," *The Tuesday Club Murders,* © Dell Publishing Co., **p. 4**; Martha Grimes, *The Old Fox Deceiv'd,* © Crime Club, **p. 42**; Rex Stout, *Too Many Cooks,* © Pyramid Communications, Inc., **p. 42**; P. G. Wodehouse, *Mostly Sally,* © George H. Doran Co., **p. 42**; René Goscinny, *Joachim a des ennuis,* © Editions Denoël, **p. 43**; Charles Dickens, *A Christmas Carol,* © Harpers Classic, **p. 44**; Guy de Maupassant, "Le Horla," © Librairie E. Flammarion, **p. 44**; Alexandre Dumas, *Le Comte de Monte Cristo,* © Librairie Générale Française, **p. 45**; *The Medicine Show,* © Consumers Union, **p. 81**; classified listing of Strasbourg hotels, Postes et Télécommunications, France, **p. 6**; headlines and articles from *Le Monde,* mercredi, 6 novembre 1985, **pp. 12–14**; film and theater texts from L'Officiel des spectacles, 1ᵉʳ août 1984, and from Théâtres/Théâtre, **pp. 32–36**; Jean Tardieu, "Mauvais Public," *La Première Personne du singulier,* © Editions Gallimard, Paris, **p. 38**; "Guide PTT: Vacances 1984," © Postes et Télécommunications, France, 1984, **p. 54**; Henri Michaux, "Plume à Casablanca," *Un Certain Plume,* © Editions Gallimard, Paris, **p. 58**; "La Vie en rose," © *Le Nouvel Observateur,* 19 juin 1986, **p. 67**; "Le Courrier de Valérie," © *Le Nouvel Intimité,* octobre 1989, **pp. 69–70**; Eric Neuhoff, "L'Amour en lettres," © *20 Ans,* août 1984, **pp. 72–73**; Jacques Prévert, "Le Jardin," © Editions Gallimard, Paris, **p. 77**; Jean-Jacques Stehli, "Athlètes de l'Est: l'appel américain," © *Le Point,* n° 911, **pp. 87–90**; A. Post, "Inventez votre méthode de relaxation," © Vital/A. Post, **pp. 92–96**; Gerard Lenorman, "La Clairière de l'enfance," © Justine Melody, 1980, **p. 103**; Jean-Jacques Sempé and René Goscinny, "C'est Papa qui décide," *Les Vacances du petit Nicolas,* © Editions Denoël, Paris, **pp. 105–109**; Ulysse

Pierre-Louis, "Partage de morts entre le Bon Dieu et Lucifer," Sortilèges afro-haïtiens, © Imprimerie de l'Etat, Port-au-Prince, **pp. 115–116**; Jacques Chevrier, "Au commencement était la parole," © Jeune Afrique, 14 novembre 1984, **pp. 120–123**; Gilbert Cesbron, "Miss Edith mourra le 20 mai," *Tout dort et je veille*, © Editions Robert Laffont, Paris, **pp. 128–131**; Véronique Mistiaen, "Monsieur 'LU,' génie de la pub," © *Journal Français d'Amérique*, vol. 8, no. 4, 1986, **pp. 141–142**; Alphonse Allais, "Un Moyen comme un autre," *A se tordre*, Albin-Michel, Paris, **pp. 145–146**; Bernard Dadié, "Le Pagne noir," *Le Pagne noir*, Présence Africaine, Paris, 1955, **pp. 153–156**; Charles Perrault, "Le Maître chat ou le Chat botté," *Contes*, Editions Gallimard, Paris, **pp. 158–164**; Voltaire, "Histoire d'un bon bramin," *Romans et contes*, Editions Garnier Frères, Paris, **pp. 168–170**; François Furet, "La Grande Lessive des intellectuels," © *Le Nouvel Observateur*, 13 juin 1986, **pp. 173–175**; Guy de Maupassant, "La Main," *Contes du jour et de la nuit*, © Librairie E. Flammarion, Paris, **pp. 181–187**; Jean Giraudoux, "D'un cheveu," *Les Contes d'un matin*, © Editions Gallimard, Paris, **pp. 190–194**.